LES INCAS

PARIS. — IMP. SIMON RAÇON ET COMP., RUE D'ERFURTH, 1.

MARMONTEL.
MARCKL
BUDZILOWICZ

LES INCAS

OU LA

DESTRUCTION DE L'EMPIRE DU PÉROU

PAR MARMONTEL

NOUVELLE ÉDITION, REVUE ET CORRIGÉE AVEC SOIN

PAR

M. L'ABBÉ LEJEUNE

CHANOINE, PROFESSEUR A LA FACULTÉ DE THÉOLOGIE DE ROUEN

PRÉCÉDÉE DU DISCOURS DE RÉCEPTION DE MARMONTEL A L'ACADÉMIE FRANCAISE

PARIS

E. DUCROCQ, LIBRAIRE-ÉDITEUR

53, RUE DE SEINE, 53

1864

AVERTISSEMENT

DE L'ÉDITEUR

Il en est de certains livres comme de certains hommes
qui, après avoir brillé d'un vif éclat de leur vivant, restent pendant quelque temps, sinon oubliés tout à fait,
au moins éloignés du souvenir, jusqu'à ce qu'une cir-
constance, un fait qui se produit, vienne tout à coup les
rappeler à la mémoire et les remettre en lumière. Tel
est l'ouvrage que nous venons de nouveau présenter aujourd'hui au public. Au moment où tant et de si graves
intérêts, ceux de l'humanité non moins que ceux de la
société, s'agitent en Amérique, où tous les regards sont
tournés vers le Mexique en train de se reconstituer sur
ses anciennes bases, après avoir longtemps offert l'image
des anciens États de la Grèce et de Rome, nous avons

pensé que le beau livre de Marmontel, *les Inças*, ne pouvait reparaître plus à propos. Il nous a semblé que cette œuvre, déjà si intéressante par elle-mème, emprunterait aux circonstances présentes un parfum d'actualité qui en augmenterait le charme pour le lecteur; et c'est guidé par cette pensée que nous offrons à notre jeune public cette nouvelle édition.

Quand parurent pour la première fois *les Incas* de Marmontel, l'opinion se prit pour cet ouvrage d'un immense enthousiasme, et peu s'en fallut qu'elle ne lui donnât hautement la préférence sur l'*Énéide* de Virgile et le *Télémaque* de Fénelon. Le temps a marché depuis : l'on admire encore les beautés réelles que renferme cet ouvrage, mais sans méconnaître les quelques défauts qu'une critique calme et réfléchie a signalés dans cette production, un des monuments de la littérature du dernier siècle.

Jusqu'ici, ce n'était qu'en tremblant qu'on mettait *les Incas* de Marmontel entre les mains de la jeunesse. Il fallait, à l'avance, la prévenir contre certaines maximes sévèrement censurées. C'est pour cela que nous avons eu la pensée de faire une nouvelle édition de cet ouvrage important. Elle a été l'objet d'un travail sévère, consciencieux, constamment inspiré et présidé par le sentiment de respect que l'on doit à la jeunesse.

Nous avons cru qu'il ne suffisait pas de retrancher tout ce qui, dans ce livre si répandu, peut blesser les croyances et la morale. Il fallait encore faire plus. Ainsi l'on a dû *adoucir* ce que quelques caractères offrent de

trop odieux (pourquoi apprendre à mépriser, à haïr
l'homme? pourquoi faire de l'homme, du chrétien,
une bête féroce, un monstre exécrable?...) On a aussi
mis sur les lèvres des héros de Marmontel des paroles
plus nobles, plus dignes de leur caractère, et aussi plus
vraies. On a également rendu à la religion, à l'Évangile ses grandes et généreuses inspirations, son langage simple, riche de foi et de douce charité. On nous
pardonnera ces changements, qui, du reste, sont assez
rares. Nous voulions éditer un bon livre, reconnaître et
mériter de plus en plus la confiance des familles; et
nous n'avons rien négligé pour que ce travail fût à l'a-
bri de tout reproche. Heureux si nous avons réussi, et
si d'honorables suffrages viennent encore cette fois encourager nos efforts!

NOTICE

SUR

MARMONTEL

Marmontel naquit, le 11 juillet 1723, dans la petite ville de
Bort, en Limousin. Il fut en quelque sorte élevé dans le sein
de l'Église : de bonnes religieuses lui apprirent à lire ; un prêtre lui donna gratuitement des leçons de latin, et ce fut chez
les jésuites de Mauriac et chez ceux de Toulouse qu'il perfec-
tionna ses études. Il se destinait à l'état ecclésiastique : il avait
même été tonsuré à Limoges, et professait la philosophie,
comme suppléant, au séminaire des Bernardins, à Toulouse,
lorsque quelques rapports qu'il eut avec Voltaire, à l'occasion
d'un échec qu'il venait d'éprouver à l'Académie des Jeux floraux, l'amenèrent à renoncer à l'état ecclésiastique et à se lancer dans la carrière des lettres.

Plusieurs couronnes obtenues successivement à ces mêmes
Jeux floraux, qui l'avaient repoussé d'abord, achevèrent de dé-

terminer sa vocation littéraire. Il vint à Paris, remporta deux années de suite (1746 et 1747) le prix de poésie à l'Académie française; puis, aspirant aux palmes dramatiques, il donna, de 1748 à 1754, six tragédies, oubliées maintenant. Jusque-là, il végétait au milieu de la foule des auteurs, lorsqu'une protection toute-puissante lui fit obtenir la place de secrétaire des bâtiments de la couronne, et une pension sur le *Mercure de France*.

Ce fut pour ce recueil, très-célèbre alors, qu'il composa ses *Contes*, fort improprement appelés *moraux*, esquisses légères où se reflètent les mœurs peu édifiantes de cette époque, et qui par conséquent devaient obtenir un grand succès de vogue. Cette vogue est justement tombée depuis longtemps; mais il faut reconnaître que, sous le rapport littéraire, ces compositions révélaient un esprit gracieux et des formes heureuses.

Bélisaire et *les Incas*, sortes de romans politiques tout à fait en harmonie avec les idées du temps, agrandirent la réputation de Marmontel comme prosateur. Le quinzième chapitre de *Bélisaire*, où l'auteur cherchait à établir, comme point de doctrine, la tolérance des cultes, fut censuré par la Sorbonne, qui y dénonça trente-deux propositions dangereuses.

Mais déjà Marmontel comptait parmi les notabilités de la littérature. Couronné pour la troisième fois à l'Académie française (1760) pour son *Épître aux poëtes*, morceau essentiellement paradoxal, mais plein d'une verve qu'il n'eut jamais ailleurs, l'auteur des *Contes moraux*, de *Bélisaire* et des *Incas* fut admis, en 1763, au nombre des quarante de l'Académie.

Marmontel s'était aussi essayé dans le drame lyrique, mais avec peu de succès. Ses opéras-comiques ont pourtant un mérite particulier tout à fait indépendant de l'expressive musique de Grétry; ils sont dignes du premier rang, sinon pour la verve et la forme comique, au moins pour la correction, la pureté du goût, l'élégance du style et même l'invention; car, en relevant ce genre, Marmontel sut en faire un genre nouveau. Nous n'avons point à parler dans cette courte notice de la part qu'il prit dans la guerre des Gluckistes et des Piccinistes. Marmontel eut beau s'escrimer à la tête de la faction des antagonistes de Gluck, il ne put, malgré tous ses efforts, lui ravir la palme qui lui était légitimement due.

On lui doit aussi des *Mémoires* curieux pouvant servir à faire connaître l'histoire littéraire et les personnages célèbres de la fin du dix-huitième siècle. Il les a intitulés : *Histoire de ma vie, pour servir à l'instruction de mes enfants;* aussi s'arrête-t-il longtemps sur sa famille, son enfance, son éducation, ses études et ses succès classiques. Dans leur ensemble, ces *Mémoires* offrent des détails attachants pour tous les lecteurs.

Mais ce qui constitue le principal titre littéraire de Marmontel, ce sont ses *Éléments de littérature,* ouvrage utile et consciencieux où les théories sont hardies sans être téméraires, et très-propres à former le goût sans arrêter le génie dans son essor. Dans ce livre, l'auteur s'occupe des principes généraux plutôt que de leur application; mais il sait aussi, pour mettre plus en évidence les principes, les faire sortir souvent de l'analyse des modèles. Cependant, il importe d'y signaler une erreur grave. Comme Diderot et Montesquieu, Marmontel rejeta la théorie du beau, telle que l'avait développée si habilement le P. André de Chateaulin, en s'inspirant du génie de Platon et de celui de saint Augustin. Il prétend donc que le sentiment du beau est souvent relatif à l'habitude et au préjugé. Malgré cette erreur, les *Éléments de littérature* sont, sans contredit, l'ouvrage le plus classique de Marmontel.

Parmi ses ouvrages posthumes, on distingue les *Mémoires sur la régence du duc d'Orléans,* écrits avec une sorte d'indépendance qui n'est cependant pas affranchie du joug des opinions philosophiques. On peut consulter avec fruit son ouvrage consacré à la grammaire. Mais ses leçons sur la logique et la métaphysique sont loin d'être au niveau des connaissances actuelles; l'auteur y reste en arrière de tous les écrivains de son temps. On voit, par ce simple exposé, que Marmontel fut l'un des auteurs les plus féconds de son siècle; et s'il ne peut être compté parmi nos plus grands écrivains, il serait peut-être difficile de trouver,

dans aucune littérature, un auteur du second ordre d'un mérite
aussi distingué.

Marmontel était secrétaire perpétuel de l'Académie française
en 1789, lors des premiers orages de la Révolution. A cette époque, il se retira au hameau d'Ableville, près de Gaillon, où son
âme honnête gémit longtemps des maux dont il fut témoin.
Avec les remboursements en assignats, il se vit bientôt dépouillé
de la petite fortune qu'il avait acquise par ses travaux. En 1797,
le département de l'Eure le nomma député au conseil des Anciens; mais, après le 18 fructidor, son élection fut cassée, et il
ne dut peut-être qu'à son grand âge et à sa réputation de n'être
pas porté sur la liste des proscrits. Il se retira dans une espèce
de chaumière qu'il avait achetée, et y vécut solitaire, pauvre et
oublié jusqu'à sa mort, qui arriva le 31 décembre 1799.

DISCOURS

DE

RÉCEPTION A L'ACADÉMIE FRANÇAISE

PRONONCÉ LE 22 DÉCEMBRE 1763

PAR

MARMONTEL

ÉLU A LA PLACE LAISSÉE VACANTE PAR LA MORT

DE

DE BOUGAINVILLE

Messieurs,

Lorsque des hommes qui ont éclairé leur siècle, illustré leur patrie, enrichi et consacré la langue par des ouvrages immortels, obtiennent l'honneur d'être assis parmi vous, ils vous apportent leur gloire en échange de vos suffrages; et le nouveau lustre qu'ils donnent à l'Académie se joint à l'éclat qu'elle répand sur eux.

Mais le talent faible et timide qui vient se jeter dans vos bras, que vous daignez y recevoir, et à qui vous rendez l'espoir et le courage, vous doit tout avant d'avoir rien mérité; et moins vous avez exigé de lui, plus vous avez droit d'en attendre. Ma reconnaissance envers vous, messieurs, n'est donc pas le tribut d'un moment, c'est le devoir de toute ma vie : je l'employerai à justifier mon ambition et vos espérances. Heureux si je pouvais adoucir vos regrets sur la perte de l'homme de lettres dont je viens occuper la place !

Dans ses écrits, comme dans ses mœurs, tout fut louable, et rien n'annonçait le vain désir d'être loué. Avec les talents qui rendent célèbre, il n'aspira qu'à l'honneur d'être utile.

Sans lui le poëme de l'Anti-Lucrèce serait peut-être encore étranger parmi nous. Ce poëme, écrit en latin, était une espèce d'injure faite à notre langue par l'un des hommes qui la parlait avec le plus de grâce et de facilité. M. le cardinal de Polignac regardait la pompe et l'harmonie des vers latins comme un avantage qu'il était dangereux de laisser à son ennemi ; et pour l'attaquer il prit les mêmes armes.

M. de Bougainville osa croire que la vérité dans tout son éclat pouvait se passer de l'illusion ; que les deux objets les plus sublimes où l'intelligence humaine pût s'élever, la religion et la nature, n'avaient pas besoin, pour nous attacher, du faible artifice des vers. A ce prestige il substitua le charme d'une prose nombreuse, et il eut soin d'y réunir la précision, la clarté, la justesse, l'élégance et le coloris ; qualités qu'il eût été peut-être impossible de concilier avec la gène de traduire en vers un poëme qui demandait l'exactitude la plus fidèle.

Il fit plus encore, et, dans la crainte d'avoir affaibli les grâces de l'original, il voulut du moins y suppléer par un nouveau degré de force et de lumière. Il donna donc à l'Anti-Lucrèce un frontispice aussi éclatant que solide, le parallèle raisonné de la doctrine d'Épicure et des anciens matérialistes, avec celle de son auteur : exposé fidèle et frappant, où l'on voit l'erreur se détruire elle-même, et tomber confondue aux pieds de la religion pour en assurer le triomphe.

Ce service rendu aux lettres lui obtint les suffrages d'une Académie qui doit, messieurs, la naissance à la vôtre, et qui soutient avec tant d'éclat la gloire de son origine ; société savante et laborieuse que l'on croit voir, le flambeau à la main, errant sur les débris du monde, lutter sans cesse contre le temps, pour lui arracher la vérité qu'il s'efforce d'ensevelir.

Après avoir partagé ces travaux avec autant de succès que de zèle, M. de Bougainville fut chargé du soin d'en rédiger l'histoire. Les volumes qu'il en a donnés attestent la variété et l'étendue de ses connaissances, l'exactitude, la netteté, la facilité de son esprit, la précision et la pureté de son style.

Mais un soin plus touchant pour lui fut d'honorer par des éloges la mémoire des hommes recommandables que la mort enlevait à sa compagnie. Et qui mieux que lui pouvait s'acquitter d'un emploi qui demande un cœur droit, un discernement juste, une plume éloquente, une âme également au-dessus des bassesses de l'envie et de celles de l'adulation?

Dans ses éloges il s'est peint lui-même : on y voit partout le goût du vrai, l'amour du bien, une sensibilité délicate pour le mérite et la vertu, quelquefois même la franchise d'un bon citoyen, qui dans les grandes choses dédaigne les petits égards; espèce de courage qu'on doit regarder comme l'héroïsme des gens de lettres.

Avec le même zèle qu'il loua les talents, il loua ceux qui les avaient aimés. Dans l'éloge qu'il a fait de M. le cardinal de Rohan, c'est la vérité qui peint la vertu, mais la vertu avec tous ses attraits, parée des grâces de l'esprit, unie à tous les dons de plaire, décorée de tout l'éclat des dignités et de la naissance; telle enfin qu'elle se montre aux hommes, quand elle veut rentrer dans tous ses droits. Je vous rappelle, messieurs, une perte sensible, mais vous en êtes dédommagés : le plus doux de vos vœux est rempli ; le même nom revit dans vos fastes; les Muses reposent sous le même ombrage.

Tant qu'il y aura des grands dignes de l'être, jamais les Muses ne manqueront d'appui. L'amour des lettres est de tous les goûts le plus naturel aux belles âmes : il tient à l'amour de la gloire et à l'amour de l'humanité. Qu'on ne s'étonne pas de voir dans tous les siècles éclairés, et singulièrement dans le nôtre,

les rois, les peuples se disputer la possession des hommes de
génie. Cet honneur, que plusieurs d'entre vous, messieurs, ont
si modestement reçu, est comme un droit acquis aux hommes
éloquents et aux sages. La nature leur a donné l'empire de
l'opinion; leur voix est celle de la renommée; et, de tout le
bruit qu'auront fait dans leur temps les plus belles actions des
mortels, la postérité n'entendra que le témoignage des gens de
lettres, placés d'âge en âge comme autant d'échos qui retentissent dans l'avenir. Ce n'est point en passant de bouche en bouche que les faits, que les noms dignes de mémoire peuvent
échapper aux outrages de la barbarie et du temps. Il faut, pour
les en garantir, qu'un historien vrai les écrive, qu'un digne
orateur les célèbre, qu'un poëte inspiré les chante, qu'un phi-
losophe les apprécie. Eux seuls se soutiennent par eux-mêmes
au-dessus du vaste abîme de l'oubli, et rien n'y surnage qu'avec
eux et par eux.

Cette vérité, messieurs, si flatteuse pour les lettres, semble
avoir frappé votre illustre fondateur. Tandis que, occupé des
plus grandes vues, il repoussait la guerre au dehors, enchaînait
la discorde au dedans, affermissait le trône de son roi, et con-
sommait à force de courage, de constance et d'habileté, le grand
dessein de ramener l'État à l'unité de pouvoir et d'obéissance;
ce ministre, à qui la flatterie compare tous ceux qu'elle veut
louer, comptait au nombre de ses projets celui de fonder cette
Académie. Il était bien juste qu'après le soin de mériter sa
gloire, il n'en eût pas de plus pressant que celui de l'éterniser.

Plus le témoignage des lettres lui devait être avantageux, plus
il voulut le rendre imposant; et, pour donner aux talents plus
d'autorité, il en fit un corps honorable. Il sentit combien il était
important qu'une classe d'hommes sur la foi desquels les siècles
se jugent l'un l'autre, qu'une société dispensatrice de la louange
et du blâme, et qui donne ou refuse à son gré la plus belle des
récompenses, la gloire et l'immortalité, eût dans sa constitution
même un caractère de dignité qui lui imposât la loi d'être juste.
C'est dans cette vue qu'il vous réunit; et ce fut dès lors, mes-

sieurs, que les lettres formèrent un État dans l'ordre public ; époque mémorable pour elles. Mais leur titre le plus glorieux fut la protection immédiate de nos rois accordée à l'Académie.

Les Muses, éplorées autour du tombeau de l'illustre Séguier, redemandaient au ciel leur appui. Louis XIV les voit, les appelle, leur tend une main triomphante, et les invite à venir s'asseoir au pied du trône, à l'ombre des lauriers. Quelle faveur plus signalée ! mais aussi quel en est le prix ! Je n'ai garde de vouloir honorer les lettres aux dépens de la renommée de ce grand roi : il la mérita tout entière. Mais c'était aux lettres à la perpétuer

En vain la nature semblait avoir exprès choisi son règne et ses États pour y faire naître les arts et le génie dans tous les genres ; en vain ce monarque lui-même, par son discernement dans le choix des hommes, par son habileté dans l'emploi des talents, avait su mettre en valeur l'ouvrage de la nature, et en seconder les efforts ; sa mémoire l'eût suivi de près au tombeau, si les lettres ne l'en avaient sauvée. Ce roi fit fleurir l'éloquence et la poésie ; l'éloquence et la poésie le feront revivre à jamais, et le marbre et l'airain qui nous le rappellent seront réduits en poudre, lorsque les écrits où sa gloire est vivante feront l'entretien et l'admiration de tous les peuples de l'univers.

Oublions toutefois l'intérêt qu'ont eu les grands hommes à protéger les lettres, et n'en considérons que le charme et l'attrait. Quelle jouissance plus douce pour celui qui les encourage, que de développer les germes du génie ? La nature a-t-elle des productions plus rares ? Est-il un spectacle plus digne d'une âme élevée et sensible que de voir la poésie animer ses tableaux, l'éloquence déployer ses ressorts, l'histoire percer la nuit des temps, la philosophie lever le voile de la nature, de nouvelles générations d'idées éclore du sein d'un petit nombre d'hommes, et se répandre dans tous les esprits ? Les lettres, sous ce point de vue, peuvent-elles ne pas attacher les regards des rois, des héros et des sages ?

Mais c'est à ceux mêmes qui cultivent les lettres que le commerce en est précieux. Que ne puis-je en exprimer l'avantage comme je le sens! Que ne puis-je avec tous les vrais citoyens de la république littéraire voir ce qu'ils ont tant souhaité, les talents unis et d'intelligence! Non, ce n'est point un vœu chimérique. L'amitié, ce lien des cœurs, est des dons du ciel le plus rare : il l'est parmi les gens de lettres, comme il l'est dans tous les états. Mais le commerce, l'accord des esprits, ce goût mutuel qui les attire, ce besoin de se communiquer, ce plaisir délicat qu'ils éprouvent à s'éclairer, à s'animer l'un l'autre, cette union, dis-je, a fait dans tous les temps le bonheur et la gloire des lettres. Le siècle passé la vit régner parmi ses écrivains les plus célèbres. Elle est la même et plus paisible encore entre les premiers talents de nos jours. Plusieurs en ont goûté les charmes auprès de ce génie aimable qui manque ici à mon bonheur; auprès de cet homme universel qui m'a permis de l'appeler mon maître, lui qui dans Athènes aurait eu pour disciples les Euripides et les Xénophons. Pourquoi son exemple et le vôtre, messieurs, n'engageraient-ils pas les gens de lettres à s'honorer par l'intimité de leur union? Leur gloire en dépend, leur besoin les en presse, leurs succès y sont attachés.

Je ne parle point du goût que leur commerce épure, des finesses de l'art qu'il décèle, des replis de la nature qu'il développe, des traits délicats qu'il y fait saisir; je me borne au courage, à l'émulation qu'il inspire, à l'essor qu'il fait prendre aux idées, à l'enthousiasme qu'il donne aux talents; le dirai-je? à cette espèce d'électricité que les esprits se communiquent, sitôt que l'intérêt de l'art vient les animer et les mettre en action.

Voyez l'homme de lettres dans sa solitude; épuisé de fatigue et de veilles, plein d'inquiétude et d'alarmes, ayant sans cesse devant les yeux un public difficile et sévère, découragé, tantôt par les difficultés de l'art, tantôt par les variations du goût : une ombre l'effraye; il se craint lui-même : s'il lui vient une lueur d'espoir, c'est un trait de présomption; il se défie de sa confiance. Livré à lui-même, il ne sent pas ses forces : il n'osera jamais tout ce qu'il peut. Qui lèvera le faible obstacle qui l'arrête au milieu de sa course? Qui le ramènera dans la voie, d'où peut-être il n'est éloigné que d'un pas au moment qu'il se croit égaré? Sera-ce celui qui s'amuse des lettres? Non, mais celui qui s'en occupe. Le monde est pour un écrivain une école de bienséance, de délicatesse, de politesse et d'agrément; mais pour les coups de lumière et de force, les grandes vues, les hardis desseins, il doit consulter ses pareils. Il les consulte; il est ranimé. L'espoir renaît, les craintes se dissipent, les difficultés s'aplanissent. Ce n'est point une critique froide, minutieuse, stérile qui préside à leur examen; c'est une critique sévère, mais lumineuse et féconde en ressources : c'est peu d'éclairer, elle inspire; et quel est l'homme de lettres, messieurs, qui n'est pas redevable d'une partie de sa gloire à de telles inspirations? Combien de traits de génie ont attendu qu'une idée étrangère les fît éclore; semblables à ces feux rapides et brillants qu'une étincelle fait éclater? Qui sait ce que Racine, Despréaux, Molière et la Fontaine se devaient réciproquement?

Mais ce commerce, si intéressant du côté de l'esprit, peut l'être encore plus du côté de l'âme, et, j'ose le dire à la gloire de mon siècle, jamais l'émulation des vertus n'a plus ennobli celle des talents; jamais des mœurs si pures n'ont honoré les lettres; jamais votre exemple n'a été mieux suivi. Et quelle épreuve n'ai-je pas faite de la sensibilité, de l'élévation d'âme qu'un homme de lettres est sûr de trouver dans ceux de son état? Qui sait mieux que moi avec quelle chaleur le fort y protége le faible; combien leur estime est solide, leur bienveillance active, leur amitié constante, et combien ce qui serait pénible et courageux pour des âmes vulgaires paraît simple et facile à ces cœurs généreux? Pardonnez-moi, messieurs, ce retour sur moi-même. C'est peu pour moi que le souvenir de ce que je dois aux gens de lettres soit gravé au fond de mon cœur; je veux pour le rendre immortel qu'il soit consacré dans vos fastes.

Mais pourquoi dans la société littéraire voit-on les esprits se concilier, se rapprocher de plus en plus? C'est que la raison, quoi qu'on en dise, fait d'heureux progrès parmi nous; c'est qu'à mesure que les hommes s'éclairent, ils sentent mieux le besoin de s'aimer ; c'est que tout se ressent de l'exemple d'un roi à qui l'orgueil est odieux, et qui ne connaît d'autre gloire que celle d'être bienfaisant et juste.

Voilà, messieurs, le héros que les Muses doivent se plaire à célébrer. Malheur à elles, si elles flattaient l'ambition et la violence. C'est aux Furies à s'abreuver de sang et à se baigner dans les larmes. Les Muses sont *filles* de la Paix ; elles doivent aimer leur mère. Leur règne est donc celui d'un bon roi. C'est une âme sensible, équitable et modeste qu'elles aiment à contempler sur le plus beau trône de l'univers : la reconnaissance et les vœux de la terre sont le tribut qu'elles lui présentent ; seul hommage digne d'un roi, qui, absolu dans sa puissance, n'a pour volonté que l'amour de l'ordre, du bien public et de la paix. Avec la force, un roi se fait craindre, et c'est un avantage que les tyrans peuvent disputer aux héros ; mais l'inébranlable empire de l'amour n'est réservé qu'à la vertu même ; et si Louis en partage la gloire, ce n'est qu'avec le petit nombre de ro s modérés, sages et bienfaisants qui ont fait les délices du monde.

LES INCAS

CHAPITRE PREMIER

L'empire du Mexique était détruit; celui du Pérou florissait encore; mais, en mourant, l'un de ses monarques l'avait partagé entre ses deux fils. Cusco avait son roi, Quito avait le sien. Le fier Huascar, roi de Cusco, avait été cruellement blessé d'un partage qui lui enlevait la plus belle de ses provinces, et ne voyait dans Ataliba qu'un usurpateur de ses droits. Cependant un reste de vénération pour la mémoire du roi son père réprimait son ressentiment; et, au sein d'une paix trompeuse et peu durable, tout l'empire allait célébrer la grande fête du soleil.

Le jour marqué pour cette fête était celui où le dieu des Incas, le soleil, en s'éloignant du nord, passait sur l'équateur, et se reposait, dit-on, sur les colonnes de ses temples. La joie universelle annonce l'arrivée de ce beau jour ; mais c'est surtout dans les murs de Quito, dans ses délicieux vallons, que cette joie éclate. De tous les climats de la terre, aucun ne reçoit du soleil une si favorable et si douce influence ; aucun peuple aussi ne lui rend un hommage plus solennel.

Le roi, les Incas et le peuple, sur le vestibule du temple où son image est adorée, attendent son lever dans un religieux silence. Déjà l'étoile de Vénus, que les Indiens nomment *l'astre à la brillante chevelure*, et qu'ils révèrent comme le favori du soleil, donne le signal du matin. A peine ses feux argentés étincellent sur l'horizon, un doux frémissement se fait entendre autour du temple. Bientôt l'azur du ciel pâlit vers l'orient ; des flots de pourpre et d'or peu à peu s'y répandent, la pourpre à son tour se dissipe ; l'or seul, comme une mer brillante, inonde les plaines du ciel. L'œil attentif des Indiens observe ces gradations, et leur émotion s'accroît à chaque nuance nouvelle. On dirait que la naissance du jour est un prodige nouveau pour eux, et leur attente est aussi timide que si elle était incertaine.

Soudain la lumière à grands flots s'élance de l'horizon vers les voûtec du firmament ; l'astre qui la répand s'élève, et la cime du Cayambe est couronnée de ses rayons. C'est alors que le temple s'ouvre, et que l'image du soleil, en lames d'or placée au fond du sanctuaire, devient elle-même resplendissante à l'aspect du dieu qui la frappe de son immortelle clarté. Tout se prosterne, tout l'adore ; et le pontife, au milieu des Incas et du chœur des vierges sacrées, entonne l'hymne solennel, qu'au même instant des millions de voix répètent, et qui, de

montagne en montagne, retentit des sommets de Pam-
bamarca jusque par delà le Potose.

CHŒUR DES INCAS.

Ame de l'univers! toi qui, du haut des cieux, ne
cesses de verser au sein de la nature, dans un océan de
lumière, la chaleur, la vie et la fécondité, soleil, reçois les vœux de tes enfants et d'un peuple heureux qui
t'adore!

LE PONTIFE, seul.

O roi, dont le trône sublime brille d'un éclat immortel, avec quelle imposante majesté tu domines dans le
vaste empire des airs! Quand tu parais dans ta splendeur
et que tu agites sur ta tête ton diadème étincelant, tu es
l'orgueil du ciel et l'amour de la terre. Que sont-ils devenus ces feux qui parsemaient les voiles de la nuit?
Ont-ils pu soutenir un rayon de ta gloire? Si tu ne t'éloi-
gnais pas pour leur céder la place, ils resteraient ensevelis dans l'abîme de ta lumière, ils seraient dans le ciel
comme s'ils n'étaient pas.

CHŒUR DES VIERGES.

O délices du monde! que ton réveil est beau! quelle
magnificence dans l'appareil de ton lever! quel charme
répand ta présence! les compagnes de ton sommeil sou-
lèvent les rideaux de pourpre du pavillon où tu reposes,
et tes premiers regards dissipent l'immense obscurité
des cieux. Oh! quelle dut être la joie de la nature lorsque tu l'éclairas pour la première fois! Elle s'en souvient,
et jamais elle ne te revoit sans ce tressaillement qu'é-
prouve une fille tendre au retour d'un père adoré dont
l'absence l'a fait languir.

LE PONTIFE, seul.

Ame de l'univers! sans toi le vaste Océan n'était qu'une masse immobile et glacée! la terre, qu'un stérile amas de sable et de limon; l'air, qu'un espace ténébreux. Tu pénétras les éléments de ta chaleur vive et féconde; l'air devint fluide et subtil, les ondes souples et mobiles, la terre fertile et vivante; tout s'anima, tout s'embellit. Ces éléments, qu'un froid repos tenait dans l'engourdissement, firent une heureuse alliance : le feu se glisse au sein de l'onde; l'onde, divisée en vapeurs, s'exhale et se filtre dans l'air; l'air dépose au sein de la terre les germes précieux de la fécondité; la terre enfante et reproduit sans cesse les fruits de cet amour sans cesse renaissant que tes rayons ont allumé.

CHŒUR DES INCAS.

Ame de l'univers, ô soleil! es-tu seul l'auteur de tous les biens que tu nous fais? n'es-tu que le ministre d'une cause première, d'une intelligence au-dessus de toi? Si tu n'obéis qu'à ta volonté, reçois nos vœux reconnaissants; mais si tu accomplis la loi d'un être invisible et suprême, fais passer nos vœux jusqu'à lui.

LE PEUPLE.

Ame de l'univers, père de Manco, père de nos rois, ô soleil! protége ton peuple et fais prospérer tes enfants!

Le premier des Incas, fondateur de Cusco, avait institué, en l'honneur du soleil, quatre fêtes qui répondaient aux quatre saisons de l'année; mais elles rappelaient à l'homme des objets plus intéressants : la naissance, le mariage, la paternité et la mort.

La fête qu'on célébrait alors était celle de la naissance, et les cérémonies de cette fête consacraient l'autorité des lois, l'état des citoyens, l'ordre et la sûreté publique.

D'abord il se forme autour de l'Inca vingt cercles de jeunes époux qui lui présentent dans des corbeilles les enfants nouvellement nés. Le monarque leur donne le salut paternel. « Enfants, dit-il, votre père commun, le fils du soleil, vous salue. Puisse le don de la vie vous être cher jusqu'à la fin ! puissiez-vous ne jamais pleurer le moment de votre naissance ! Croissez pour m'aider à vous faire tout le bien qui dépend de moi, et à vous épargner ou adoucir les maux que l'homme ne peut toujours éviter ici-bas. »

Alors les dépositaires des lois en déploient le livre auguste. Ce livre est composé de cordons de mille couleurs; des nœuds en sont les caractères, et ils suffisent à exprimer des lois simples comme les mœurs et les intérêts de ces peuples. Le pontife en fait la lecture; le prince et les sujets entendent de sa bouche quels sont leurs devoirs.

La première de ces lois leur prescrit le culte. Ce n'est qu'un tribut solennel de reconnaissance et d'amour : des prières, des vœux et quelques offrandes pures, des fêtes où la piété se concilie avec la joie.

La seconde loi s'adresse au monarque : elle lui fait un devoir d'être équitable comme le soleil, qui dispense à tous sa lumière; d'étendre comme lui son heureuse influence, et de communiquer à ce qui l'environne sa bienfaisante activité; de voyager dans son empire, car la terre fleurit sous les pas d'un bon roi; d'être accessible et populaire, afin que sous son règne l'homme injuste ne dise pas : *que m'importent les cris du faible !* de ne point détourner la vue à l'approche des malheureux ; car, s'il est affligé d'en voir, il se reprochera d'en faire ; et celui-là craint d'être bon, qui ne veut pas être attendri. Elle lui recommande un amour généreux, un saint respect pour la vérité, guide et conseil de la justice, et un mépris mêlé d'horreur pour le mensonge, complice de l'iniquité. Elle l'exhorte à conquérir, à dominer par les bienfaits, à épargner le sang des hommes, à user de ménagement et de patience envers les rebelles, de clémence envers les vaincus.

La même loi s'adresse encore à la famille des Incas : elle les oblige à donner l'exemple de l'obéissance et du zèle, à user avec modestie des priviléges de leur rang, à fuir l'orgueil et la mollesse ; car l'homme oisif pèse à la terre, et l'orgueilleux la fait gémir.

La troisième imposait au peuple le plus inviolable respect pour la famille du soleil, une obéissance filiale envers celui de ses enfants qui régnait sur eux en son nom, un dévouement religieux au bien commun de son empire.

Après cette loi venait celle qui cimentait les nœuds du sang et de l'hymen, et qui, sur des peines sévères, assurait la foi conjugale et l'autorité paternelle.

La loi du partage des terres prescrivait aussi le tribut. De trois parties égales du terrain cultivé, l'une appartenait au soleil, l'autre à l'Inca et l'autre au peuple. Chaque famille avait son apanage, et plus elle croissait en nombre, plus on étendait les limites du champ qui devait la nourrir. C'est à ces biens que se bornaient les richesses d'un peuple heureux. Il possédait en abondance les plus précieux des métaux, mais il les réservait pour décorer ses temples et les palais de ses rois. L'homme, en naissant, doté par la patrie, vivait riche de son travail, et rendait en mourant ce qu'il avait reçu. Si le peuple, pour vivre dans une douce aisance, n'avait pas assez de ses biens, ceux du soleil y suppléaient.

La loi du tribut n'exigeait que le travail et l'industrie. Ce tribut se payait d'abord à la nature : jusqu'à cinq lustres accomplis le fils se devait à son père, et l'aidait dans tous ses travaux. Les champs des orphelins, des veuves, des infirmes, étaient cultivés par le peuple. Au nombre des infirmes était comprise la vieillesse. Les pères qui avaient la douleur de survivre à leurs enfants ne languissaient pas sans secours; la jeunesse de leur tribu était pour eux une famille; la loi les consolait du malheur de vieillir. Quand le soldat était sous les armes, on cultivait pour lui son champ; ses enfants jouissaient du droit des orphelins, sa femme de celui des veuves; et s'il mourait dans les combats, l'État lui-même prenait pour eux les soins d'un père et d'un époux.

Le peuple cultivait d'abord le domaine du soleil, puis l'héritage de la veuve, de l'orphelin et de l'infirme; après cela chacun vaquait à la culture de son champ. Les terres de l'Inca terminaient les travaux : le peuple s'y rendait en foule, et c'était pour lui une fête. Paré comme aux jours solennels il remplissait l'air de ses chants.

La tâche des travaux publics était distribuée avec une équité qui la rendait légère. Aucun n'en était dispensé; tous y apportaient le même zèle. Les temples et les forteresses, les ponts d'osier qui traversaient les fleuves, les voies publiques qui s'étendaient du centre de l'empire jusqu'à ses frontières, étaient des monuments, non pas de servitude, mais d'obéissance et d'amour. Ils ajoutaient à ce tribut celui des armes, dont on faisait d'effrayants amas pour la guerre : c'étaient des haches, des massues, des lances, des flèches, des arcs, de frêles boucliers : vaine défense, hélas! contre ces foudres d'Europe qu'ils virent bientôt éclater !

Tout dans les mœurs était réduit en lois : ces lois punissaient la paresse et l'oisiveté comme celles d'Athènes ; mais, en imposant le travail, elles écartaient l'indigence ; et l'homme, forcé d'être utile, pouvait du moins espérer d'être heureux. Elles protégeaient la pudeur, comme une chose inviolable et sainte ; la liberté, comme le droit le plus sacré de la nature ; l'innocence, l'honneur, le repos domestique, comme des dons du ciel qu'il fallait révérer.

La loi, qui faisait grâce aux enfants encore dans l'âge de l'innocence, portait sa rigueur sur les pères, et punissait en eux le vice qu'ils avaient nourri ou qu'ils n'avaient point étouffé. Mais jamais le crime des pères ne retombait sur les enfants : le fils du coupable puni le remplaçait sans honte et sans reproche ; on ne lui en retraçait l'exemple que pour l'instruire à l'éviter.

Chez un peuple laborieux, occupé, satisfait de son égalité, sûr d'un bien-être simple et doux, sans ambition, sans envie, exempt de nos besoins fantasques et de nos vices raffinés, ami de l'ordre, qui n'était que le bonheur public distribué sur tous, attaché par reconnaissance au gouvernement juste et sage qui faisait sa félicité, l'habitude des bonnes mœurs rendait les lois comme inutiles : elles étaient préservatives, et presque jamais vengeresses.

Après la lecture des lois, le monarque levant les yeux au ciel : « O soleil, dit-il, ô mon père ! si je violais tes lois saintes, cesse de m'éclairer; commande au ministre de ta colère, au terrible *Illapa*, de me réduire en poudre, et à l'oubli de m'effacer de la mémoire des mortels. Mais si je suis fidèle à ce dépôt sacré, fais que mon peuple, en m'imitant, m'épargne la douleur de te venger moi-même; car le plus triste des devoirs d'un monarque, c'est de punir. »

Alors les Incas, les caciques, les juges, les vieillards députés du peuple, renouvellent tous la promesse de vivre et de mourir fidèles au culte et aux lois du soleil.

Les surveillants s'avancent à leur tour : leur titre annonce l'importance des fonctions dont ils sont chargés : ce sont les envoyés du prince, qui, revêtus d'un caractère aussi inviolable que la majesté même, vont observer dans les provinces les dépositaires des lois, voir si le peuple n'est point foulé, et au faible à qui le puissant a fait injure ou violence, à l'indigent qu'on abandonne, à l'homme affligé qui gémit, ils demandent : *Quel est le sujet de ta plainte? qui cause ta peine et tes pleurs?* Ils s'avancent donc : et ils jurent, à la face du soleil, d'être équitables comme lui. L'Inca les embrasse, et leur dit : « Tuteurs du peuple, c'est à vous que son bonheur est confié. Soleil, ajoute-t-il, reçois le serment des tuteurs du peuple; punis-moi si je cesse de protéger en eux la droiture et la vigilance; punis-moi si je leur pardonne l'iniquité. »

Un nouveau spectacle succède : c'est l'élite de la jeunesse, des chœurs de filles et de garçons, tous d'une beauté singulière, tenant dans leurs mains des guirlandes dont ils viennent orner les colonnes sacrées, en dansant à l'entour et chantant les louanges du soleil et

de ses enfants. Leur robe, d'un tissu léger, formé du du-
vet d'un arbuste qui croît dans ces riches vallons, est
égale en blancheur aux neiges des montagnes.

Dans leurs danses autour des colonnes, ils s'entre-
lacent de leurs guirlandes, et cette chaîne mystérieuse
exprime les douceurs de la société, dont les lois forment
les liens.

Mais déjà l'ombre des colonnes s'est retirée vers leur
base; elle s'abrége encore et va s'évanouir. Alors écla-
tent de nouveau les chants d'adoration et de réjouissance; et l'Inca, tombant à genoux au pied de celle des
colonnes où le trône d'or de son père étincelle de mille
feux : « Source intarissable de tous les biens, ô soleil,
dit-il, ô mon père! il n'est pas au pouvoir de tes enfants
de te faire aucun don qui ne vienne de toi. L'offrande
même de tes bienfaits est inutile à ton bonheur comme
à ta gloire : tu n'as besoin, pour ranimer ton incorrup-
tible lumière, ni des vapeurs de nos libations, ni des parfums de nos sacrifices. Les moissons abondantes que ta
chaleur mûrit, les fruits que tes rayons colorent, les troupeaux à qui tu prépares les sucs des herbes et des fleurs,
ne sont des trésors que pour nous : les répandre, c'est
t'imiter; c'est le vieillard infirme, la veuve et l'orphelin
qui les reçoivent en ton nom, c'est dans leur sein, comme
sur un autel, que nous devons en déposer l'hommage.
Ne vois donc le tribut que je vais t'offrir que comme un
signe solennel de reconnaissance et d'amour; pour moi,
c'est un engagement; pour les malheureux, c'est un titre, et le garant inviolable des droits qu'ils ont à mes
bienfaits. »

Tout le peuple à ces mots rend grâces au soleil, qui
lui donne de si bons rois, et le monarque, précédé du

pontife, des prêtres et des vierges sacrées, va dans le temple offrir au dieu le sacrifice accoutumé.

Le sacrifice n'a rien de barbare. Ce n'est plus ce culte féroce qni arrosait de sang humain les forêts de ces bords sauvages, lorsqu'une mère déchirait elle-même les entrailles de ses enfants sur l'autel du lion, du tigre oú du vautour. L'offrande agréable au soleil, ce sont les prémices des fruits, des moissons et des animaux que la nature a destinés à servir d'aliments à l'homme. Une faible partie de cette offrande est consumée sur l'autel ; le reste est réservé au festin solennel que le soleil donne à son peuple.

Sous un portique de feuillages dont le temple est environné, le roi, les Incas, les caciques se distribuent parmi la foule pour présider aux tables où le peuple est assis. La première est celle des veuves, des orphelins et des vieillards ; l'Inca l'honore de sa présence, comme père des malheureux. Tito Zoraï, son fils aîné, y est assis à sa droite. Ce jeune prince, dont la beauté annonce une origine céleste, a rempli son troisième lustre : il est dans l'âge où se fait l'épreuve du courage et de la vertu. Son père, dont il fait les délices, s'applaudit de le voir croître et s'élever sous ses yeux : jeune encore lui-même, il espère laisser un sage sur le trône. Hélas ! son espérance est vaine ; les pleurs de son vertueux fils n'arroseront point son tombeau.

Au festin succèdent les jeux. C'est là que les jeunes Incas, destinés à donner l'exemple du courage et de la constance, s'exercent dans l'art des combats.

Ils commencent, au son des conques, par la flèche et le javelot ; et le vainqueur, dès qu'il est proclamé, voit le héros qui lui a donné le jour s'avancer vers lui plein de joie et lui tendre les bras en lui disant : « Mon fils, tu me rappelles ma jeunesse, et tu honores mes vieux ans. »

Vient ensuite la lutte ; et c'est là que l'on voit tout ce que l'habitude peut donner de ressort et d'énergie à la nature ; c'est là qu'on voit des combattants agiles et robustes s'élancer, se saisir, se presser tour à tour, plier, se raffermir, et redoubler d'efforts pour s'enlever ou pour s'abattre, s'échapper pour reprendre haleine, revoler au combat, se serrer de nouveau des nœuds de leurs bras vigoureux ; tour à tour immobiles, tour à tour chancelants, tomber, se rouler, se débattre, et arroser l'herbe flétrie des ruisseaux de sueur dont ils sont inondés.

Le combat, longtemps incertain, fait flotter l'âme de leurs parents entre la crainte et l'espérance. La victoire enfin se déclare ; mais les vieillards, en décernant le prix du combat aux vainqueurs, ne dédaignent pas de donner aux vaincus quelques louanges consolantes : car ils savent que la louange est, dans les âmes généreuses, le germe et l'aliment de l'émulation.

Dans le nombre de ceux à qui leur adversaire avait fait plier les genoux, était le fils même du roi et son successeur à l'empire, le sensible et fier Zoraï. Aucun des prix n'a honoré ses mains ; il en verse des larmes de dépit et de honte. L'un des vieillards s'en aperçoit et lui dit pour le consoler : « Prince, le soleil notre père est juste ; il donne la force et l'adresse à ceux qui doivent obéir, l'intelligence et la sagesse à celui qui doit commander. » Le monarque entendit ces paroles. « Vieillard, dit-il, laisse mon fils s'affliger et rougir de se trouver plus faible et moins adroit que ses rivaux. Le crois-tu fait pour languir sur le trône et pour vieillir dans le repos ? »

Le jeune prince, à cette voix, jeta un coup d'œil de
reproche sur le vieillard qui l'avait flatté, et se précipita
aux genoux de son père, qui, le serrant tendrement dans
ses bras, lui dit : « Mon fils, la plus juste et la plus im-
périeuse des lois, c'est l'exemple. Vous ne serez jamais
servi avec plus de zèle et d'ardeur que lorsque, pour
obéir, on n'aura qu'à vous imiter. »

Après qu'on eut laissé respirer les lutteurs, on vit cette
illustre jeunesse se disposer au combat de la course. C'est
leur épreuve la plus pénible. La lice est de cinq mille
pas. Le terme est un voile de pourpre que le vainqueur
doit enlever. Dans l'intervalle de la barrière au terme,
le peuple, rangé en deux lignes, appelle des yeux les
combattants. Le signal est donné : ils partent tous ensemble, et des deux côtés de la lice on voit les pères et
les mères animer leurs enfants du geste et de la voix.
Aucun ne donne à ses parents la douleur de le voir succomber dans sa course; ils remplissent tous leur carrière, et presque tous en même temps.

Zoraï avait devancé le plus grand nombre de ses rivaux; un seul, le même qui l'avait vaincu au combat de
la lutte, avait sur lui quelque avantage, et n'était qu'à
cent pas du terme : « Non, s'écria le prince, tu n'auras
pas la gloire de me vaincre une seconde fois; » aussitôt,
ranimant ses forces, il s'élance, le passe et lui enlève le
prix.

Ceux qui l'ont suivi de plus près ont quelque part à
son triomphe. De ce nombre étaient les vainqueurs aux
exercices de la lutte, de la flèche et du javelot. Zoraï
s'avance à leur tête, tenant en main la lance où flotte
suspendu le trophée de sa victoire, et avec eux il se présente devant le cercle des vieillards. Ceux-ci les jugent

et les proclament dignes du nom d'*Incas*, de vrais fils
du soleil.

Alors leurs mères et leurs sœurs viennent attacher à
leurs pieds agiles, au lieu de la tresse d'écorce qui fait
les sandales du peuple, une natte de laine plus légère et
plus douce, dont elles ont fait le tissu.

Ils vont de là, conduits par les vieillards, se prosterner
devant le roi, qui, du haut de son trône d'or, environné
de sa famille, les reçoit avec la majesté d'un dieu et la
tendre bonté d'un père. Son fils, en qualité de vainqueur dans le plus pénible des jeux, tombe le premier
à ses pieds. Le monarque s'efforce de ne montrer pour
lui ni préférence, ni faiblesse; mais la nature le trahit,
et en lui attachant le bandeau des Incas, ses mains trem-

blent, son cœur s'émeut et s'attendrit, il laisse échapper
quelques larmes : le front du jeune prince en est arrosé ;
il les sent, il en est saisi, et de ses mains il presse les genoux paternels. Ces larmes d'amour et de joie sont la
seule distinction que l'héritier du trône obtient sur ses
émules. L'Inca leur donne de sa main la marque la plus
glorieuse de noblesse et de dignité : il leur perce l'oreille
et y suspend un anneau d'or, faveur réservée à leur race,
mais que ne porte jamais celui qui trahit sa naissance,
et qui n'en a pas les vertus.

Enfin le roi prend la parole, et s'adressant aux nouveaux Incas : « Le plus sage des rois, leur dit-il, Manco,
votre aïeul et le mien, fut aussi le plus vigilant, le plus
courageux des mortels. Quand le soleil son père l'envoya fonder cet empire, il lui dit : Prends-moi pour
exemple ; je me lève, et ce n'est par pour moi ; je ré-
pands ma lumière, et ce n'est pas pour moi ; je remplis
ma vaste carrière, je la marque par mes bienfaits, l'univers en jouit, et je ne me réserve que la douceur de l'en
voir jouir : va, sois heureux si tu peux l'être ; mais songe
à faire des heureux. Incas, fils du soleil, voilà votre le-
çon. Quand il plaira à votre père que vous soyez heureux
sans fatigue et sans trouble, il vous rappellera vers lui.
Jusque-là, sachez que la vie est une course laborieuse
que vos vertus doivent rendre utile, non pas à vous, mais
à ce monde où vous passez. Le lâche s'endort sur la
route ; il faut que la mort, par pitié, lui vienne abréger
son travail. L'homme courageux supporte le sien ; et d'un
pas sûr et libre il arrive au terme où la mort, la mère du
repos, l'attend. »

« O toi, mon fils, dit-il au prince, tu vois cet astre qui
va finir son cours : que de biens, depuis son aurore, n'a-

t-il pas faits à la nature! Ce qui lui ressemble le plus sur la terre, c'est un bon roi. »

A ces mots il se lève et marche, accompagné de sa famille et de son peuple, pour aller avec le pontife, sous le vestibule du temple, observer l'aspect du soleil à son couchant, et en recueillir les oracles.

Le peuple et les Incas se tiennent rangés en silence au delà du parvis. Le roi seul monte les degrés du vestibule où l'attend le grand prêtre, qui ne doit révéler qu'à lui les secrets du sombre avenir.

Le ciel était serein, l'air calme et sans vapeurs, et l'on eût pris dans ce moment l'horizon du couchant pour celui de l'aurore. Mais bientôt, du sein de la mer Pacifique, s'élève au-dessus de Palmar un nuage pareil à des vagues sanglantes, présage épouvantable dans ce jour solennel. Le grand prêtre en frémit ; cependant il espère qu'avant le coucher du soleil ces vapeurs vont se dissiper. Elles redoublent, elles s'entassent comme les sommets des montagnes, et en s'élevant elles semblent défier l'astre qui s'avance de rompre la vaste barrière qu'elles opposent à son cours. Il descend avec majesté, et des rayons qui l'environnent perçant de tous côtés ces flots de pourpre, il les entr'ouvre ; mais soudain l'abîme est comblé. Vingt fois il écarte ses vagues, qui vingt fois retombent sur lui. Submergé, renaissant, il épuise les traits de sa défaillante lumière ; et, lassé du combat, il reste enseveli comme dans une mer de sang.

Un signe encore plus terrible se manifeste dans le ciel : c'est un de ces astres que l'on croyait errants avant que l'œil perçant de l'astronomie eût démêlé leur route dans l'immensité de l'espace. Une comète, semblable à un dragon qui vomit des feux, et dont la brûlante crinière se

hérisse autour de sa tête, paraît venir de l'orient et voler
après le soleil. Ce n'est dans le céleste azur qu'une étincelle aux yeux du peuple ; mais le grand prêtre, plus attentif, y croit distinguer tous les traits de ce monstre
prodigieux : il lui voit respirer la flamme ; il lui voit se-
couer ses ailes embrasées ; il voit sa brûlante prunelle
suivre, du haut des cieux, la trace du soleil, dans l'ardeur
de l'atteindre et de le dévorer. Mais dissimulant la terreur dont ce prodige le pénètre : « Prince, dit-il au roi,
suivez-moi dans le temple ; » et là, recueilli en lui-même,
après avoir été quelque temps immobile et en silence
devant l'Inca, il lui parle en ces mots :

« Digne fils du dieu que je sers, si l'avenir était inévitable, ce dieu bienfaisant nous épargnerait la douleur
de le prévoir ; et, sans nous affliger d'avance du pressentiment de nos maux, il laisserait à l'esprit humain
son aveuglement salutaire, et au temps son obscurité.
Puisqu'il daigne nous éclairer, ce n'est pas inutilement ;
et les malheurs qu'il nous annonce peuvent encore se détourner. Ne vous effrayez point de ceux qui vous menacent : ils sont affreux, s'il faut en croire les signes que je
viens d'observer dans le ciel. Ces signes ne s'accordent
pas : l'un me dit que c'est du couchant que doit venir
une guerre sanglante ; l'autre m'annonce un ennemi
terrible qui fond sur nous de l'orient : mais l'un et l'autre est un avis de ce dieu qui veille sur nous. Prince,
armez-vous donc de constance : être innocent et courageux, ne pas mériter son malheur et le souffrir, voilà
la tâche que la nature impose à l'homme ; le reste est au-
dessus de nous. »

Le prêtre, consterné, n'en dit pas davantage ; et le
monarque, renfermant la tristesse au fond de son cœur,

sortit du temple, et se montra au peuple avec un front calme et serein. « Notre dieu, lui dit-il, sera toujours le même ; il veille au sort de son empire, et il protége ses enfants. »

Alors on lui vint annoncer que des infortunés, chassés de leur patrie, lui demandaient l'hospitalité. « Qu'ils paraissent, répond l'Inca ; jamais les malheureux ne trouveront mon cœur inaccessible, ni mon palais fermé pour eux. »

Les étrangers s'avancent : ce sont les tristes débris de la famille de Montezume, fuyant le joug des Espagnols, et qui. de rivage en rivage, cherchent un refuge impénétrable aux poursuites de leurs tyrans.

Un jeune cacique se présente à la tête de ces illustres fugitifs. A sa démarche, à sa noble assurance, on reconnaît en lui, tout suppliant qu'il est, l'habitude de commander. Un chagrin profond et cruel paraît empreint sur son visage ; mais sa beauté, quoique ternie, est touchante dans sa langueur, et l'altération de ses traits annonce moins l'abattement que la souffrance d'une âme fière et indignée de son malheur.

L'Inca lui dit : « Jeune étranger, apprenez-moi qui vous êtes, d'où vous venez, et quel coup du sort vous fait chercher un asile en ces lieux. »

« Inca, lui répond Orozimbo (c'était le nom du Mexicain), tu vois en nous les déplorables restes d'un empire au moins aussi vaste, aussi florissant que le tien. Cet empire est détruit. Le sort ne laissait que la fuite ou que l'esclavage ; nous avons préféré la fuite. Deux hivers nous ont vus errants sur les montagnes. Las de vivre dans les forêts et parmi les bêtes féroces, nous avons pris la résolution d'aller chercher des hommes moins

malheureux que nous et moins cruels que nos tyrans.
Il y a trois mois qu'à la merci des flots nous parcourons,
à travers mille écueils, les détours d'un rivage immense
Les maux que nous avons soufferts nous auraient accablés : le bruit de tes vertus a soutenu notre espérance.
On te dit juste et bienfaisant; nous venons éprouver si
la renommée en impose. »

« Étrangers, reprit le monarque, vous n'aurez pas en
vain mis votre confiance en moi. Venez dans mon palais
vous reposer et réparer vos forces. Je suis impatient d'entendre le récit de votre infortune ; mais je désire encore
plus vous la faire oublier. »

Le cacique et ses compagnons, conduits au palais de
l'Inca, y sont servis avec respect; mais il défend qu'on
étale à leurs yeux une vaine magnificence; car l'ostenta-
tion de la prospérité est une insulte pour les malheureux.
Un bain pur, des vêtements frais, une table abondante et
simple, des asiles pour le sommeil où règne un tranquille silence, sont les premiers secours de l'hospitalité
qu'exerce envers eux ce monarque.

Le lendemain il les reçoit au milieu de sa famille, ver-
tueuse et paisible cour, les fait asseoir autour de son
trône, et parlant au jeune Orozimbo avec tous les ménagements que l'on doit aux infortunés, il l'invite à soulager
son cœur du poids accablant de ses peines, en lui ra-
contant ses malheurs. « Le souvenir en est cruel, dit le
cacique mexicain avec un triste et profond soupir ; mais
je te dois l'effort d'en retracer la désolante image. Écoute-
moi, généreux prince, et puisse l'exemple de ma patrie
t'apprendre à garantir ces bords du fléau qui l'a ra-
vagée. » A ces mots, le silence règne dans l'assemblée des
ncas, et le cacique reprend ainsi :

CHAPITRE II

Enfants du soleil, vous savez la route qu'il suit tous les ans. Il est à présent sur vos têtes ; il y a trois lunes qu'il se levait de même sur le pays où je suis né. Ce pays s'appelle *Mexique*. Il avait pour roi Montezume, dont nous sommes les neveux. Montezume avait des vertus, un cœur droit, généreux et fidèle. Mais trop souvent du sein de la prospérité naissent l'orgueil et l'indolence. Après avoir oublié qu'il était homme, il oublia qu'il était roi. Sa dureté superbe éloigna ses amis ; sa faiblesse et son imprudence le livrèrent aux mains d'un ennemi perfide, et causèrent tous ses malheurs.

Vingt caciques, tous possesseurs d'autant de fertiles provinces, étaient réunis sous ses lois. Trop puissant et trop absolu, il abusa de sa fortune, ou plutôt ses flatteurs, dont il avait fait ses ministres, en abusèrent en son nom ; et de ses provinces foulées, les unes, secouant le

joug, avaient repris leur liberté ; d'autres, plus faibles
ou plus timides, gémissaient en silence, et, pour se déclarer rebelles, attendaient qu'il fût malheureux ; lorsqu'on
apprit que vers l'aurore, dans une enceinte où le rivage
se courbe et embrasse la mer, une race d'hommes qu'on
prenait pour des dieux, étaient venus de l'orient sur des
châteaux ailés d'où partaient l'éclair et la foudre ; que de
ces forteresses flottantes sur les eaux, dès qu'elles tou-
chaient le rivage, on voyait s'élancer des animaux terribles qui portaient sur leur dos ces hommes immortels.
Mille autres témoins assuraient que le quadrupède et
l'homme n'étaient qu'un ; que ses regards lançaient la
mort , et une mort inévitable ; que ses deux têtes ,
d'homme et de bête farouche, dévoraient tout ce que
le feu de ses regards avait épargné, et que la pointe de
nos flèches s'émoussait sur la dure écaille dont tout son
corps était couvert.

Ces bruits répandaient l'épouvante. Un cri d'alarme
universel retentit jusqu'à Mexico (c'était le siége de
l'empire). Montezume en parut troublé ; mais la même
faiblesse qui lui faisait tout craindre, lui fit d'abord tout
négliger.

Il sut que ces guerriers avides se laissaient apaiser
par de riches offrandes ; il espéra les adoucir. Il députa
vers eux deux hommes honorés parmi nous, Pilpatoé et
Teutilé, l'un blanchi dans les camps, l'autre dans les
conseils. Douze caciques (j'étais du nombre) accompagnaient cette ambassade ; deux cents Indiens nous suivaient, chargés de riches présents ; vingt captifs, choisis
parmi ceux que l'on engraissait dans nos temples pour
être immolés à nos dieux, fermaient la marche de ce
nombreux cortége.

Nous arrivons au camp des Espagnols (car c'est ainsi que ces guerriers se nomment); et quel est notre étonnement, en voyant que cinq cents hommes épouvantaient des nations! Oui, je l'avoue à notre honte, ils n'étaient que cinq cents, ce n'étaient que des hommes; et des millions d'hommes tremblaient!

Nous parûmes devant leur chef... Ah! le perfide! sous quel air majestueux et tranquille il sut déguiser ses ambitieux projets.

Pilpatoé, en l'abordant, le salue et lui parle ainsi : « Le monarque du Mexique, le puissant Montezume, nous envoie te saluer et savoir de toi qui tu es, d'où tu viens, et ce que tu veux. Si tu es un dieu propice et bienfaisant, voilà des parfums et de l'or. Si tu es un dieu méchant et sanguinaire, voilà des victimes. Si tu es un homme, voilà des fruits pour te nourrir, des vêtements pour ton usage, et des plumes pour te parer. »

« Non, nous ne sommes point des dieux, nous répondit Cortès (car tel était son nom) ; mais, par une faveur du ciel qui dispense à son gré la force, l'intelligence et le courage, nous avons sur les Indiens des avantages et des droits que vous reconnaîtrez vous-mêmes. Je reçois vos présents, je retiens vos captifs pour m'obéir et me servir, non pour être offerts en victimes ; car mon Dieu est un Dieu de paix, qui ne se nourrit point de sang. Vous voyez l'autel que nos mains lui ont élevé ; soyez témoins du culte que nous allons lui rendre. Pour la première fois il descend sur ces bords. »

L'autel était simple et rustique ; un feuillage en forme de temple l'environnait de son ombre, un vase d'or en faisait l'ornement ; un pain léger, d'une extrême blancheur, et quelques gouttes d'une liqueur que nous pri-

mes d'abord pour du sang, mais qui n'est que le jus
d'un fruit délicieux, étaient la matière du sacrifice. Ce
culte n'avait, à nos yeux, rien d'effrayant, rien de terrible. Et cependant, frappés d'un religieux respect, nous
tombâmes involontairement à genoux au milieu de ces
étrangers, prosternés le front dans la poussière. Après
le sacrifice, on nous fit avancer sous les pavillons de
Cortès. Il nous reçut avec cet air d'assurance et d'autorité d'un maître absolu qui commande. « Mexicains,
nous dit-il, le vrai Dieu, le Dieu que j'adore, le seul que
l'on doit adorer, puisqu'il a créé l'univers, qu'il le gou-
verne et le soutient, vient de descendre sur ces bords;
et il commande à vos idoles de s'anéantir devant lui.
C'est lui qui nous envoie pour abolir leur culte et pour
vous enseigner le sien. Renversez vos autels sanglants,
rasez vos temples abominables, et cessez d'outrager le
ciel par des offrandes qu'il abhorre, ou voyez en nous
ses vengeurs. »

Pilpatoé lui répondit que si le dieu qu'il nous annonçait était le dieu de la nature entière, il avait l'empire
des cœurs comme celui des éléments; qu'il était bien sûr
qu'à sa voix ce monde se prosternerait. Il ajouta que si
ces étrangers, plus éclairés, plus sages et plus heureux
que nous, venaient, par la seule puissance de l'exemple
et de la raison, nous détromper et nous instruire, nous
croirions qu'en effet un dieu se servait de leur entremise; mais que la menace et la violence ne devaient pas
être employées à rétablir le règne de la vérité.

Cortès répliqua que les desseins de son Dieu étaient
impénétrables, qu'il n'en devait pas compte aux hommes:
qu'il commandait, et que c'était à nous d'obéir. Il ne
doutait pas, disait-il, que Montezume et tous les sages de

ses conseils et de sa cour ne reconnussent aisément combien monstrueux et barbare était le culte des idoles qu'on arrosait de sang humain.

Alors on servit un festin. Cortès nous admit à sa table.

Après le repas, nous eûmes le spectacle de leurs exercices guerriers. Les cruels! on voit bien qu'ils sont nés pour détruire. Quel art profond ils en ont fait! Ils s'élancèrent, à nos yeux, sur ces animaux redoutables que, d'une main, ils savent gouverner, tandis que l'autre fait voler autour d'eux un glaive étincelant et rapide comme l'éclair. Imaginez, s'il est possible, l'avantage prodigieux que leur donnent sur nous la fougue, la vitesse, la force de ces animaux, fiers esclaves de l'homme, et qui combattent sous lui.

Mais cet avantage étonnant l'est moins que celui de leurs armes : puisses-tu, grand roi, ne jamais connaître l'usage qu'ils ont fait du feu et d'un métal dur et tranchant qu'ils méprisent, et auxquels ils préfèrent l'or, inutile à notre défense. Puisses-tu ne jamais entendre cette foudroyante machine dont on fit l'essai devant nous! Le tonnerre du ciel n'est pas plus effrayant lorsqu'il roule sur les nuages. Inca, c'est le génie de la destruction qui leur a fait ce don fatal. Enfin, ce qui acheva de nous confondre, ce furent l'intelligence et l'accord de leurs mouvements pour l'attaque et pour la défense. Cet art de marcher sans se rompre, de se déployer à propos, de se rallier au besoin, cet art, changé en habitude, est ce qui les rend invincibles. Nous défions la mort, nous la bravons comme eux ; nous ne savons pas la donner... A ces mots, le jeune cacique, laissant tomber sa tête sur ses genoux, et de ses mains cachant ses larmes : « Pardonne, dit-il à l'Inca, une rage, hélas ! impuissante. Il est des maux contre lesquels jamais le cœur ne s'endurcit. »

Avant de nous congédier, Cortès, en échange de l'or, des perles, des tissus qu'on lui avait offerts, nous fit quelques présents futiles, mais que leur nouveauté nous rendit précieux.

« Je ne vous ai parlé jusqu'à présent, ajouta Cortès, qu'au nom du Dieu qui m'a choisi pour renverser vos idoles, et pour lui élever des temples sur les débris de vos autels; mais vous voyez encore en moi le ministre d'un roi puissant, d'un roi qui, vers les bords d'où le soleil se lève, règne sur des États plus vastes, plus riches et plus florissants que l'empire de Montezume. Il veut bien cependant l'avoir pour allié. Dites à Montezume que je viens à sa cour pour lui offrir cette alliance, et que Charles d'Autriche, monarque d'orient, ne doute pas qu'on ne lui rende dans la personne de son ministre tout ce qu'on doit à la majesté et à l'amitié d'un grand roi. »

Pilpatoé lui répondit encore que, si son maître était si riche et si puissant, on s'étonnait qu'il envoyât chercher si loin des alliés et des amis; que Montezume serait sans doute honoré de cette ambassade, mais qu'il fallait du moins attendre son aveu pour pénétrer dans ses États.

« Apprenez-lui, nous dit Cortès, que pour le voir j'ai traversé les mers; que l'honneur de mon roi exige qu'il m'entende; que, sans lui faire injure, il ne peut refuser de me recevoir dans sa cour, et que je serais trop indigne de ce titre d'ambassadeur dont je suis revêtu, si je m'en retournais chargé de ses mépris sans en avoir tiré vengeance. »

La réponse de Montezume ne se fit pas longtemps attendre. Il crut, par de nouveaux présents, adoucir le refus qu'il faisait à Cortès de le laisser pénétrer plus avant. Mais Cortès reçut les présents et persista dans sa demande.

Il avait su quelle était la haine des caciques pour Montezume; il leur avait promis d'abaisser son orgueil, d'assurer leur indépendance, et, déjà reçu en ami dans le palais de Zampola, nous le trouvâmes environné d'une foule de rois, tous vassaux de l'empire, dont il avait formé sa cour.

« Vous voyez, lui dit Teutilé, avec quelle magnificence Montezume répond à l'amitié d'un roi qui veut bien rechercher la sienne. Mais les mœurs, les usages, les lois de son empire ne lui permettent rien de plus; et, à moins de vous déclarer ses ennemis, vous ne pouvez tarder à quitter ce rivage. »

Cortès, à ces mots, regardant les caciques ses alliés avec un air riant et fier, sembla vouloir les rassurer; et puis, composant son visage : « Rendez-vous, nous dit-il, demain au port où mes vaisseaux m'attendent; vous y apprendrez ma résolution. »

A l'instant quelques-uns des siens, la frayeur peinte dans les yeux, vinrent lui parler en secret. Il écoute, et soudain avec emportement il nous ordonne de le suivre.

Il marche au temple, où l'on menait de jeunes captifs destinés à être immolés à nos dieux; car c'était l'une de nos fêtes. Il arrive au moment qu'on livrait les victimes aux mains du sacrificateur. « Arrêtez, dit-il, arrêtez, hommes stupides et féroces. Vous offensez le ciel en croyant l'honorer. » A ces mots, s'élançant lui-même entre le prêtre et les victimes, il commande qu'on les dégage, et qu'on les garde auprès de lui.

Tout le peuple était assemblé; les prêtres indignés criaient au sacrilége, et demandaient vengeance pour leurs dieux outragés; un murmure confus, élevé dans la foule, annonçait un soulèvement. Cortès n'attend pas qu'il éclate; accompagné de quelques-uns des siens, il monte, et force le cacique à monter les degrés du temple; et là, saisissant d'une main ce prince interdit et tremblant, et de l'autre levant sur lui son glaive prêt à le percer : « Bas les armes! dit-il au peuple, d'une voix forte et menaçante, ou je frappe, et je vais commander à l'instant qu'on égorge tout sans pitié. »

Le fer levé sur le cacique, la voix de Cortès, sa menace, son étonnante résolution, glacent tous les esprits et la rumeur est étouffée. Il se fait amener les sacrificateurs, qui s'étaient retirés à l'ombre des autels. « Eh bien! dit-il, est-ce ainsi que vos dieux vous défendent, vous et leur temple? Qui les retient? qui les enchaîne? Je ne suis qu'un mortel; que ne m'écrasent-ils, puisque, dans votre opinion, j'ose les insulter? Allez; vos dieux sont impuissants, ils ne sont rien que les fantômes du délire et de la frayeur. Des dieux avides de carnage, et nourris de chair et de sang! pouvez-vous bien y croire? Abjurez ce culte exécrable, et renoncez, pour le vrai Dieu, à ces idoles, monstrueuses que vous nous allez voir briser. »

Il dit, et profitant de la terreur profonde dont tout le peuple était frappé, il commande à sa troupe de renverser nos dieux du haut de leurs autels, et de les rouler hors du temple.

A cet outrage fait à nos dieux, nous espérions tous

que le temple s'écroulerait sur les profanateurs. Le temple resta immobile, et nos dieux, renversés, roulés dans la poussière, se laissèrent fouler aux pieds.

L'étranger alors reprenant une sérénité tranquille : « Peuple, dit-il, voilà vos dieux. C'est à ces simulacres vains que vous avez sacrifié des millions de vos semblables. Ouvrez les yeux et frémissez. » Ensuite il fit venir les jeunes Indiens arrachés de la main des sacrificateurs. « Mes enfants, leur dit-il, vivez; rendez la vie douce, ranquille, heureuse, à ceux, dont vous l'avez reçue, et gardez-en le sacrifice pour le moment où votre prince, votre patrie et vos amis vous le demanderont dans les combats. »

« Vous voyez, reprit-il en nous adressant la parole, que j'ai quelque raison de vouloir pénétrer jusqu'à la cour de Montezume. A demain; rendez-vous au port; vous jugerez s'il est prudent qu'il persiste dans ses refus. »

Inca, tu ne peux concevoir la révolution soudaine qui se fit dans tous les esprits, quand le peuple fut assuré de la ruine de ses dieux. Imagine-toi des esclaves flétris, courbés dès leur naissance sous les chaînes de leurs tyrans, et qui, tout à coup délivrés de cette longue servitude, respirent soulagés d'un fardeau accablant : tel fut le peuple de Zampola. D'abord une très-grande frayeur troublait et réprimait sa joie. Il semblait craindre que la vengeance de ses dieux ne fût qu'assoupie et ne vînt à se réveiller. Mais quand il les vit mutilés et dispersés hors de leur temple, il se livra à des transports qui firent bien voir que son culte n'avait jamais été que celui de la crainte, et qu'il détestait dans son cœur les dieux que sa bouche implorait.

Le lendemain, on nous mena au port, où était la flotte
de Cortès, et l'on nous dit de l'y attendre. Mille pensées
nous agitaient. Ce que nous avions vu la veille, ce que
nous avions entendu, l'ascendant que prenait cet homme
inconcevable sur l'esprit des caciques et sur l'âme des
peuples, l'apparence de ses vertus, la puissance de sa
parole, la chute de nos dieux, le triomphe du sien, tout
nous plongeait dans des réflexions accablantes sur l'a-
venir.

Cependant du haut du rivage nous admirions ces canots immenses dont la structure était un prodige pour
nous. Leurs larges flancs sont un assemblage de bois
solides qu'on a courbés et façonnés comme des joncs
flexibles ; leurs ailes sont des tissus d'écorce suspendus
à des tiges d'arbres aussi élevés que nos cèdres ; ces
tissus, flottants dans les airs, se laissent enfler par les
vents. Ainsi c'est aux vents qu'obéit cette forteresse mou-
vante ; une seule rame, attachée à l'extrémité du canot,
lui sert à diriger son cours.

Comme nous étions occupés de cette effrayante industrie, Cortès arrive accompagné des siens. A l'instant ses
soldats se jettent sur les barques. Nous croyons les voir
s'éloigner ; mais cette fausse joie est tout à coup suivie
de la plus profonde douleur. Nous voyons dépouiller ces
vastes édifices : bois, métaux, voiles et cordages, on enlève tout ; et Cortès, donnant l'exemple à sa troupe, s'é-
lance la flamme à la main, embrase l'un de ses canots,
et les fait tous réduire en cendres.

Tandis que la flamme ondoyante les enveloppe et les
consume, Cortès, avec une tranquillité insultante, nous
regarde et nous parle ainsi : « Tant que j'aurais eu le
moyen de m'éloigner de ce rivage, Montezume aurait pu

douter si je persisterais dans ma résolution : Mexicains, dites-lui ce que vous avez vu, et qu'il se prépare à me recevoir en ami ou en ennemi. » Ce fut avec cette arrogance qu'il nous renvoya consternés.

Montezume attendait notre retour avec impatience. Il assembla ses ministres et ses prêtres pour nous entendre. La présence des prêtres nous fit dissimuler l'humiliation et l'opprobre dont le dieu de Cortès avait couvert nos dieux ; tout le reste fut exposé dans un récit fidèle et simple, et quelques figures tracées nous aidèrent à faire entendre ce qui ne pouvait s'exprimer. Le monarque nous écoutait avec cet étonnement stupide qui semble interdire à l'âme la pensée et la volonté. « Ces étrangers, dit-il, ont sur nous, je l'avoue, un ascendant qui m'épouvante. Tout ce que vous m'en racontez me semble tenir du prodige, et j'y vois quelque chose au-dessus de l'humain. »

« Ils sont plus éclairés sans doute et plus industrieux que nous, lui dit Pilpatoé ; mais toutes leurs lumières ne les rendent pas immortels. La fatigue, la faim, le sommeil, la douleur, tous les besoins, tous les maux de la vie, sont faits pour eux comme pour nous. Leur âme s'écoule avec leur sang par la piqûre d'une flèche comme celle d'un Indien : c'est ce que je voulais savoir ; le reste est de peu d'importance. »

Montezume, à qui ce discours devait inspirer du courage, n'en parut point touché. Il regardait les prêtres, et il semblait chercher à lire dans leurs yeux.

Alors le pontife se lève, et d'un air imposant : « Seigneur, dit-il à Montezume, ne vous étonnez pas de la faiblesse de nos dieux et de la décadence où tombe leur empire. Nous avons évoqué le puissant dieu du mal, le

formidable Telcalépulca. Il nous est apparu sur le faîte
du temple, dans les ténèbres de la nuit, au milieu des
nuages que sillonnait la foudre. Sa tête énorme touchait
au ciel; ses bras, qui s'étendaient du midi jusqu'au nord,
semblaient envelopper la terre; sa bouche était remplie
du venin de la peste, qu'elle menaçait d'exhaler; dans
ses yeux sombres et caves petillait le feu dévorant de la
famine et de la rage; il tenait d'une main les trois dards
de la guerre; de l'autre il secouait les chaînes de la captivité. Sa voix, pareille au bruit des vents et des tempêtes, nous a fait entendre ces mots : « On me dédaigne,
on ne fait plus couler sur mes autels que le sang de quelques victimes que l'on néglige d'engraisser. Qu'est devenu le temps où vingt mille captifs étaient égorgés dans
mon temple? Ses voûtes ne retentissaient que de gémissements et de cris douloureux, qui remplissaient mon
cœur de joie; mes autels nageaient dans le sang; mon
parvis regorgeait d'offrandes. Montezume a-t-il oublié
que je suis Telcalépulca, et que tous les fléaux du ciel
sont les ministres de ma colère? Qu'il laisse tous les autres dieux languir, tomber en défaillance; leur indulgence les expose au mépris; en le souffrant, ils l'encou-
ragent; mais c'est le comble de l'imprudence de négliger
le dieu du mal. »

Épouvanté d'un tel prodige, Montezume ordonne à l'instant que parmi les captifs on en choisisse mille pour les
immoler à ce dieu; que dans son temple tout abonde
pour les engraisser à la hâte, et qu'il en soit fait incessamment un sacrifice solennel.

A ce récit, l'Inca s'écrie en frémissant : « Quoi! dans
un jour, mille victimes! — Que veux-tu? lui dit le cacique.
Tant de calamités ont affligé la terre, que l'homme, fai-

ble, malheureux et aveuglé, a regardé le dieu du mal comme le plus puissant des dieux; et pour le désarmer il croit devoir lui rendre un culte barbare et sanglant, un culte enfin qui lui ressemble. »

Quoi qu'il en soit, notre faible monarque croyait avoir pourvu à tout en ordonnant ce sacrifice; mais son ennemi s'avançait. Vainqueur de nos voisins, et secondé par les vaincus, il parut avec son armée.

Ce fut alors que Montezume ne dissimula plus son découragement. Il voulut essayer encore avec les Espagnols la force des bienfaits; il leur offrit de partager avec eux ses trésors immenses, et de faire pour eux les frais d'une nouvelle flotte, s'ils voulaient s'éloigner. Misérable ressource! C'était leur montrer sa faiblesse, accroître leur orgueil, et irriter encore leur insatiable avarice. Aussi Cortès, plus obstiné et plus fier que jamais, déclara-t-il qu'en vain l'on croyait l'éblouir par des présents qu'il méprisait; que l'or n'effaçait point les taches que faisait l'injure et que l'affront qu'il avait reçu ne se lavait que dans le sang.

Cette ville superbe, qui n'est plus que ruines, la malheureuse Mexico s'élevait au milieu d'un lac, comme sortant du sein des eaux; on y arrivait par des digues qu'on pouvait couper aisément: celle par où venait Cortès traversait la ville où régnait mon père, et pour disputer ce passage mon père ne demandait que l'aveu de Montezume; il ne put l'obtenir : il fallut recevoir ces étrangers comme nos maîtres, nous humilier devant eux... O combien je frémis! combien je détestai l'ordre absolu qui nous forçait à cet abaissement! Quel malheur dans un roi qu'un excès de faiblesse! Il vient lui-même, désarmé, au-devant de ses ennemis, s'efforçant de cacher sa honte

sous sa vaine magnificence; il les reçoit avec toutes les
marques de la joie et de l'amitié, les comble de présents,
les invite à loger dans le palais du roi son père, et, inaccessible pour nous, il n'est plus visible que pour eux.
Cortès, le plus dissimulé des hommes, le flatte, l'éblouit,
gagne sa confiance, et l'attire (adresse incroyable!) dans
ce palais changé en forteresse, qu'ils occupaient lui et
les siens.

Ah! c'est ici, s'écria le cacique, le comble de la perfidie, de l'insolence et de l'outrage. Au milieu de sa ville,
au milieu de son peuple, et dans le palais de son père,
Montezume lui-même est retenu captif, en otage, par ces
guerriers farouches. Ils font plus, et pour achever d'a-
battre et d'avilir son âme, ils l'enchaînent comme un
esclave, ou plutôt comme un criminel. Montezume, que
son orgueil et son courage avaient abandonné, tendit les
mains, et, sans se plaindre, reçut ces liens flétrissants.
Il porta la bassesse jusqu'à se réjouir lorsqu'on daigna
l'en délivrer.

Honteux de sa faiblesse, il voulut la cacher à son peuple, à sa cour, à ses ministres mêmes. Il dit qu'il venait
d'expier par une peine volontaire la mort de quelques-
uns des soldats de Cortès tués dans les champs de Zampola; il permit que, devant ses yeux, on fit brûler vifs
ceux des siens qui avaient puni leur insolence. Je vis ce
brave Colpoca qui, dans l'émeute de ces guerriers cruels,
en avait tué deux de sa main, et qui s'était montré à
nous, de la droite portant la tête d'un Castillan, et de la
gauche la flèche encore sanglante dont il l'avait percé;
je le vis, ce brave homme à qui jamais la peur n'avait
fait baisser la paupière, cet homme tel que si le Mexique
en avait eu vingt comme lui, le Mexique eût été sauvé,

je le vis périr dans les flammes. Cortès l'y fit jeter vivant. Regarde ce jeune homme qui pleure en m'écoutant, c'est son frère : il allait se brûler avec lui, je le retins et je lui dis : « Que fais-tu, Naïrco? tu nous abandonnes, tu veux mourir et tu n'es pas vengé! »

Montezume dévora tout, les affronts et les violences; il se loua de la bonté, de la noblesse de Cortès; il feignit d'être heureux et libre au milieu de ses gardes qui le faisaient trembler, et qu'il appelait ses amis. Le malheureux invitait son peuple à venir leur donner des fêtes, et sa cour à les honorer. Le bien de son empire, le maintien de la paix, l'avantage de cette alliance qui déguisait sa servitude, les avis secrets de ses dieux, il mit tout en usage pour nous en imposer. Il voulut même paraître libre à ceux dont il était l'esclave. Il prévenait leur volonté pour se dispenser de la suivre, et s'imposait les plus dures lois de peur qu'on ne les lui dictât. A l'avarice de ses maîtres il prodiguait des monceaux d'or. Il offrit de rendre à leur prince un hommage que leur orgueil eût à peine exigé de lui. Il croyait donner à cet acte de faiblesse et de dépendance l'apparence de la justice et de la magnanimité, et il se consolait de s'avilir lui-même, pourvu qu'on ne vît pas qu'il y était forcé. Ses dieux qui le trompaient, qui l'avaient tous trahi, furent les seuls qu'il défendit avec constance; tout le reste, l'honneur, la liberté, les biens de son peuple et de sa couronne, tout fut abandonné à ses fiers oppresseurs.

Il espérait qu'à la fin, comblés de ses présents, adoucis par ses complaisances, rassasiés de notre honte et de leur gloire, ils consentiraient à nous délivrer d'eux. Ils le promirent, et le ciel sembla vouloir les y contraindre; car on apprit que de nouveaux guerriers, partis des

mêmes régions, venaient leur ravir leur conquête; et
Cortès, obligé de les aller combattre, ne pouvait laisser
dans nos murs qu'un très-petit nombre des siens. Mais
tel était l'étonnement, l'abattement de Montezume, que
ce petit nombre suffit pour le retenir parmi eux. On le
pressa de consentir à sa délivrance; il en fut offensé. Il
dit qu'il n'était point captif, que sa conduite était volontaire et plus sage qu'on ne pensait; qu'il lui en avait
assez coûté pour s'attacher de tels amis, et qu'il ne voulait pas s'exposer au reproche de leur avoir manqué de
foi. « J'ai leur parole, ajouta-t-il, qu'après s'être assurés
de la nouvelle flotte, ils vont s'éloigner de ces bords. »

Montezume était si frappé de cette illusion que toute
l'horreur du crime dont tu vas frémir put à peine le
détromper. On célébrait l'une de nos fêtes, et il était
d'usage, dans ces solennités, de rendre hommage aux
dieux par des danses publiques. La fleur de nos jeunes
caciques s'y distinguait par sa magnificence; et Montezume, sur la foi de la paix, voulut que ces guerriers,
qu'il appelait ses hôtes, fussent présents à ce spectacle.
Ils étaient en petit nombre, mais ils étaient armés, et
nous étions sans armes comme sans défiance. Qu'on s'i-
magine voir des lynx, des léopards errants autour d'un
pâturage où bondit un faible troupeau de chevreuils ou
de daims paisibles. La soif du sang qui les dévore s'irrite sourdement au fond de leurs entrailles; ils approchent sans bruit, dissimulant leur rage; mais leurs regards avides la décèlent; et, tout à coup s'y abandon-
nant, ils s'élancent sur le troupeau, dont ils font un
carnage horrible. Tels on voyait les Castillans, témoins
de nos paisibles jeux, nous entourer, nous observer avec
des yeux où l'avarice étincelait comme une fièvre ar-

dente. L'or, les perles, les diamants dont nous étions parés, viles richesses qu'ils estiment, allumèrent en eux cette ardeur furieuse pour laquelle rien n'est sacré. Éperdus, forcenés, se donnant l'un à l'autre le signal du meurtre et de la rapine, ils tirent le glaive, et fondant sur les Indiens, ils égorgent tout ce que la frayeur, l'épouvante et la fuite ne dérobent pas à leurs coups.

Après ce crime atroce, il fallait ou périr, ou nous délivrer de ces traîtres. Montezume eut beau colorer la noirceur de cet attentat, on ne l'écouta plus : l'emportement du peuple et sa fureur étaient au comble. Il vint au palais de mon père le supplier de prendre sa défense, et l'aider à délivrer son roi. O mon père! si la valeur, la prudence et la fermeté avaient pu sauver ta patrie, qui mieux que toi eût mérité d'en être le libérateur? Sous lui le trouble et le tumulte font place à l'ordre et au conseil. A la tête du peuple, il force l'ennemi à se retirer dans l'enceinte du palais qui lui sert d'asile, le réduit à ne plus paraître, et l'assiége de toutes parts. Alors on nous annonce le retour de Cortès.

Cet heureux guerrier, délivré d'un rival, Narvaëz, qui venait lui disputer sa proie, avait tiré de nouvelles forces du parti opposé au sien. Plus fier que jamais, il arrive, il s'avance; un silence profond l'étonne à son entrée dans nos murs. Il pénètre avec défiance jusqu'aux portes de son palais, et s'y enferme avec ses compagnons.

Mon père les suivait des yeux; il entendait leurs cris de joie. « Demain, dit-il, demain, si le ciel nous seconde, nous changerons ces cris en des cris de douleur. » En effet, dès le jour suivant, tout le peuple fut sous les armes, et mon père ordonna l'assaut. Inca, ce moment fut terrible. S'il ne nous eût fallu franchir que des murs hérissés de lances et d'épées, ce péril ne serait pas digne d'être rappelé ; mais peins-toi un mur de feu, un rempart foudroyant d'où partaient sans cesse, à travers des tourbillons de fumée et de flamme, une grêle homicide et d'horribles tonnerres, dont tous les coups étaient marqués par un vide affreux dans nos rangs. Ce vide était rempli ; nos Indiens, couverts du sang de leurs frères qui rejaillissait autour d'eux, marchaient sur des monceaux de morts : c'était le courage effréné de la haine, de la vengeance et du désespoir réunis. On travaillait obstinément à briser les murs et les portes ; on se faisait avec des lances des échelons pour s'élever ; les Indiens blessés servaient, en expirant, de degrés à leurs compagnons pour atteindre au haut des murailles : le trouble, l'effroi, l'épouvante régnaient au dedans, la fureur au dehors. C'en était fait, si le soleil, en nous dérobant sa lumière, n'eût pas terminé le combat.

La nuit, des flèches enflammées embrasèrent les toits de ce palais funeste ; l'horreur de l'incendie en écarta le sommeil ; et, tandis qu'au milieu des siens Cortès travaillait à l'éteindre, nous prîmes un peu de repos. Mais l'aurore du jour suivant nous vit les armes à la main.

L'ennemi sort ; la ville entière devient un champ de bataille. Notre sang l'inonda ; mais nous vîmes aussi, et avec des transports de joie, couler celui des Castillans. La nuit fit cesser le carnage. L'ennemi rentra dans ses murs.

Il fallut donner quelques jours aux devoirs de la sépulture, et l'ennemi les employa à construire des tours mouvantes pour combattre à l'abri d'une grêle de pierres qu'on lui lançait du haut des toits. Cependant mon père appliquait tous ses soins à éviter dans le combat ce désordre qui nous perdait, à donner à nos mouvements plus d'accord et d'intelligence, à établir ses postes, disposer ses attaques, ménager pas à pas une retraite à ses troupes et l'interdire à l'ennemi. La ville, bâtie au milieu d'un lac, était coupée de canaux, dont les ponts, faciles à rompre, pouvaient laisser après nous de larges fossés à franchir. C'est surtout de cet avantage qu'il voulait qu'on sût profiter.

« O mes enfants, nous disait-il, gardez-vous de cette ardeur aveugle qui vous ôte la liberté d'agir ensemble et de concert. La foule est toujours faible, et dans les flots pressés d'un peuple qui charge en tumulte le nombre nuit à la valeur. Observez dans vos mouvements l'ordre que je vous ai prescrit, je vous réponds de la victoire : elle coûtera cher, mais ce n'est pas ici le moment de nous ménager. Il serait indigne à nous de fuir, dans les combats, la mort qui nous attend sous nos toits, entre les bras de nos enfants et de nos femmes. Mais la liberté, la vengeance, la gloire d'avoir bien servi votre patrie et votre roi, vous ne les trouverez qu'avec moi, au milieu de vos ennemis terrassés. »

Enfin, du palais de Cortès on vit sortir ces tours pleines d'hommes armés que traînaient de fiers quadrupèdes, et dont la cime chancelante lançait de rapides feux. Mais des pierres énormes, tombant du haut des toits, les eurent bientôt fracassées. On combattit à découvert, sans trouble et sans confusion. A travers l'incendie de nos palais, où l'ennemi portait la flamme, la fureur marchait en silence, la mort s'avançait à pas lents. Chaque tranchée était un poste attaqué, défendu avec acharnement. L'avantage des armes, de ces armes terribles qui sont l'image de la foudre, était le seul qu'eût l'ennemi sur nous ; mais quel nombre ou quelle valeur peut compenser cet avantage ? Ce fut ce qui rendit douteux le succès d'un combat si long et si sanglant. L'ennemi nous céda la place, mais plutôt lassé que vaincu.

Mon père, en nous montrant parmi les morts quarante de ces furieux, nous faisait espérer d'exterminer le reste. « Encore deux combats comme celui-ci, nous disait-il, et le Mexique est délivré. »

Le peuple regardait d'un œil avide les Castillans étendus à ses pieds. « Ils ne sont pas immortels, » disait-il en comptant leurs blessures. Chacun s'attribuait la gloire d'avoir porté l'un de ces coups.

Encouragé par ce spectacle, on attendit avec impatience l'assaut remis au lendemain. Il fut tel que les assiégés ne pouvaient plus le soutenir. On approchait des murs, on allait bientôt les franchir et gagner la première enceinte ; Cortès alors désespéré força Montezume à paraître pour nous ordonner de cesser. Montezume se montre, et du haut des murailles il fait signe de l'écouter. Sa présence suspend l'assaut. Le peuple, saisi de respect, se prosterne et prête silence. Le monarque éleva la voix ; il remercia ses sujets d'avoir tenté sa délivrance, mais il leur dit qu'il était libre et au milieu de ses amis. « Du reste, ils consentent, dit-il, à se retirer dès demain, pourvu qu'à l'instant même l'on mette bas les armes, et que, pour signe de la paix, on cesse toute hostilité. Je le veux, je vous le commande ; obéissez à votre roi. »

La multitude, à cette voix, était incertaine et flottante. Mon père la détermina.

« Si tu es libre, grand roi, dit-il à Montezume, sors de ta prison et viens régner sur nous. Jusque-là nous n'écoutons point un monarque opprimé qu'on force à se trahir lui-même. Non, peuple, ce n'est pas votre roi qui vous parle, c'est un captif que l'on menace et qui subit la loi de la nécessité. Sa bouche demande la paix, son cœur implore la vengeance : vengez-le donc sans écouter ce que lui dictent ses tyrans. »

A ce mots l'assaut recommence. On crie au roi de s'éloigner. Mon père qui tremble pour lui, veut détourner l'attaque..... Il n'est plus temps. Une pierre fatale a frappé Montezume. Il chancelle, et tombe expirant dans les bras de ses ennemis. En le voyant tomber, le peuple jette un cri de douleur, s'épouvante et s'enfuit comme chargé d'un parricide. Bientôt l'ennemi nous renvoie son corps pâle et défiguré. Une multitude éplorée accourt, s'empresse, l'environne, et, détestant la main qui l'a frappé, remplit l'air de ses hurlements, et baigne son roi de ses larmes.

Les caciques s'assemblent, et mon père est élu pour succéder à Montezume. Alors un nouveau plan d'attaque et de défense achève de déconcerter et d'effrayer nos ennemis.

Mon père aux assauts meurtriers préféra les lenteurs d'un siége. Dans une enceinte inaccessible au feu des Espagnols, il les fit entourer de tranchées et de remparts. Les travaux avançaient. Cortès s'en épouvante, et il médite sa retraite. C'était le moment décisif. Il lui fallait, pour s'échapper, repasser sur l'une des digues dont le lac était traversé; et mon père, ayant bien prévu que Cortès choisirait les ombres de la nuit pour favoriser son passage, fit rompre les ponts de la digue, la borda d'une multitude de canots remplis d'Indiens habiles à tirer de l'arc et de la fronde, et, à la tête de ses caciques, il voulut lui-même charger la colonne des ennemis. Tout fut exécuté, mais avec trop d'ardeur. Des canots on voulut s'élancer sur la digue. Cette imprudence coûta la vie à une foule d'Indiens. Deux cents des soldats de Cortès et mille de ses alliés tombèrent sous nos coups ; un pont volant sauva le reste ; et quand le jour vint éclairer le carnage de la nuit, on trouva ceux des Castillans dont la mort nous avait vengés, on les trouva chargés de l'or qu'ils étaient venus nous ravir, et dont le poids les avait accablés. Ainsi l'or une fois fut utile à notre défense.

Dans ce combat, où le lac du Mexique avait été rougi de sang, mon père avait reçu deux blessures mortelles.

A son heure dernière il m'appela et me dit : « Mon fils, tu vois le fruit d'un mauvais règne. Ces guerriers barbares reviendront plus forts, secondés de ces mêmes peuples que Montezume a fait gémir. Hélas ! je prévois en mourant la ruine de ma patrie, moins malheureux de ne pas lui survivre et d'avoir fait, jusqu'au dernier soupir, ce que j'ai pu pour la sauver. Défends-la comme moi, défends-la même sans espérance, et sois le dernier à combattre sur ses débris. » A ces mots, je me sentis presser entre ses bras ; et de ses lèvres éteintes m'ayant donné le baiser paternel, il expira.

Ce souvenir cruel et tendre émut si vivement le héros mexicain, que sa voix en fut étouffée ; et les Incas, les yeux attachés sur un fils si vertueux et si sensible, attendirent en silence que son cœur se fût soulagé.

Pour succéder à mon vertueux père, reprit Orozimbo, le choix des caciques tomba sur le jeune *Guatimozin, son* neveu, mon ami, le plus vaillant des hommes. Hélas ! il se montra bien digne de ce choix ; mais le sort trahit son courage.

Cortès revint au bord du lac avec des forces redoutables. A mille Castillans sa fortune avait joint plus de cent mille auxiliaires : telle était l'ardeur de nos peuples à voler au-devant du joug.

L'épouvante se répandit dans toutes les villes voisines. Les unes se rangèrent du côté de Cortès et prirent les armes pour lui ; d'autres se trouvèrent désertes, et leurs habitants éperdus, ou se sauvèrent dans nos murs, ou s'enfuirent vers les montagnes.

Dans peu, sur le lac du Mexique, nous vîmes lancer une flotte semblable à celle qui sur nos bords avait apporté ces brigands. La multitude de nos canots eut beau l'environner et l'assaillir de toutes parts ; brisés, engloutis par le choc de ces barques énormes, ils faisaient périr avec eux les Mexicains dont ils étaient chargés.

Le génie et l'activité de notre jeune roi firent des efforts inouïs pour suppléer à l'avantage que les barques des ennemis avaient sur nos frêles canots. Son ardeur, son intelligence se signalèrent encore plus à la défense de nos digues. Dans les travaux, dans les dangers, partout et sans cesse présent, il était l'âme de son peuple. Le feu de son courage enflammait tous les cœurs. Les obstacles qu'il opposa aux approches des Castillans lassèrent enfin leur constance. Effrayés des périls et des fatigues d'un long siége, ils nous proposèrent la paix. Tout le peuple la demandait ; le roi y consentait lui-même ; la famine qui nous pressait y disposait tous les esprits.

Cependant, sur la foi d'un oracle, nous refusâmes la paix. Crédulité fatale ! un dieu plus fort que tous nos dieux démentit leur vaine promesse. Il fit descendre des montagnes les peuples les plus indomptés, les Otomies. Il changea leur féroce orgueil en un zèle ardent et docile ; et Cortès n'eut pas plutôt vu grossir son camp de leurs fiers bataillons, qu'il résolut de nous livrer l'assaut.

Le passage sur les trois digues fut ouvert, malgré les efforts d'un courage déterminé. L'ennemi ayant pénétré dans nos murs s'y établit parmi des ruines. Il s'avança, précédé du carnage que faisaient devant lui ses foudroyantes armes ; et, par trois routes opposées, il parvint enfin jusqu'au centre de cette ville, où depuis trois jours régnaient l'épouvante et la mort.... A ces mots, le cacique s'interrompit par un frémissement de rage : O souvenir affreux ! s'écria-t-il ; et ses yeux semblaient indignés de voir encore la lumière.

L'Inca tâchait de le calmer. Ah ! reprit le malheureux prince, tu vas juger toi-même si ma douleur est juste. Je combattais près de mon roi, j'avais quitté le palais de mes pères ; et dans ce palais assiégé j'avais abandonné ma sœur, une sœur tendrement aimée, à qui moi-même j'étais plus cher que la lumière du jour. Pour sa garde et pour sa défense, j'avais laissé à la tête de quelques Indiens le brave Télasco, le fidèle ami de mon cœur, celui de tous les hommes que j'ai le plus aimé, l'époux de ma sœur Amazili. Ce digne ami se défendait avec tout le courage du désespoir ; il l'inspirait à ses soldats : chacun d'eux semblait comme lui, protéger les jours d'une épouse. Aucune de leurs flèches ne partait en vain ; le vestibule du palais était inondé de sang, la mort en défendait l'approche. Mais des palais voisins que l'ennemi avait embrasés l'incendie atteint celui-ci. Les assiégés y sont enveloppés d'un noir tourbillon de fumée ; la flamme perce à travers ce nuage ; elle s'attache aux lambris de cèdre, et s'y répand à flots pressés.

Le péril de ma sœur occupe seul son fidèle époux, il la cherche au milieu de l'embrasement ; et dans ce palais solitaire, dont ses soldats de tous les côtés défendent l'enceinte, il appelle avec des cris perçants sa chère Amazili. Il la trouve éperdue, courant échevelée, et le cherchant pour l'embrasser avant de périr dans les feux. « O chère moitié de mon âme ! lui dit-il en la saisissant et la serrant dans ses bras, il faut mourir ou être esclaves. Choisis, nous n'avons qu'un instant. — Il faut mourir, lui répondit ma sœur. » Aussitôt il tire une flèche de son carquois pour se percer le cœur. « Arrête, lui dit-

BERNARD

elle, arrête ! commence par moi : je me défie de ma main,
et je veux mourir de la tienne. »

Mon ami tremblant la regarde ; Amazili fixait sur lui
des yeux empreints d'une douceur mélancolique. Il dé-
tourne les siens et relève le bras sur elle ; son bras
tremblant retombe sans frapper. Trois fois Amazili l'implore, et trois fois sa main se refuse à ce cruel sacrifice.
Ce combat lui donna le temps de changer de résolution.
« Non, non, dit-il, je ne puis achever. — Et ne vois-tu
pas, lui dit-elle, les flammes qui nous environnent, et
devant nous l'esclavage et la honte, si nous ne savons
pas mourir? — Je vois aussi, lui répondit-il, la liberté,
la gloire, si nous pouvons nous échapper. » Alors appelant ses soldats : « Amis, leur dit-il, suivez-moi, je vais
vous ouvrir un passage. » Il fait environner ma sœur,
commande que les portes du palais soient ouvertes, et
s'élance à travers la foule des ennemis épouvantés.

Celui qui m'a peint ce combat en frémissait lui-même.
Tel un énorme rocher qui se détache et roule du haut
des monts au sein des mers, chasse les vagues mugis-
santes et s'ouvre à grand bruit un abîme à travers les
flots courroucés : ainsi en sortant du palais de mon père,
se présenta le formidable Télasco. Les flots d'ennemis
qu'il avait écartés, en retombant sur lui, allaient l'accabler sous le nombre. Il les repousse encore ; une lourde
massue, qu'il fait voler autour de lui, brise les lances et
les glaives, et, comme un tourbillon rapide, renverse
tout ce qu'elle atteint. Au milieu d'un rempart de morts,
mon ami, couvert de blessures et le corps sillonné de ruisseaux de sang, se défend et combat jusqu'à l'épuisement
du peu de forces qui lui restent. Enfin ses bras laissent
tomber la massue et le bouclier, bientot il chancelle, il

succombe.... Il respirait encore. Il fut pris vivant; et ma sœur suivit le sort de mon ami. Est-il mort? a-t-elle eu le malheur de lui survivre? c'est ce que je n'ai pu savoir. Peut-être, ô ciel ! dans ce moment, ils gémissent tous deux sous les coups d'un maître inflexible. Et ma sœur... il ne put achever : les sanglots lui coupaient la voix.

L'Inca, qui lui voyait étouffer ses soupirs et dévorer ses larmes, le pressait d'interrompre ce récit désolant. Non, dit le cacique, achevons : puisque j'ai pu survivre à mes malheurs, je dois avoir la force d'en soutenir l'image.

Tous nos postes forcés livraient la ville en proie à nos vainqueurs. Le roi n'avait plus pour asile que son palais, où l'élite de ses guerriers lui offrait de s'ensevelir. Il voulut, dans l'espoir de rallier sur les montagnes les Indiens que la frayeur et la fuite avaient dispersés, il voulut s'échapper lui-même pour revenir assiéger à son tour et accabler nos ennemis. Il traversait le lac; et, pour favoriser sa fuite, nos canots occupaient la flotte de Cortès par un combat désespéré. Monarque infortuné ! tout le sang prodigué pour lui ne put le sauver : il fut pris..... C'est encore ici que mon courage m'abandonne. Alors un délire stupide se saisissant d'Orozimbo, sa langue parut se glacer; sa bouche entr'ouverte et ses yeux immobiles marquaient l'épouvante et l'horreur. Sa voix s'ouvre enfin un passage, il s'écrie : O Guatimozin ! ô le plus magnanime, ô le meilleur des rois ! Un brasier, des charbons ardents !... C'est sur ce lit qu'ils l'étendirent. « O barbarie atroce ! » s'écrie à ce récit l'Inca saisi d'horreur. — Attends, dit le cacique, attends; tu vas mieux les connaître. Tandis que le feu pénétrait jusqu'à la moelle des os,

Cortès observait les progrès de la douleur, et il disait au roi : « Si tu es las de souffrir, déclare où tu as caché tes trésors. »

Soit qu'il n'eût rien caché, soit qu'il trouvât honteux de céder à la violence, le héros du Mexique honora sa patrie par sa constance dans les tourments. Il attache un œil indigné sur le tyran, et il lui dit : « Homme féroce et sanguinaire, connais-tu pour moi de supplice égal à celui de te voir? » Il ne lui échappa ni plainte, ni prière, ni aucun mot qui implorât une humiliante pitié.

Sur le brasier était aussi un fidèle ami de ce prince. Cet ami, plus faible, avait peine à résister à la douleur; et, prêt à succomber, il tournait vers son maître des regards plaintifs et touchants. « Et moi, lui dit Guatimozin, suis-je sur un lit de roses? » Ces paroles étouffèrent le soupir au fond de son cœur.

Inca, ne nous reproche point d'avoir vu tant de maux sans mourir de douleur, ajouta le cacique en versant des ruisseaux de larmes, et d'une voix entrecoupée par les sanglots qui l'étouffaient : si nous supportons nos malheurs, si nous vivons, si nous fuyons notre déplorable patrie, c'est pour lui chercher des vengeurs.

« Ah! vous en méritez sans doute, lui dit l'Inca en l'embrassant. Je sens vos maux, je les partage. Si je ne puis les réparer, j'espère au moins les adoucir. Demeurez parmi nous, illustres malheureux, et que ma cour soit votre asile. Hélas! si j'en crois des présages qui commencent à se réaliser, le temps approche où j'aurai besoin de votre expérience et de votre courage. — Ah! s'écrient les caciques, la vie est l'unique bien que le destin nous laisse : généreux prince, elle est à toi! »

CHAPITRE III

Tandis que la paix, la justice, l'humanité régnaient encore dans ces régions fortunées, sous les lois des fils du Soleil, la tyrannie des Castillans s'étendait comme un incendie : la ruine et la solitude en marquaient partout les progrès.

Le nord de l'Amérique était dévasté; le midi commençait à l'être. En vain ce pieux solitaire, cet ami courageux et tendre des malheureux Indiens, Barthélemi de Las-Casas, avait fait retentir le cri de la religion et de l'humanité jusqu'au fond de l'âme des rois; une pitié stérile, une volonté faible de remédier à tant de maux, fut tout ce qu'il obtint. On fit des lois : ces lois, sans force, ne purent de si loin réprimer la licence : la cupidité secoua le frein qu'on voulait lui donner; et sous ces rois qui condamnaient l'oppression et l esclavage, l'Indien fut toujours esclave, l'Espagnol toujours oppresseur.

Le pieux Barthélemi, s'humiliant devant l'éternelle sagesse, pleurait au bord de l'Ozama, dans une retraite profonde, l'impuissance de ses efforts.

Cependant l'isthme était en proie au plus inhumain des tyrans. Ce barbare était Davila. Sa cruauté l'avait rendu l'effroi des peuples des montagnes qui joignent les deux Amériques. A travers les rochers, les forêts et les précipices, ses soldats, ses chiens dévorants, furent lancés contre les sauvages. Pour les détruire, il n'en coûta que la peine de les poursuivre et celle de les égorger. Ainsi fut ouvert le passage de l'Océan du nord à la mer Pacifique.

Là, de nouveaux bords se découvrent, et l'ambition des conquêtes y voit un champ vaste à courir. Balboa, digne précurseur du sangninaire Davila, a déjà voulu pénétrer dans ces régions du midi, et des flots de sang indien ont inondé les bords où il a tenté de descendre. Après lui, de nouveaux aventuriers ont risqué de plus longues courses; mais la constance ou la fortune leur a manqué dans ces travaux.

Il fallait que, pour le malheur de cette partie du Nouveau-Monde, la nature eût formé un homme d'une résolution, d'une intrépidité à l'épreuve de tous les maux; un homme endurci au travail, à la misère, à la souffrance; qui sût manquer de tout et se passer de tout, s'animer contre les périls, se roidir contre les obstacles, s'affermir encore sous les coups de la plus dure adversité. Cet homme étonnant fut Pizarre; et cette force d'âme, que rien ne put dompter, n'était pas sa seule vertu. Ennemi du luxe et du faste, simple et grand, noble et populaire, sévère quand il le fallait, indulgent lorsqu'il pouvait l'être, et modérant par la douceur d'un commerce libre et facile la rigueur de la discipline et le poids de l'autorité, prodigue de sa propre vie, attachant un grand prix à celle d'un soldat, libéral, généreux, sensible, il n'avait point pour lui cette cupidité qui déshonorait ses pareils : l'ambition de s'illustrer, la gloire d'avoir entrepris et fait une immense conquête étaient plus dignes de son cœur. Il vit entasser à ses pieds des monceaux d'or; cet or ne l'éblouit jamais, il ne se plut qu'à le répandre. Sobre et frugal pendant sa vie, on le trouva pauvre à sa mort. Tel fut l'homme que la fortune avait tiré de l'état le plus vil pour en faire le conquérant du plus riche empire du monde.

Connu par sa bravoure du vice-roi de l'isthme, il en obtint le droit d'aller chercher, par delà l'équateur, des régions nouvelles et de nouveaux trésors. Un seul des vaisseaux qui restaient de la flotte de Balboa lui suffit pour son entreprise. Il l'arme au port de Panama, et le bruit s'en répand bientôt jusqu'à l'île espagnole, à cette île fameuse par la conquête de Colomb, et dont on avait fait depuis le siége de la domination espagnole.

Au nom de Pizarre, une fière jeunesse demanda à s'aller joindre à lui. Leur chef, Alonzo de Molina, magnanime et vaillant jeune homme, mais d'un courage trop bouillant et d'un naturel trop sensible, avait gagné par sa candeur l'estime et l'amitié du vertueux Las-Casas. Il voulut, avant de partir, l'embrasser et lui dire adieu.

« Eh quoi! lui dit le solidaire, l'avarice des Castillans n'est donc pas encore assouvie ! et vous allez chercher pour eux de nouveaux bords à ravager ! — Le ciel

m'est témoin, répondit Alonzo, que c'est la gloire qui
me conduit. — La gloire! ah! reprit l'homme juste, en
est-il à tomber sur un troupeau timide d'hommes nus,
faibles, désarmés, à les égorger sans péril, eux qui sont
vos frères en Jésus-Christ, qu'il faudrait attirer par la
douceur à la connaissance et à l'amour de son Évangile!
Non, mon ami, je vous le dis, la honte et la douleur
dans l'âme, rien ne peut effacer l'opprobre dont se
couvrent les Castillans. Ils trahissent leur dieu, leur
prince, leur patrie; et leur avarice insensée se trompe
en croyant s'assouvir. Hélas! s'ils avaient bien voulu ménager leur conquête, l'Inde serait heureuse à l'ombre de
la croix, l'Espagne serait opulente; mais, par l'abus honteux qu'ils font de la victoire, ils auront épuisé l'Espagne
et ruiné l'Inde sans fruit.

— Eh bien! voici, lui dit Alonzo, le moment de les
éclairer. Je ne connais Pizarre que par sa renommée,
mais on me l'a peint généreux. Il est digne, ô mon ami,
d'entendre de votre bouche la voix de la religion et de
l'humanité. Pourquoi ne demandez-vous pas à le suivre
dans sa conquête? Venez; vos conseils, votre zèle vous
rendront respectable et cher à mes compagnons comme
à moi. »

Aux instances d'Alonzo, Barthélemi s'émeut; il sent
réveiller dans son cœur les brûlantes ardeurs de sa
vive charité; et l'espoir d'être utile à des frères malheureux ranime son courage. Mais la réflexion, la triste
prévoyance le font hésiter de nouveau. « Molina, dit-il
au jeune homme, vous connaissez mon cœur. Je ne
verrai jamais froidement faire du mal aux Indiens; je
parlerai pour eux sans ménagement et sans crainte, et
vous-même peut-être, exposé à la haine de ceux que

j'aurais offensés, vous vous plaindriez de mon zèle. — Venez, lui dit Alonzo, et ne pensons qu'au bien que votre présence peut faire. Qui sait les crimes et les maux que vous épargnerez au monde? Et quel reproche ne vous feriez-vous pas de n'avoir eu qu'à vous montrer pour sauver des millions d'hommes, et de ne l'avoir pas voulu? — C'en est assez, lui dit Las-Casas. Je ne vous laisserai pas croire que j'aie renoncé par faiblesse à l'espérance d'être utile à ces infortunés. Je vous suivrai : fasse le ciel que Pizarre daigne m'entendre! »

Ils partent ensemble; et bientôt le vaisseau qui les a reçus aborde au rivage de l'isthme. On y débarque à l'embouchure du fleuve des Lézards, et, pour le remonter, on s'élance sur des canots. Chacun de ces canots, formé du creux d'un cèdre, porte vingt rameurs indiens, qu'un farouche Espagnol commande. Mais ces rameurs, animés par les cris d'une jeunesse impatiente, redoublent en vain leurs efforts; le fleuve leur oppose tant de rapidité qu'ils ont peine à le vaincre, et ne vont contre le torrent qu'avec une extrême lenteur. Celui qui les commande semble leur faire un crime de la violence des eaux. Leur corps, ruisselant de sueur, succombe à l'excès de la fatigue. Hors d'haleine et presque aux abois, ils souffrent leurs maux sans se plaindre; seulement des larmes muettes tombent sur leur rame, et se mêlent avec les gouttes de sueur qu'on voit distiller de leur sein; et quelquefois ils lèvent sur celui qui les presse d'une voix rude et menaçante un regard douloureux et tendre qui semble implorer sa pitié.

Las-Casas, témoin de tant de dureté, éprouve le tourment d'un père qui voit déchirer ses enfants. « Cessez, dit-il, cessez de tourmenter ces malheureux qui se

consument en efforts pour votre service. Voulez-vous
les voir expirer? Ils sont hommes; ils sont vos frères, ils
sont enfants du même Dieu que vous. » Alors, s'adressant au plus jeune et au plus faible des rameurs : « Mon
ami, lui dit-il, respirez un moment, je vais ramer à votre
place. »

Les jeunes Espagnols, touchés de ce spectacle, s'em-
pressèrent tous à l'envi de soulager les Indiens. Ceux-
ci tendaient les mains à l'homme bienfaisant qui leur
procurait ce relâche, le comblaient de bénédictions, et
lui donnaient ce tendre nom de père qu'il avait si bien
mérité.

Alors Molina s'approchant de Las-Casas, lui dit tout
bas avec un mouvement de joie : « Eh bien! mon père,
vous repentez-vous à présent de nous avoir suivis? »
Barthélemi le regarda d'un œil où la tendre compassion
et la tristesse étaient peintes, et ne lui répondit que par
un profond soupir.

Il est un village connu sous le nom de Crucès, où le
fleuve cesse d'être navigable. Ce fut là qu'obligé de
quitter les canots, on suivit à travers les bois une longue et pénible route. Mais, toute pénible qu'elle est, la
fatigue en est adoucie quand du haut des coteaux le regard se promène sur des vallons que la nature se plaît
à parer de ses mains; où la variété des arbres et des
fruits, la multitude des oiseaux peints des couleurs les
plus brillantes forment un coup d'œil enchanteur. Hélas!
dans ces climats si beaux, tout ce qui respire est heureux; l'homme, opprimé, souffrant et misérable, y gémit seul sous le joug de l'homme...

De montagne en montagne on s'élève, on parvient
jusqu'au sommet qui les domine, et d'où la vue au loin

s'étend vers l'un et l'autre bord, sur l'immense abîme des eaux. De là se découvrent à la fois, d'un côté l'Océan du nord, de l'autre la mer Pacifique, dont la surface dans le lointain s'unit avec l'azur du ciel. « Compagnons, leur dit Molina, saluons cette mer, cette terre inconnue où nous allons porter la gloire de nos armes. Si Magellan s'est rendu immortel pour avoir seulement reconnu ces pays immenses, quelle sera la renommée de ceux qui les auront soumis ! »

Il descend la montagne ; et bientôt approchant des murs où Davila commande, il lui fait annoncer cent jeunes Castillans qui viennent s'offrir à Pizarre pour aller chercher avec lui la gloire et les dangers.

Le farouche Davila était plongé dans la douleur. Il venait de perdre son fils unique à la poursuite des sauvages. « Soyez les bien-venus, dit-il aux jeunes Castillans, et prenez part à la désolation d'un père dont ces féroces Indiens ont dévoré le fils. Oui, les cruels l'ont dévoré, ce fils, mon unique espérance. Vengez un père malheureux ! vengez le sang innocent que des barbares ont répandu ! »

Pizarre fit un accueil plus doux aux nouveaux compagnons que lui amenait la fortune. Il les reçut sur son vaisseau avec cet air plein de franchise et d'affabilité qui lui gagnait les cœurs ; et, après les éloges qu'il devait à leur zèle, il leur présenta ses amis. « Voilà, dit-il, le généreux Almagre et Fernand de Lucques, qui consacrent, à mon exemple, leur fortune à cette entreprise ; Almagre, assez connu par sa valeur, et Fernand par les hauts emplois qu'il a remplis dans l'État. Ce guerrier est Salcédo, noble et vaillant jeune homme : c'est à ses mains que l'étendard de la Castille est confié, et c'est lui

qui nous conduira dans le chemin de la victoire. Vous voyez dans Ruiz un savant pilote à qui cette mer est connue, et qui, le premier, a tenté d'en parcourir les écueils sous l'intrépide Balboa. » Il leur nomma de même avec éloge Péralto, Ribéra, Séreuzla, Aléon Candie, Oristan, Salamon, et tous ceux qui l'accompagnaient.

Alonzo lui nomme à son tour les Castillans qu'il lui amène, tels que le jeune et beau Mendoce, l'audacieux Alvar, le bouillant et fougueux Pennate, et Vélasquès plus froidement superbe, et le magnanime Moscose, et Moralès, qui le premier devait périr en abordant. Infortuné jeune homme! tu portais dans tes yeux le courage d'un héros! Pizarre en connaît un grand nombre, ou par leur renommée, ou par celle de leurs aïeux. Il leur témoigne à tous combien il est sensible à l'honneur de les commander. Ses regards s'attachent enfin sur l'humble et pieux solitaire qu'il voit à côté d'Alonzo. « Est-ce là, demanda-t-il, un messager de la foi, un apôtre courageux que son zèle engage à nous suivre? »

Au nom de Las-Casas, au nom de ce héros de la religion et de la charité, que l'Espagne avait honoré du nom de *Protecteur de l'Inde*, Pizarre est saisi de respect, et, se prosternant devant lui : « Est-ce vous, lui dit-il, vénérable et pieux mortel, est-ce vous qui venez bénir et encourager nos travaux ? Quel présage pour moi de la faveur du ciel et du succès de mon entreprise !

—Vaillant et généreux Pizarre, lui répondit le solitaire, je viens avec bonheur consacrer à votre noble entreprise ce que l'âge et de rudes travaux m'ont laissé de forces. A vous et à vos valeureux compagnons d'arborer au loin, sur ce rivage, les étendards de notre auguste souverain, et de soumettre à son empire de nouveaux peuples. Mon étendard, à moi, c'est la croix de Jésus-Christ, mon maître ; je la montrerai aux Indiens, je leur dirai de l'adorer ; je leur parlerai des bontés de notre Dieu, des vérités sublimes et consolantes de notre sainte religion, et la grâce, je l'espère, touchera leur cœur ; ils embrasseront la foi de l'Évangile. Aidez-moi, Pizzare, dans cette sainte entreprise ; soyez doux et humain ; n'employez jamais la violence qui déshonorerait votre conquête ; votre gloire n'en sera que plus pure, et la conversion de ces idolâtres plus assurée et plus facile. »

Le vaisseau, pour mettre à la voile, n'attendait qu'un vent favorable. On fit des vœux pour l'obtenir. Le plus auguste de nos mystères fut célébré sur la poupe. Le même jour, on tint conseil, et là on entendit Pizarre exposer son plan, ses moyens, ses mesures et ses ressources. Fernand de Lucques, chargé du soin de pourvoir aux besoins de la flotte, devait rester à Panama, tandis qu'Almagre voyagerait sans cesse du port de l'isthme aux bords où l'on allait descendre et y mènerait les secours ; rien n'avait été négligé, et la prudence de Pizarre, en prévoyant tous les obstacles, semblait les avoir aplanis : tel fut l'éloge unanime qu'elle reçut dans le conseil.

Mais Las Casas, qui, dans ce plan, voyait les Indiens vassaux des Castillans, ou plutôt leurs esclaves, destinés aux plus durs travaux, ne put renfermer sa douleur. Il demande à parler ; on lui prête silence ; et la tristesse dans les yeux : « J'entends, dit-il, qu'on se propose de distribuer les Indiens comme de vils troupeaux. On l'a fait dans les îles, les îles ne sont que d'effrayantes solitudes. Des milliers d'infortunés ont péri sous le joug. Suivrez-vous

ces exemples, et ferez-vous périr de même les peuples
de ces bords? »

Chacun s'empressa de répondre qu'on les ménagerait.
« Il n'en est qu'un moyen, continua le solitaire ; c'est
de ne laisser à personne le pouvoir de les opprimer.
Qu'ils soient sujets, mais sujets libres. Le même roi, la
même loi, et, comme je l'espère, le même Dieu que nous ;
mais jamais d'autre dépendance : voilà leur droit que je
réclame à la face du ciel.

— Vertueux Las-Casas, lui répondit Pizarre, vos vœux
et les miens sont d'accord. Faire adorer mon Dieu, faire
obéir à mon roi, imposer à ces peuples un tribut modéré,
établir entre eux et l'Espagne un commerce utile pour eux
autant qu'avantageux pour elle, voilà ce que je me propose. Fasse le ciel que, sans user de contrainte et de violence, je puisse l'obtenir ! — Je vous en suis garant, reprit
vivement Las-Casas. Mais, Pizarre, promettez-moi que,
si ces peuples sont dociles, s'ils souscrivent à des lois
justes, s'ils ne demandent qu'à s'instruire, ils seront libres comme nous ; que leurs jours, leurs biens, leur repos seront protégés par vos armes, que la pudeur, la
timide et faible innocence auront en vous un défenseur,
un vengeur. — Je vous le promets. — Que vous ne souf-
frirez jamais qu'on les arrache à leur patrie, qu'on les
condamne à des travaux, qu'on exige d'eux, par la crainte,
la menace et les châtiments, au delà du tribut imposé
par vous-même. — Telle est ma résolution. »

A ce discours un bruit confus se répandit dans l'assemblée ; et Fernand de Lucques prenant la parole : « Quoi!
dit-il à Barthélemi, prendre l'engagement de ménager
des barbares qui blasphèment Dieu, qui brûlent devant
les idoles un encens qui n'est dû qu'à lui ! Ils se plai-

gnent qu'on leur impose un trop rigoureux esclavage, mais eux-mêmes sont-ils plus doux, plus humains envers leurs captifs? Sur des autels rougis de sang ils leur déchirent les entrailles; ils se partagent par lambeaux leurs membres encore palpitants; ils les dévorent, les barbares! Et c'est pour cette race impie que vous intercédez avec tant de chaleur!

« — Homme aveugle, lui répondit le vertueux Las-Casas, vos lèvres ont-elles pu proférer ce que je viens d'entendre? Est-ce du haut du bois arrosé du sang de Jésus-Christ, où, s'immolant pour tous les hommes, sa bouche expirante implorait la grâce de ses ennemis : est-ce du haut de cette croix que Dieu vous a dicté ce langage? Vous, chrétien, vous parlez d'exterminer un peuple qui ne vous a fait aucun mal! S'il vous en avait fait, votre religion vous dirait encore de lui pardonner et de l'aimer.

« Les Indiens, sans doute, ont exercé entre eux des cruautés bien condamnables; mais fussent-ils plus inhumains, est-ce à nous de les imiter? Leur malheur, hélas! est de croire à des dieux sanguinaires. Si, au lieu du tigre, ils voyaient sur leurs autels l'agneau sans tache, ils seraient doux comme l'agneau. Et qui de nous peut dire qu'élevé dès l'enfance dans le sein des mêmes erreurs, l'exemple de ses pères, les lois de son pays n'auraient pas tenu sa raison captive sous le même joug? Plaignez donc ces esclaves de l'habitude, ces victimes de l'erreur. Cependant dites-moi s'ils sont partout les mêmes, et quel mal avaient fait les peuples d'Hispaniola et de Cuba? Rien de plus doux, de plus tranquille, de plus innocent que ces peuples. Toute leur vie était une paisible enfance. Ils n'avaient pas même des flèches pour blesser

les oiseaux de l'air. Les en a-t-on plus épargnés? C'est là
que j'ai vu des hommes sans entrailles enfermer un peuple vivant dans les rochers où germe l'or, l'y faire périr
de misère, de fatigues et d'épuisement, pour accumuler
vos richesses, et pour engendrer sur la terre tous les vices, enfants du luxe, de l'orgueil, de l'oisiveté; ô Fernand, est-ce là le sort que l'on réserve à ce peuple malheureux, est-ce ainsi qu'on leur fera goûter les vérités de
la foi? Au nom du Dieu qui est mort pour le salut de
tous les hommes, qui du haut de sa croix les a tous bénis,
comme ses frères bien-aimés, je vous en conjure, renoncez à cette coupable pensée, et ne rendez pas inutiles les
efforts de notre zèle et de notre charité!... »

Fernand, qui, pendant ce discours, n'avait cessé de
frémir et de rouler sur l'assemblée des yeux étincelants,
se levait pour répondre. Pizarre le retint. Un autre guerrier (le fourbe Requelme), prenant la parole, représenta,
en termes modérés, que, sans recourir à la violence, con-
traire à l'esprit de l'Evangile, il ne fallait pas oublier que
les Espagnols avaient traversé les mers, affronté les fatigues d'une navigation périlleuse, pour conquérir à la
foi de Jésus-Christ ce peuple enseveli dans les ombres
d'une grossière idolâtrie; que si la douceur et la persuasion étaient impuissantes pour les amener à embrasser
la religion, l'intérêt même des insulaires pouvait demander qu'on les réduisît à un salutaire esclavage, qui les
disposerait à écouter avec plus d'obéissance les vérités
de la foi.

« Ces Indiens sont comme vous, reprit Las-Casas,
l'ouvrage des mains de Dieu; il aime son ouvrage, il les
a faits pour être heureux. Toujours le même, il veut encore ce qu'il voulut en les créant; et, infini dans sa puis-

sance comme dans sa bonté, il a mille moyens qui nous
sont inconnus d'attirer à lui ses enfants.

« La foi, d'un bout du monde à l'autre, ne présente
aux yeux du chrétien que des frères et des amis. Mais,
dites-vous, si l'esclavage est le seul moyen d'engager, de
retenir les Indiens sous le joug de la foi!... Juste ciel!
l'esclavage, la honte et le scandale de l'humanité, serait
le seul moyen d'étendre la religion! Il fut cruel chez
tous les peuples, il serait atroce parmi nous. Pour les
persuader, il faudrait vivre avec eux, souffrir leur indo-
cilité, l'apprivoiser par la douceur, l'attirer par la confiance, et la vaincre par les bienfaits. Je connais bien ce
nouveau monde. Interrogez ceux dont le zèle portait le
flambeau de la foi dans ces régions désolées où l'on a
commis tant de maux; demandez-leur quel doux empire
ont sur l'âme des Indiens la charité, la vertu bienfaisante, la consolante vérité; demandez-leur s'il fut jamais
de peuple moins jaloux de ses opinions, plus empressé
d'ouvrir les yeux à la lumière, plus facile à persuader?
Ce que je dis, je l'ai vu, je l'ai vu : ce n'est pas devant
moi qu'il faut calomnier ces peuples.

« Mais, fussent-ils opiniâtres et obstinés dans leurs erreurs, est-ce pour vous une raison de les réduire à un
triste esclavage? On espère adoucir pour eux les rigueurs
de la servitude! On l'a promis cent fois; a-t-on pu s'y
résoudre? J'ai vu Ferdinand s'attendrir; j'ai vu Ximénès
s'indigner; j'ai vu Charles frémir des inhumanités dont
je leur faisais la peinture. Ils y ont voulu remédier; et
avec toute leur puissance ils l'ont voulu en vain. Non,
mes amis, point de milieu : il faut renoncer au nom
d'hommes, abjurer le nom de chrétiens, ou nous interdire à jamais le droit de faire des esclaves.

« L'Inde n'est à vous, Pizarre, que par droit de conquête; et ce n'est que par la clémence et la bonté que
vous pouvez mériter le nom de héros. Croyez-moi, n'attendez pas le moment de l'ivresse et de l'emportement
pour mettre un frein à la victoire. Ce jour est pour vous
consacré à des résolutions saintes. Tous ces guerriers,
disposés comme vous à écouter la voix de la religion,
suivront votre exemple à l'envi. Ils sont jeunes, sen-
sibles, et la corruption ne les a point gagnés encore :
j'en ai fait l'épreuve récente; je crois même les voir touchés des malheurs que je leur ai peints. Je vous conjure,
au nom de la religion, de faire avec eux le serment d'é-
pargner les peuples soumis, de respecter leurs biens,
leur liberté, leur vie. C'est un lien sacré dont vous aurez
besoin peut-être pour vous épargner de grands crimes,
c'est du moins un gage de paix, qu'au nom des Indiens,
leur ami, dirai-je leur père, vous demande à genoux, et
les larmes aux yeux. » A ces mots il se prosterna.

Fernand était confondu; il n'en devint que plus furieux. Oubliant le conseil sacré du digne et pieux apôtre,
il se répandit en injures contre le *protecteur de l'Inde*,
l'accusa de trahir son roi, sa patrie, lui donna les noms
odieux de délateur, de partisan du crime et de l'impiété.
Pizarre, à qui cet homme violent et pervers était trop
nécessaire encore, vit le moment qu'il le perdait. Il commença par l'apaiser, et puis, s'adressant à Las-Casas, il
lui dit d'un air respectueux que son zèle méritait bien
la gloire qu'il lui avait acquise; que ses conseils et ses
maximes lui seraient à jamais présents, qu'il les suivrait
autant qu'il lui serait possible, mais qu'il croyait que sa
parole était un gage suffisant.

Le solitaire consterné se retire avec Alonzo. « Vous

voyez, dit-il, mon ami, qu'ici mon zèle est inutile. Je vous l'avais bien dit. Cette épreuve m'éclaire; n'en demandez pas davantage. Je crois connaître assez Pizarre : il serait juste et modéré si chacun consentait à l'être; mais il veut réussir, et son ambition fera céder aux circonstances sa droiture et son équité. Je ne vous propose point de renoncer à le suivre : ce serait affaiblir le nombre et le parti des gens de bien. Mais moi, dont la présence est déjà importune et serait bientôt odieuse, je n'ai plus désormais qu'à regagner ma solitude. Adieu, je vais prier pour vous et vos compagnons d'armes. »

Alonzo, déjà mécontent de tout ce qui s'était passé, fut surtout indigné de voir qu'on se débarrassait de Las-Casas; et lui-même il l'aurait suivi, si son honneur trop engagé ne l'avait retenu. « Mon ami, lui dit-il, je reste, je vous obéis à mon tour; mais j'observerai la conduite et les intentions de Pizarre : j'éprouverai dans peu s'il tient ce qu'il vous a promis; et si j'ai le malheur d'être avec des hommes cruels, soyez bien assuré que je n'y serai pas longtemps. »

CHAPITRE IV

Barthélemi fut ramené jusqu'au fleuve des Lézards.
Il monte une barque indienne, et la rapidité du fleuve
l'éloigne bientôt de Crucès. Libre et seul avec ses sauvages, il leur parlait, il jouissait de leurs caresses naïves,
il tâchait de les consoler.

L'un d'eux lui dit : « Notre bon père, tu nous aimes
et tu nous plains. Nous savons tout ce que tu as fait pour
soulager notre misère. Veux-tu porter la joie chez nos
amis de la montagne? ils savent que nous t'avons vu :
Capana, le chef de nos frères, donnerait dix ans de sa
vie pour te posséder un moment. Viens le voir. Le sentier qui mène à sa retraite est rude, étroit, entrecoupé
de torrents et de précipices; mais sur des tissus de liane
nous te porterons tour à tour. »

A ces mots, deux ruisseaux de larmes coulèrent des
yeux de Las-Casas; et tant de courses d'un monde à

l'autre, tant de peines et de travaux qu'il avait essuyés pour eux, tout fut récompensé.

« Quoi, sur l'isthme! quoi, près d'ici, des Indiens libres encore! Ah! du moins sont-ils bien cachés, demanda-t-il, et Davila ne peut-il pas les découvrir? — Leur asile est sûr, lui dirent les sauvages; nous seuls en connaissons la route, et le silence est sur nos lèvres; nous savons nous taire et mourir. »

Las-Casas consent à les suivre. On laisse le canot dans une anse du fleuve; et à travers d'épais buissons, on s'enfonce dans ces déserts.

Comme ils passaient un défilé entre deux hautes montagnes, un cri fit retentir les bois. Les Indiens pâlirent, leurs cheveux se dressèrent. C'était le cri du tigre; ils l'avaient reconnu. Immobiles et en silence, ils écoutèrent : le même cri se fait entendre de plus près. Alors, jugeant que le péril approche, et que le tigre vient sur eux, ils se rassemblent, ils se pressent autour de Las-Casas. « Laisse-nous t'entourer, lui disent-ils, et ne crains rien, ne crains rien; il n'en prendra qu'un, et ce ne sera pas toi. » Et malgré sa résistance, ils lui font un rempart de leurs corps. En effet, l'animal féroce, pour franchir le vallon, ne fait que trois bonds, et saisissant un Indien, l'emporte dans les bois sans ralentir sa course. Le pieux solitaire lève les mains au ciel en poussant un cri lamentable, et tombe oppressé de douleur. Bientôt, reprenant ses esprits, et se retrouvant au milieu de ses Indiens qui le rappellent à la vie : « Ah! mes amis, qu'ai-je vu? leur dit-il. — Allons, mon père, prends courage, lui répondent ces malheureux. Tu es sauvé, Dieu soit béni!

Enfin, de rochers en abîmes, ils approchent de la vallée. Elle était entourée d'un cercle de montagnes cou-

vertes d'épaisses forêts, et qui de tous côtés ne présentaient aux yeux qu'une masse énorme et profonde, sans
laisser soupçonner le vide que leur enceinte renfermait.

A travers l'épaisseur des bois on s'avance, on gravit, on
franchit enfin les montagnes. Tout à coup aux yeux de
Las-Casas se découvre un riche vallon dont la fertilité
l'enchante. Au centre de la plaine s'élevait un hameau,
et au milieu du hameau la cabane du cacique. Barthélemi,
à cette vue, se sent ému de joie et de pitié. « Pauvre peuple, s'écria-t-il avec attendrissement, fasse le ciel que
ton asile soit à jamais impénétrable ! »

A l'approche des Indiens, leurs compagnons accourent,
impatients d'apprendre ce qu'ils leur viennent annoncer.
« Nous vous amenons notre père, disent ceux-ci avec
transport ; le voilà, c'est lui, c'est Las-Casas. » A ce
nom, rien ne peut exprimer l'allégresse de ce peuple
reconnaissant. Leurs bras se disputent la gloire de le
porter en triomphe jusqu'au village, où le cacique a déjà
su l'arrivée de Las-Casas.

Il s'avance au-devant de lui, et lui tendant les bras :
« Viens, lui dit-il, mon père, viens consoler tes enfants
de tous les maux qu'on leur a faits : en te voyant ils les
oublient. » Las-Casas jouissait du bonheur le plus doux
que puisse goûter sur la terre un cœur vertueux et sensible. « O mes amis, leur disait-il en les embrassant tour
à tour, si vous m'aimez si tendrement, moi qui ne vous
ai fait aucun bien, quel n'eût pas été votre amour pour
un peuple qui eût mis sa gloire à vous donner des arts
utiles, de sages lois, de bonnes mœurs, et un culte
agréable au Dieu de l'univers ! — Ah ! mon père, dit le
cacique, nous aurions adoré ce peuple généreux. »

Il le mena dans sa cabane : et quelle fut la surprise

de Barthélemi, en y voyant une statue de bois de cèdre, où ses traits étaient ébauchés! Le cacique lui dit : « Regarde; c'est toi, mon père, oui, c'est toi-même. Un de nos Indiens qui t'avait vu et qui t'avait toujours présent, m'a fait ta ressemblance. Elle nous suit partout; et, depuis que nous la possédons, tout nous a réussi. »

Tout le peuple s'assemble autour de la cabane et demande à voir Las-Casas. Il se montre, et l'air retentit de ce cri d'allégresse : « Le voilà l'homme juste, l'homme bienfaisant, le voilà. Il nous aime, il nous plaint, il vient voir ses amis. Qu'il reste avec nous, l'homme juste : nos cœurs et nos biens sont à lui. »

Cependant de jeunes chasseurs se sont répandus dans la plaine, les uns perçant les oiseaux de l'air de leurs flèches inévitables, les autres forçant à la course les chevreuils moins agiles qu'eux. La proie arrive en affluence; et le festin est préparé. Assis à côté du cacique, et au milieu de sa famille, Las-Casas s'instruit de leurs lois, de leurs mœurs et de leur police. S'aimer, s'aider mutuellement, éviter de se nuire, honorer leurs parents, obéir à leur roi, s'attacher à une compagne qui les soulage dans leurs travaux, cultiver en commun leurs champs, et s'en distribuer les productions : telle était leur société.

« Eh bien! dit Las-Casas, c'est la loi de mon Dieu qu'il a gravée dans vos âmes : vous le servez sans le connaître; et c'est sa voix qui vous conduit.

— Ton Dieu! il est notre ennemi, dit le cacique; il est le Dieu des Espagnols. — Le Dieu des Espagnols n'est point votre ennemi : il est le Dieu de tous les hommes, et nous sommes tous ses enfants. — Ah! s'il est vrai, dit le cacique, nous cherchons un Dieu qui nous aime; ce-

lui de Las-Casas doit être juste et bon, et nous voulons l'adorer. Hâte-toi, fais-le-nous connaître. » Alors, se livrant à son zèle, Las-Casas leur fit de son Dieu une peinture si vive et si touchante, que le cacique, se levant avec transport, s'écria : « Dieu de Las-Casas, reçois nos vœux ! » Et tout son peuple répéta ces mots après lui.

Dans ce moment, le cacique, regardant le solitaire, crut voir sur son visage un éclat tout divin : car la piété l'animait ; il était rayonnant de joie. « Écoute, lui dit-il ; ton Dieu ne se fait-il jamais voir aux hommes? — Ils l'ont vu, répondit Las-Casas ; il a même daigné habiter parmi eux. — Sous quels traits? — Sous les traits d'un homme. — Achève : n'es-tu pas toi-même ce dieu qui vient nous consoler? — Moi! — Si tu l'es, cesse de nous cacher ce que tant de vertu annonce. Parle : nous allons t'adorer. »

Barthélemi se confondit dans une humilité profonde, et rejeta loin cette erreur. Mais avant d'exposer des vérités sublimes à l'incrédulité de ces faibles esprits, il voulut savoir quel était leur culte. « Hélas ! dit le cacique, nous adorions le tigre, comme le plus terrible de tous les animaux. — Allons, allons, dit Las-Casas, renverser cette horrible idole. » Et les Indiens, animés du zèle qu'il leur inspirait, couraient au temple sur ses pas.

D'une grotte profonde, voisine de ce temple, Barthélemi crut entendre sortir des gémissements. « Qu'est-ce? demanda-t-il. — Passons, dit le cacique. Épargne à tes amis la honte de te montrer des malheureux. » Sans vouloir insister, Barthélemi s'avance jusqu'à ce temple abominable, où l'on voyait le dieu-tigre sur un autel rougi de sang. « Quel est le sang, demanda-t-il encore, qu'on a versé sur cet autel? — Celui des animaux, répondit le cacique, et quelquefois... — Achéve. — Celui des Espagnols. — Des Espagnols! — Lorsqu'ils pénètrent jusqu'au centre de ces forêts, il faut bien les tuer ou les prendre vivants. Et que faire de ces captifs, à moins que de les immoler? S'il s'en échappait un seul, notre asile serait connu, et notre perte inévitable. Tu viens d'entendre la plainte d'un malheureux jeune homme qui nous fait compassion. Je ne puis me résoudre à le faire mourir. Cependant il faut bien qu'il meure; car, s'il nous échappait, il irait nous trahir. »

Las-Casas demande à le voir; et, après avoir fait briser l'autel et l'idole du tigre, il retourne vers la prison où le jeune homme est enfermé.

Le captif, en voyant entrer ce religieux vénérable, ne douta point que ce ne fût encore un nouveau martyr de la foi qu'on allait immoler. « O mon père! venez, dit-il, m'encourager par votre exemple; venez apprendre à un jeune homme à se détacher de la vie, à mourir courageusement. »

Mais, dès qu'il s'aperçut que le solitaire était libre, qu'il commandait aux Indiens de s'éloigner, et que ceux-ci lui obéissaient : « Ah! reprit-il, que vois-je? et quel est cet empire que vous exercez parmi eux? Êtes-vous un ange du ciel, descendu pour ma délivrance? Parlez. Dites-moi qui vous êtes. Je sens revenir l'espérance dans ce cœur qu'elle abandonnait.

— Je suis Espagnol comme vous, lui dit le solitaire; mais, ministre du Dieu de paix et de miséricorde, je suis libre et chéri parmi les Indiens. — Hélas! et moi, lui dit Gonsalve (c'était le nom du jeune homme), je suis le fils de Davila, du gouverneur de l'isthme : il m'avait envoyé à la poursuite des sauvages. Mes compagnons et moi, à travers les forêts, nous avons pénétré dans ce vallon; les Indiens nous ont enveloppés, nous ont accablés sous le nombre; les plus heureux des miens ont péri dans le combat, le reste a été pris, et sur l'autel du tigre je les ai vus tous immoler. Moi, seul, ils m'épargnent encore : soit que ma jeunesse ait touché ces inhumains, et que mes larmes leur inspirent quelque pitié, soit que leur cruauté m'ait voulu réserver pour un nouveau sacrifice, ils me laissent languir dans ce triste abandon, et dans l'attente de la mort, plus cruelle que la mort même. Hélas! pardonnez à mon âge un excès de faiblesse dont je rougis en l'avouant. La vie m'est chère; il m'est affreux de la quitter à son aurore. Elle devait avoir tant de charmes pour moi! Il m'eût été si doux de revoir ma patrie! Et quand je pense que ces beaux jours, ces jours délicieux que j'y devais passer, sont évanouis pour jamais, je tombe dans le désespoir. Si du moins j'étais mort au milieu des combats, et par les mains d'un ennemi digne d'honorer mon courage! Mais ici, mais sur les autels d'un peuple stupide et féroce, me sentir tout vivant déchirer les entrailles, et voir aux pieds du tigre allumer mon bûcher! cette destinée est affreuse. Ah! s'il se peut, délivrez-moi de ces mains inhumaines; rendez-moi à mon père. Il n'a que moi, je suis son unique espérance; ces barbares l'en ont privé.

— Mon ami, lui dit Las-Casas, Dieu est juste, et votre malheur ne doit pas ainsi vous aveugler. Souvenez-vous de votre père; a-t-il épargné, lui, le sang de ce peuple que vous appelez barbare? a-t-il respecté leur liberté, leur vie? Hélas! pour se soustraire à ses terribles vengeances, ils sont venus se cacher dans ces forêts profondes. Ils sont perdus s'il les découvre; et lui rendre son fils, vous l'avouerez vous-même, ce serait risquer qu'un secret d'où leur salut dépend ne lui fût révélé. — Ah! gardez-vous, lui dit Gonsalve, de leur apprendre qui je suis. — Moi, dit Las-Casas, les tromper! leur cacher le péril de votre délivrance! Non; ce serait leur tendre un piége. Si je parle pour vous, je dirai qui vous êtes; on saura ce que je demande, ce qu'on risque à me l'accorder. Ou mon silence, ou ma franchise; c'est à vous de choisir. — Choisir! de tous côtés je ne vois que la mort. Je m'abandonne à vous. »

Las-Casas de retour auprès de Capana : « Cacique, lui dit-il, n'es-tu pas soulagé comme d'un joug triste et pénible de ne plus adorer un être malfaisant et de servir un Dieu clément et juste? — Il est vrai, lui dit le cacique, que nos cœurs flétris par la crainte semblent ranimés par l'amour. — Oui, mon ami, l'homme est fait pour aimer. La haine, la vengeance, toutes les passions cruelles sont pour lui un état de gêne, d'angoisse et d'avilissement. Il se sent élever, il sent qu'il se rapproche de l'être excellent qui l'a fait, à mesure qu'il est plus doux, plus humain. Étouffer son ressentiment et triompher de sa colère, opposer les bienfaits à l'injure qu'on a reçue, en accabler son ennemi, c'est un bonheur vraiment divin. — Je le conçois, dit le cacique. — Non, tu ne peux le concevoir avant de l'avoir éprouvé; mais il ne tient qu'à toi de jouir pleinement de ce plaisir pur et céleste. Fais venir ce jeune captif qui tremble et gémit dans tes chaînes, et dis-lui en le délivrant : Fils du désolateur de notre patrie, fils du meurtrier de nos pères, de nos femmes, de nos enfants, fils de Davila, je pardonne à ton âge et à ta faiblesse. Vis, apprends d'un sauvage à imiter ton Dieu. — Le fils de Davila! s'écria le cacique; quoi! c'est lui que je tiens captif! » A ces mots, ses yeux irrités s'enflammèrent comme la foudre. « Oui, c'est le fils de Davila, reprit le solitaire avec un air tranquille; c'est lui que tu peux déchirer, dévorer même si tu veux. Mais écoute-moi : à peine ta vengeance sera-t-elle assouvie, tu seras triste, et tu diras : Le voilà égorgé, et son sang répandu ne rend la vie à aucun des miens; ma fureur est donc inutile : j'ai fait périr le faible, peut-être l'innocent, et je suis coupable sans fruit... Sa vie est dans tes mains, choisis de renoncer à mon Dieu ou à ta vengeance, et reprends le culte du tigre, si tu veux t'abreuver de sang.

— J'adore le Dieu de Las-Casas, dit le cacique. Mais toi-même crois-tu qu'il me commande de laisser impunis tous les maux qu'un barbare nous fait depuis dix ans? — Oui, la loi de mon Dieu te prescrit le pardon et l'amour de tes ennemis. — L'amour! — Ne sont-ils pas ses enfants comme toi? ne les aime-t-il pas lui-même? Et peux-tu adorer le père sans aimer les enfants? Plains-les d'être coupables, et souhaite qu'ils cessent d'être méchants; mais ne sois pas méchant comme eux, et mérite, par ta clémence, que ton Dieu en use envers toi. — Tu me confonds; mais tu me touches, dit le cacique. Allons, qu'exiges-tu de moi? Qu'au fils du cruel Davila je pardonne comme à mon frère? j'y consens. Qu'on me l'amène ici, je briserai sa chaîne et je l'embrasserai. Mais qu'en ferai-je après lui avoir permis de vivre? S'il s'échappe, il divulguera le secret de notre asile, et tu auras perdu tes amis. — J'ai cette crainte comme toi, lui répondit le solitaire, et je ne veux, quant à présent, qu'adoucir sa captivité. »

Gonsalve attendait avec impatience le retour de Las-Casas. « Eh bien ! lui dit-il en entrant, qu'avez-vous obtenu? — Qu'on vous laisse la vie. — Ah! mon père! et la liberté, l'ai-je perdue pour jamais? — Je vous ai dit que le salut de ces malheureux Indiens tient au secret de leur asile. — Je le sais; mais répondez-leur qu'il ne sera jamais trahi par moi. — Comment répondrais-je de vous? dit le solitaire; c'est à vous de gagner l'estime du cacique et d'obtenir avec le temps qu'il daigne se fier à vous. — Et lui avez-vous dit qui je suis? demanda Gonsalve. — Oui, sans doute. — Je suis perdu. — Non, vous ne l'êtes pas. Je vais vous mener devant lui.

— Jeune homme, lui dit le cacique en le voyant, adores-tu le Dieu qu'adore Las-Casas? — Oui, répond Davila. — Crois-tu que nous soyons enfants de ce Dieu comme toi? — Je le crois. — Nous sommes donc frères? Pourquoi venir tremper tes mains dans notre sang? — J'obéissais. — A qui? — Vous le savez assez. — Oui, mais Las-Casas me dit que son Dieu et le mien m'ordonne de te pardonner. Je te pardonne, viens, embrasse ton ami. » Le jeune homme, à ces mots, tombe aux pieds du cacique. « Que fais-tu, lui dit le sauvage; ne sommes-nous pas frères? » Il dit, et lui tendant la main, il le délivra de ses chaînes. Barthélemi, témoin de ce spectacle, avait le cœur saisi de joie et d'attendrissement.

Gonsalve fut, dès ce moment, parmi les Indiens comme dans sa patrie et comme au sein de sa famille. On le gardait, mais sans contrainte; et la seule liberté qu'il n'eût pas était celle de s'échapper. Las-Casas le voyait sans cesse. Il eût voulu lui faire aimer la vie heureuse et simple de ce peuple sauvage : mais le jeune homme ne l'écoutait qu'en poussant de profonds soupirs. « Me voilà, disait-il, instruit par le malheur, par vos leçons, par leur exemple ; qu'ils daignent se fier à moi et me mettre en état de détromper mon père, de le fléchir, de lui apprendre à les connaître, à les aimer. Ils m'ont déjà laissé la vie ; je leur devrai la liberté. Ces bienfaits toucheront un père : il cédera aux larmes de son fils. »

A cet âge on ne sait pas feindre avec tant d'art et de noirceur, et Las-Casas ne doutait pas que Gonsalve ne fût sincère ; mais il le connaissait trop faible pour oser compter sur sa foi. « Vous êtes sans doute à présent bien déterminé à ne pas trahir ce bon peuple ; mais je prévois tout l'ascendant d'un père ; et je ne répondrai jamais qu'il ne vienne à bout de surprendre ou d'arracher votre secret. Ce que je vous dis là, je l'ai dit de même au cacique. C'est lui que le péril regarde, c'est à lui de se consulter.

« Je laisse, dit-il à Capana, ton captif dans l'affliction. Il soupire ardemment pour la liberté. Je t'ai fait voir tout le danger de le renvoyer à son père : mais je ne dois pas te dissimuler l'avantage de ce bienfait. Il peut arriver que son père vous découvre, et alors vous auriez pour appui ce jeune homme à qui ta clémence aurait fait un devoir sacré de ne t'abandonner jamais ! L'amour paternel a des droits sur les cœurs les plus farouches. Après cela, décide-toi sur le parti que tu dois prendre : j'ignore comme toi quel serait le plus sage, et tu sais aussi bien que moi quel serait le plus généreux.

« Pour moi, dépourvu des moyens de célébrer ici nos augustes mystères et d'y perpétuer le culte des autels, je vais vous chercher des pasteurs, et peut-être vous assurer un repos plus tranquille. Adieu. Je demande au ciel la grâce de vous revoir avant de descendre au tombeau. »

La désolation du jeune Davila fut extrême quand il apprit que Las-Casas l'abandonnait. Il alla se jeter aux pieds du cacique. « Ah! lui dit-il, pourquoi te défier d'un malheureux qui te doit tout? La nature m'a fait un cœur sensible comme à toi; mais eût-elle mis à la place le cœur du tigre que tu adorais, tes vertus l'auraient attendri. Tu m'as appelé ton ami, tu m'as embrassé comme un frère; il y va de ta vie et du salut de tes amis que ton asile soit inconnu; il le sera par mon silence. J'en atteste mon Dieu, ce Dieu qui est devenu le tien.

— Oui, je te crois sensible et bon, dit le cacique; mais tu es faible, et l'homme faible est toujours à la veille d'être méchant. Comment braverais-tu l'autorité d'un père? tu n'as pas su braver la mort. — La mort m'a causé de l'effroi, je l'avoue, dit le jeune homme en se levant avec fierté; mais si, pour éviter la mort, tu m'avais proposé un crime, tu aurais vu lequel des deux m'aurait le plus épouvanté. Puisque je n'ai pas ton estime, je ne te demande plus rien; je renonce à la liberté, je te dispense même de me laisser la vie. » A ces mots, il se retira.

Le cacique, qui le suivait des yeux, et qui le voyait abattu de tristesse, sentit lui-même, comme un poids dont son cœur était oppressé, la dureté de son refus. Il fit appeler Las-Casas. « Emmène avec toi ce jeune homme, lui dit-il : sa douleur me pèse et me fatigue; la présence d'un malheureux est insupportable pour moi.

— As-tu bien réfléchi? lui dit le solitaire. — Oui, je sais qu'un mot de sa bouche nous perd, mon peuple et moi, nous livre à nos tyrans; mais la pitié l'emporte sur la crainte : je ne veux plus le voir souffrir. »

Si l'on a vu des enfants vertueux aux funérailles de leur père, d'un père tendre et bien-aimé, c'est l'image de la douleur des Indiens au départ de Las-Casas. Le cacique et son peuple, le visage abattu, les yeux baissés et pleins de larmes, l'accompagnèrent en silence jusqu'au bord de la forêt. Là il fallut se séparer.

Témoin de leurs tristes adieux, Gonsalve contenait sa joie. Le cacique, ôtant son collier, le jeta au cou du jeune homme, l'embrassa et lui dit : « Sois toujours notre ami, et si jamais tu étais pressé par nos tyrans de leur découvrir où nous sommes, regarde ce collier, souviens-toi de Las-Casas, et demande à ton cœur si tu dois nous trahir. »

Les deux Espagnols, sur la foi de leurs guides, s'en allant à travers les bois, se retraçaient les mœurs et le naturel des sauvages. Vint un moment où Las-Casas, regardant le jeune Davila : « Vous voyez, lui dit-il, si comme on le prétend, ils sont indignes du nom d'hommes, et s'il est malaisé d'en faire des chrétiens.

— Mais, reprit Gonsalve, peut-on dissimuler ce que la religion a d'affligeant, ce qu'elle a d'effrayant pour l'homme? — Elle n'a rien que d'attrayant, d'encourageant pour la vertu, de consolant pour l'innocence, lui répondit le solitaire; et je n'en veux pas davantage pour la faire aimer partout. De bonnes lois gênent le vice, épouvantent le crime, affligent les méchants; et l'on aime de bonnes lois, parce qu'il dépend de chacun d'en recueillir les fruits et d'être heureux par elles. On aimera de même une religion qui, comme ces lois salutaires, est favorable aux gens de bien, rigoureuse aux méchants et miséricordieuse aux faibles. » Le solitaire, à ces mots, s'aperçut que le fils de Davila baissait les yeux, et que la rougeur de la honte se répandait sur son visage. » Pardonne, lui dit-il, jeune homme, je t'afflige. C'est le ciel qui te l'a donné, ce père rigoureux. Tout injuste qu'il est, ne cesse jamais de l'aimer, de le respecter, de le plaindre : seulement ne l'imite pas. »

On arrive à Crucès. Les Indiens s'éloignent. Barthélemi et Gonsalve, au moment de se séparer, s'embrassent tendrement. « Adieu; tu vas revoir ton père, dit le solitaire au jeune homme; souviens-toi du cacique; daigne penser à moi. Je n'entendrai point tes paroles; mais Dieu sera présent, et ton cœur lui a juré d'être fidèle aux Indiens. »

Gonsalve retourne à Panama; et Las-Casas descend le fleuve jusqu'à la côte orientale, où un navire le reçoit et va le porter au rivage que baigne l'Ozama, en épanchant son onde dans le sein du vaste Océan.

Don Pèdre Davila pleurait l'héritier de son nom avec les larmes de l'orgueil, de la rage et du désespoir. En le voyant, il se livra à tous les transports de la joie. « Le ciel, lui dit-il, ô mon fils, le ciel te rend aux vœux d'un père. Mais tous ces braves Castillans qui t'accompagnaient, que sont-ils devenus? — Ils sont morts, répondit Gonsalve. Les Indiens poursuivis nous ont enfin résisté, et nous avons succombé sous le nombre. Ils me tenaient captif; ils ont su qui j'étais; et leur chef m'a laissé la vie et m'a rendu la liberté. O mon père, si vous m'aimez, qu'un procédé si généreux vous touche et vous désarme! »

Le tyran ne l'écoutait pas. Interdit, indigné de voir qu'après le vaste et long carnage qu'il avait fait des Indiens, ils se défendissent encore, il ne cherchait que le moyen d'achever leur ruine, sans être sensible au bienfait qui seul aurait dû le toucher. « Oui, dit-il, je reconnaîtrai ce qu'ont fait pour toi les sauvages. Dis-moi où tu les as laissés, et où s'est passé le combat.

— Il serait malaisé de retrouver mes traces dans ces déserts, lui répondit Gonsalve, et je me suis laissé conduire sans savoir moi-même où j'allais, d'où je venais...

— J'entends, reprit le père en observant son trouble : ils t'ont fait promettre sans doute de ne pas m'indiquer leur marche et leur retraite, et tu te crois lié par tes serments?

— Si j'ai promis, je tiendrai parole, dit le jeune homme ; et je leur dois assez pour ne pas les trahir.

— Des nœuds plus sacrés vous engagent à votre roi, à votre patrie, à moi-même, insista le tyran. Vous avez vu tomber sous les coups des sauvages la moitié des miens ; voulez-vous qu'ils exterminent le reste? En vous laissant la vie, ont-ils brisé leurs arcs? ont-ils promis de ne plus tremper leurs traits dans ce venin mortel qu'ils ont inventé, les perfides? Obéissez à votre père, et demain soyez prêt à nous servir de guide, car je veux marcher sur leurs pas. »

Gonsalve, réduit au choix ou de trahir les sauvages, ou de tromper son père, ou de refuser d'obéir, prit le parti de la franchise, et déclara que de sa vie il ne contribuerait au mal qu'on ferait à ses bienfaiteurs. Davila devint furieux : mais son fils, avec modestie, soutint sa résolution.

Dès ce moment Gonsalve, odieux à son père, pleurait nuit et jour son malheur.

« Va-t'en, fils indigne de moi, lui dit ce père inexorable, après une épreuve nouvelle ; va-t'en, fuis loin de moi ; je ne veux plus souffrir tes outrages ni ta présence. Malheur à ceux qui, de mon fils, d'un fils obéissant, respectueux, fidèle, ont fait un rebelle obstiné!

— Ah! mon père, dit le jeune homme en tombant à ses pieds tout baigné de ses larmes, est-il possible que le refus d'être ingrat, perfide et parjure, m'attire un si dur traitement? Qu'exigez-vous de moi? Quelle haine obstinée portez-vous à ces malheureux? Ah! si vous aviez vu leur roi briser ma chaîne, m'embrasser, m'appeler son ami, son frère, me demander avec douceur quel mal ils nous ont fait, et pourquoi l'on oublie qu'ils sont hommes comme nous ; vous-même, oui, vous-même, vous me feriez un crime de l'infidélité dont vous me faites une loi. Il m'est affreux de vous déplaire ; mais il me serait, je l'avoue, plus affreux de vous obéir. Ne me réduisez point à ces extrémités. Ayez pitié d'un fils que votre haine accable, et qui, même en vous irritant, se croit digne de votre amour. — Non, je n'ai plus de fils et tu n'as plus de père. Délivre-moi d'un traître que je ne puis souffrir. »

Gonsalve, abattu, consterné, sortit du palais de son père, et lui fit demander quel lieu il lui marquait pour son exil. « Les forêts qui recèlent sans doute les lâches qu'il m'a préférés, » répondit le père inflexible.

Le jeune homme reprit le chemin de Crucès, et s'en allant à travers le vaste silence des bois, il pleurait ; mais il se disait à lui-même : « Je désobéis à mon père, je l'afflige et l'irrite au point qu'il m'éloigne à jamais de lui, et je ne sens, dans ma douleur, aucune atteinte de remords, au lieu qu'en lui obéissant et en poursuivant les sauvages, mon cœur en était dévoré. »

L'abandon où il était réduit, la douleur où il était plongé, l'imprudence et la bonne foi de son âge ne lui permirent pas de voir le piége qu'on lui avait tendu. Les sauvages qui dans ce lieu même l'avaient vu avec Las-Casas, ne se défiaient pas de lui : il leur avoua son malheur sans en dissimuler la cause. « Eh bien! lui dirent-ils, pourquoi, si tu ne veux que vivre en paix et sans reproche, ne pas retourner au vallon? Une cabane, notre amitié, ton innocence seront tes biens. Suis-nous : le cacique aura soin de te faire oublier l'injustice d'un mauvais père. » Il suivit ce conseil funeste. Mais lorsqu'il eut percé l'obscurité des bois, et qu'en revoyant le vallon son cœur soulagé commençait à sentir renaître la joie, quels furent son étonnement et sa douleur de se voir tout à coup entouré d'Espagnols qui lui ordonnaient, au nom du vice-roi son père, de retourner avec eux à Crucès! A la vue des Espagnols, deux Indiens qu'il avait pris pour guides se sauvèrent dans le vallon et y répandirent l'alarme. Dès ce moment plus de sûreté pour le cacique et pour son peuple; leur asile était découvert.

Le malheureux jeune homme, ramené à Crucès, prenait la terre et le ciel à témoin de son innocence. Il apprit qu'un navire allait faire voile pour l'île Hispaniola. Il fit demander à son père qu'il lui fût permis d'y passer, pour lui épargner, disait-il, le spectacle de sa douleur. Le père y consentit, soit pour se délivrer d'un témoin dont la vue l'accuserait sans cesse, soit pour lui laisser exhaler dans cet exil volontaire l'amertume de ses regrets. « Ah! dit Gonsalve en quittant ce rivage, je ne reverrai plus mon père! Il m'a surpris, il m'a rendu parjure et traître aux yeux de mes amis. Non, je ne le reverrai plus! »

Il arrive à l'île Hispaniola; il demande où est Las-Casas; il va se jeter dans son sein, et lui dit son malheur, qu'il appelle son crime, avec tous les regrets d'un cœur coupable et consterné.

« Mon ami, lui dit Las-Casas après l'avoir entendu, vous avez fait une imprudence; mais votre cœur est innocent. Ce doit être un supplice affreux pour un fils honnête et sensible de voir les maux que fait son père, vous n'en serez plus le témoin. Désormais rendu à vous-même, c'est en Espagne qu'il faut aller vous offrir à votre patrie, et si elle a besoin de votre sang, le verser pour elle sans crime contre de justes ennemis. Sollicitez votre départ, et attendez ici que le roi y consente. »

Gonsalve, après avoir épanché sa douleur au sein du pieux solitaire, sentit son courage renaître, et il resta auprès de son ami, en attendant que le monarque lui eût permis de quitter ces bords.

CHAPITRE V

Cependant Pizarre avait mis à la voile; et, déjà loin
du rivage de l'isthme, il s'avançait vers l'équateur. A
travers les écueils d'une mer inconnue encore, sa course
était pénible et lente! la disette le menaçait, et il fallut
bientôt risquer l'abord de ces côtes sauvages; mais il
trouva partout des hommes aguerris. Dès qu'un village
est attaqué, ses voisins accourent en foule et se présentent au combat. Le feu des armes les disperse, mais leur
courage les rassemble. On en fait tous les jours un nouveau carnage; et tous les jours ces malheureux, dans
l'espérance de venger leurs amis, reviennent périr avec
eux. Le fer des Espagnols s'émousse; leurs bras se las-
sent d'égorger.

Un vieux cacique, autrefois renommé par sa prudence,
mais alors accablé par les travaux et les années, était

couché au fond d'un antre, et n'attendait plus que la mort. Les cris de rage, de douleur et d'effroi retentirent jusqu'à lui. Il vit revenir ses deux fils couverts de sang et de poussière, et qui, s'arrachant les cheveux, lui dirent : « C'en est fait, mon père, c'en est fait, nous sommes perdus! — Et quoi! dit le vieillard en soulevant sa tête, sont-ils en si grand nombre, ou sont-ils immortels? Est-ce la race de ces géants qui, du temps de nos pères, étaient descendus sur ces bords? — Non, lui répond l'un de ses fils : ils sont en petit nombre et semblables à nous, à la réserve d'un poil épais qui leur couvre à demi la face; mais sans doute ce sont des dieux, car les éclairs les environnent, le tonnerre part de leurs mains : nos amis écrasés nous ont couverts de leur sang; en voilà les marques fumantes.

— Je veux demain les voir de près : portez-moi, dit le vieux cacique, sur cette roche escarpée d'où j'observerai le combat. »

Les Indiens, dès le point du jour, se rassemblèrent dans la plaine. Les Castillans les attendaient. Pizarre en parcourait les rangs avec un air grave et tranquille : sous lui commandait Aléon, plus superbe et plus menaçant; Molina était à la tête des jeunes Espagnols qu'il avait amenés. Ses yeux étaient baissés, son visage était abattu, non de crainte, mais de pitié : on croyait entendre l'humanité gémir au fond du cœur de ce jeune homme.

Un cri formé de mille cris fut le signal des Indiens; et à l'instant une nuée de flèches obscurcit l'air au-dessus de la tête des Castillans. Mais de ces flèches égarées, presque aucune, en tombant, n'atteignit le but. Pizarre se laisse approcher, et fait sur eux un feu terrible, dont tous les coups sont meurtriers : ceux du canon font des vides affreux dans la masse profonde des bataillons sauvages. Trois fois elle en est ébranlée; mais la présence du vieux cacique soutient le courage des siens. Ils s'affermissent, ils s'avancent; et, se déployant sur les ailes, ils vont envelopper le petit nombre des Castillans. Pizarre fond sur eux avec son escadron rapide; et ces flots épais d'Indiens sont entr'ouverts et dissipés. Leur fuite ne présente plus que le pitoyable spectacle d'un massacre d'hommes épars, qui, désarmés et suppliants, tendent la gorge au coup mortel. Les bois et les montagnes servirent de refuge à tout ce qui put s'échapper.

Le vieillard, du haut du rocher, contemple ce désastre d'un œil pensif et morne. Il a vu le plus jeune de ses fils brisé comme un roseau par la foudre des Castillans. Son cœur paternel en a été meurtri; mais l'impression de ce malheur domestique est effacée par le sentiment plus profond de la calamité publique. Il fait rassembler autour de lui ses Indiens et il leur dit : « Enfants du tigre et du lion, il faut avouer que ces guerriers nous surpassent dans l'art de nuire. Ce feu meurtrier, ces tonnerres, ces animaux rapides qui combattent sous l'homme, tout cela est prodigieux. Mais revenez de l'étonnement que vous causent toutes ces nouveautés. L'avantage du lieu et du nombre est à vous, profitez-en. Qui vous presse d'aller vous jeter en foule au-devant de vos ennemis? Pourquoi leur disputer la plaine? Est-elle couverte de moissons? Ne voyez-vous pas la famine, avec ses dents aiguës et ses ongles tranchants, qui se traîne vers eux? Elle va les saisir, sucer tout le sang de leurs veines, et les laisser étendus sur le sable, exténués et défaillants. Tenez-vous en défense, mais dans l'étroit vallon qui serpente entre ces collines. Là, s'ils viennent vous attaquer, nous verrons quel usage ils feront de ces foudres et de ces animaux qui combattent pour eux. »

Ce sage conseil fut exécuté la nuit même; et quand le jour vint éclairer ces bords, les Espagnols, épouvantés du silence et de la solitude qui régnaient au loin dans la plaine, n'y trouvèrent plus d'ennemis que la faim, le plus cruel de tous.

Pizarre à peine eut découvert la trace des Indiens, qu'il résolut de les poursuivre. Les Indiens s'y attendaient. Dans tous les détours du vallon, le vieillard les avait postés par intervalle et en petit nombre. « Vous êtes assurés, dit-il, d'échapper à vos ennemis; et les fatiguer, c'est les vaincre. Protégés contre leurs tonnerres par les angles de ces collines, vous les attendrez au détour. Là, je vous demande, non pas de tenir ferme devant eux, mais de lancer de près votre première flèche, et de fuir jusqu'au poste qui vous succédera, et qui les attend au détour. Je me tiendrai au dernier défilé, et vous vous rallierez à moi. » Tel fut l'ordre qu'il établit.

Dès que la tête des Castillans se montre au premier détour du vallon, il part une volée de flèches ; et l'arc à peine est détendu, les Indiens sont dissipés. On les poursuit, et on en rencontre encore une nouvelle troupe qui se dissipe encore après avoir lancé ses traits.

Pizarre, frémissant de voir que l'ennemi et la victoire lui échappent à chaque instant, part avec la rapidité de l'éclair, et commande à son escadron de le suivre. Le vieillard avait tout prévu. Les Indiens, dès qu'ils entendent la terre retentir sous les pas des chevaux, gagnent les deux bords du vallon , et l'escadron, après une course inutile, est assailli de traits lancés comme par d'invisibles mains.

Les Castillans s'irritent de voir couler leur sang, moins furieux encore de leurs blessures que de celles de leurs coursiers. Celui de Pizarre, à travers sa crinière épaisse et flottante, a senti le coup pénétrer. Impatient du trait qui lui est resté dans la plaie, il agite ses crins sanglants; il se dresse, il écume, il bondit de douleur. Pizarre, en arrachant le trait, est renversé sur la poussière. Mais, d'un cri menaçant dont les forêts retentissent, il étonne et rend immobile le coursier tremblant à sa voix. En se relevant, il commande à la moitié des siens de mettre pied à terre, de gravir, l'épée à la main, sur la pente des deux collines, et d'en chasser les Indiens. On lui obéit, on les attaque, et soudain ils sont dispersés.

On les poursuivait, et Pizarre recommandait surtout qu'on en prît un vivant, pour savoir de lui en quel lieu on trouverait des subsistances : car ces peuples avaient caché leurs moissons, leur unique bien.

Ceux des jeunes sauvages qui portaient le vieillard, après une assez longue course, hors d'haleine, accablés par ce pesant fardeau, virent bientôt qu'ils allaient être pris. Le vieillard leur dit : « Laissez-moi. Sans me sauver vous vous perdriez vous-mêmes. Laissez-moi, je n'ai plus que quelques jours à vivre. Ce n'est pas la peine de priver vos enfants de leur père, et vos femmes de leurs époux. Si mon fils demande pourquoi vous m'avez abandonné, répondez-lui que je l'ai voulu.

— Tu as raison, lui dirent-ils. Tu fus toujours le plus sage des hommes. » A ces mots, l'ayant déposé au pied d'un arbre, ils l'embrassèrent en pleurant, et se sauvèrent dans les bois.

Les Espagnols arrivent; le vieillard les regarde sans étonnement ni frayeur. Ils lui demandent où est la re-

traite des Indiens. Il montre les bois. Ils lui demandent
où est le toit qu'il habite. Il montre le ciel. Ils lui pro-
posent de le porter dans sa demeure; et d'un coup d'œil
fier et moqueur il fait signe que c'est la terre.

Pour l'obliger à rompre ce silence obstiné, d'abord ils
employèrent les caresses perfides; il n'en fut point ému. Ils
eurent recours aux menaces; il n'en fut point épouvanté.
Leur impatience à la fin se change en fureur. Ils dres-
sent aux yeux du vieillard tout l'appareil de son supplice;
il y jette un œil de mépris. « Les insensés, disait-il avec
un sourire amer et dédaigneux, ils pensent rendre la
mort effrayante pour la vieillesse! Ils prétendent ima-
giner un plus grand mal que de vieillir. » Le Castillans,
outrés de ses insultes, l'attachèrent à un poteau, et allumèrent à l'entour un feu lent pour le consumer.

Le vieillard, dès qu'il sent les atteintes du feu, s'arme
d'un courage invincible: son visage, où se peint la fierté
d'une âme libre, devient fier et radieux; et il commence
son chant de mort.

« Quand je vins au monde, dit-il, la douleur se saisit
de moi, et je pleurais, car j'étais enfant. J'avais beau voir
que tout souffrait, que tout mourait autour de moi, j'aurais voulu, moi seul, ne pas souffrir; j'aurais voulu ne
pas mourir; et, comme un enfant que j'étais, je me li-
vrais à l'impatience. Je devins homme, et la douleur me
dit : Luttons ensemble. Si tu es le plus fort, je céderai;
mais, si tu te laisses abattre, je te déchirerai, je planerai
sur toi, et je battrai des ailes comme le vautour sur sa
proie. S'il est ainsi, dis-je à mon tour, il faut lutter
ensemble; et nous nous prîmes corps à corps. Il y a
soixante ans que ce combat dure, et je suis debout, et je
n'ai pas versé une larme. J'ai vu mes amis tomber sous

6

vos coups, et dans mon cœur j'ai étouffé la plainte. J'ai vu mon fils écrasé à mes yeux, et mes yeux paternels ne se sont point mouillés. Que me veut encore la douleur? Ne sait-elle pas qui je suis? La voilà qui, pour m'ébranler, rassemble enfin toutes ses forces ; et moi je l'insulte, et je ris de lui voir hâter mon trépas, qui me délivre à jamais d'elle. Viendra-t-elle encore agiter ma cendre? La cendre des morts est invulnérable à la douleur. Et vous, lâches, vous qu'elle emploie à m'éprouver, vous vivrez ; vous serez sa proie à votre tour. Vous venez pour nous dépouiller ; vous vous arracherez nos misérables dépouilles. Vos mains, trempées dans le sang des Indiens, se laveront dans votre sang ; et vos ossements et les nôtres, confusément épars dans nos champs désolés, feront la paix, reposeront ensemble, et mêleront leur poussière, comme des ossements amis. En attendant, brûlez, déchirez, tourmentez ce corps que je vous abandonne ; dévorez ce que la vieillesse n'en a pas consumé. Voyez-vous ces oiseaux voraces qui planent sur nos têtes? vous leur dérobez un repas ; mais vous leur engraissez une autre proie. Ils vous laissent encore aujourd'hui vous repaître ; mais demain ce sera leur tour. »

Ainsi chantait le vieillard ; et plus la douleur redoublait, plus il redoublait ses insultes. Un Espagnol (c'était Moralès) ne put soutenir plus longtemps les invectives du sauvage. Il saisit l'arc qu'on lui avait laissé, le tendit, et perça le vieillard d'une flèche. L'Indien, qui se sentit mortellement blessé, regarda Moralès d'un œil fier et tranquille : « Ah! jeune homme, tu perds par ton impatience une belle occasion d'apprendre à souffrir! » Il expira ; et les Espagnols consternés passèrent la nuit dans les bois, sans pouvoir retrouver leur route. Ce ne fut qu'au lever du jour, et au bruit du signal que fit donner Pizarre, qu'ils se rallièrent à lui. Mais on s'aperçut que la vengeance du ciel avait choisi sa victime ; Moralès, perdu dans les bois, ne reparut jamais.

Cependant Pizarre, au milieu de ses compagnons découragés, marquait encore de la constance, et cachait sous un front serein les noirs chagrins qui lui rongeaient le cœur. Mais se voyant réduits au choix de périr par la faim ou par les flèches des sauvages, ils remontent sur leur navire, et à force de voiles, ils cherchent des bords plus heureux.

Ils découvrent une campagne riante et cultivée, où tout annonce l'industrie et la paix : c'est la côte de Catames, pays fertile et abondant, dont le peuple est en petit nombre. Les Espagnols y descendent, et ce peuple exerce envers eux les devoirs naturels de l'hospitalité. Mais lui-même, exposé sans cesse aux ravages de ses voisins, il avoue à ses hôtes que chez lui leur asile serait mal assuré. « Étrangers, leur dit le cacique, la nature qui nous a faits doux et paisibles nous a donné des voisins féroces. Dites-nous si partout de même les bons sont en proie aux méchants. — Chez nous, lui dit Pizarre, le ciel a réuni la douceur avec l'audace, la force avec la bonté. Retournez donc chez vous, lui dit tristement le cacique ; car les bons parmi nous sont faibles et timides, et les méchants forts et hardis. » Pizarre l'en crut aisément, et il se retira dans une île voisine, où peu de temps après Almagre vint lui porter quelques secours.

Mais tout avait changé sur l'isthme. Davila n'avait pu survivre à la honte et à la douleur d'être abandonné de son fils. Il était mort dans les angoisses du remords et du désespoir. Pèdre de Los-Rios, son successeur, s'était

laissé persuader que les compagnons de Pizarre ne demandaient que leur retour, et que lui-même il ne s'obs-
tinait dans sa malheureuse entreprise que par un orgueil
insensé. Il fit donc partir deux vaisseaux sous la conduite d'un Castillan nommé Tafur, pour ramener les mé-
contents.

A la vue de ces vaisseaux qui s'avançaient à pleines
voiles, Pizarre tressailit de joie; mais cette joie fit bientôt
place à la plus profonde douleur.

« Je ne sais, dit-il à Tafur qui lui déclarait l'ordre dont
il était chargé, quel est le fourbe qui, pour me nuire, a
fait parler mes compagnons; mais, quel qui soit, il en
impose. Ces nobles Castillans s'attendaient comme moi à
des périls, à des travaux dignes d'éprouver leur constance. Si l'entreprise n'eût demandé que des cœurs lâches
et timides, on l'aurait achevée avant et sans nous. C'est
parce qu'elle est pénible qu'elle nous est réservée : les
dangers en feront la gloire quand nous les aurons sur-
montés. On a donc fait injure à mes amis, lorsqu'on a dit
au vice-roi de l'isthme qu'ils voulaient se déshonorer.
Pour moi, je n'en retiens aucun. De braves gens tels que
je les crois tous ne demanderont qu'à me suivre, et les
hommes sans cœur, s'il y en a parmi nous, ne méritent
pas mes regrets. Faites tracer une ligne au milieu de
mon vaisseau. Vous serez à la proue; je serai à la poupe
avec tous mes compagnons. Ceux qui voudront se séparer de moi n'auront qu'un pas à faire de la gloire à la
honte. »

Tafur accepta ce défi; et quels furent l'étonnement et
la douleur de Pizarre, lorsqu'il vit presque tous les
siens passer du coté de Tafur! Indigné, mais ferme et
tranquille, il les regarde d'un œil fixe. L'un d'eux le

regarde à son tour; et voyant sur son front une noble tristesse, une froide intrépidité, il dit à ceux de qui l'exemple l'avait entraîné : « Castillans, voyez qui nous abandonnons! Je ne puis m'y résoudre, et j'aime mieux mourir avec cet homme-là que de vivre avec des lâches. Adieu. » A ces mots il repasse du côté de Pizarre, et jure en l'embrassant de ne plus le quitter. Ce guerrier était Aléon. Quelques-uns l'imitèrent : ce fut le petit nombre; mais leur malheureux chef n'en fut que plus sensible à ce dévouement généreux. Il ne lui était échappé ni plainte, ni reproche; mais lorsqu'il vit que douze Castillans voulaient bien lui rester fidèles, résolus à mourir pour lui plutôt que de l'abandonner, son cœur soulagé s'attendrit, il les embrasse, et la reconnaissance lui fait verser des larmes que la douleur n'a pu lui arracher.

« Tu vois, dit-il à Tafur, que mon navire brisé s'entr'ouvre et va périr, laisse-moi l'un des tiens. » Tafur lui refusa durement sa prière. « Je puis vous ramener, dit-il, mais je ne puis rien de plus. — Ainsi, lui dit Pizarre, on met de braves gens dans la nécessité de choisir entre leur déshonneur et leur perte inévitable! Va, notre choix n'est pas douteux. Laisse-nous seulement des munitions et des armes. Celui qui t'envoie aura la honte de nous avoir abandonnés. »

Au moment fatal où Tafur mit à la voile et quitta le rivage, Pizarre fut près de tomber dans le plus affreux désespoir. Il se vit presque seul, sur des mers inconnues et dans un nouvel univers, abandonné de sa patrie, faible jouet des éléments, en butte à des dangers horribles, en proie à ces peuples sauvages dont il fallait attendre ou la vie ou la mort. Son âme eut besoin de toutes ses forces pour soutenir la pesanteur du coup dont il était frappé. Ses compagnons qui l'environnaient gardaient un morne silence; et le héros, pour relever leur courage abattu, rappela tout le sien.

Il commence d'abord par les éloigner du rivage, d'où ils suivaient des yeux les voiles de Tafur, et s'enfonçant avec eux dans l'île : «Mes amis, félicitons-nous, leur dit-il, d'être délivrés de cette foule d'hommes timides qui nous auraient mal secondés; la fortune me laisse ceux que j'aurais choisis. Nous sommes peu, mais tous déterminés, mais tous unis par l'amitié, la confiance et le malheur. Ne doutez pas qu'il ne nous vienne des compagnons jaloux de notre renommée, car dès ce moment elle vole aux bords d'où nous sommes partis : les déserteurs vont l'y répandre. Oui, mes amis, quoi qu'il arrive, treize hommes qui, seuls, délaissés sur des bords inconnus, chez des peuples féroces, persistent dans la résolution et l'espérance de les dompter, sont déjà bien sûrs de leur gloire. Qui nous a rassemblés? la noble ambition de rendre nos noms immortels. Ils le sont : l'événement même est désormais indifférent. Heureux ou malheureux, il sera vrai du moins que nous aurons donné au monde un exemple encore inouï d'audace et d'intrépidité. Plaignons notre patrie d'avoir produit des lâches; mais félicitons-nous de l'éclat que leur honte va donner à notre valeur. Après tout, que hasardons-nous? la vie. Et cent fois, à vil prix, nous en avons été prodigues. Mais, avant de la perdre, il est pour nous encore des moyens de la signaler. Commençons par nous procurer un asile moins exposé aux surprises des Indiens. Ici nous manquerions de tout. L'île de la Gorgone est déserte et fertile; la vue en est terrible et

l'abord dangereux; l'Indien n'ose y pénétrer : hâtons-
nous d'y passer; c'est là le digne asile de treize hommes
abandonnés et séparés de l'univers. »

L'ile de la Gorgone est digne de son nom; elle est
l'effroi de la nature. Un ciel chargé d'épais nuages où
mugissent les vents, où les tonnerres grondent, où tombent presque sans relâche des pluies orageuses, des
grêles meurtrières, parmi les foudres et les éclairs; des
montagnes couvertes de forêts ténébreuses, dont les débris cachent la terre, et dont les branches entrelacées
ne forment qu'un épais tissu impénétrable à la clarté;
des vallons fangeux, où sans cesse roulent d'impétueux
torrents; des bords hérissés de rochers, où se brisent
en gémissant les flots émus par les tempêtes; le bruit
des vents dans les forêts, semblable aux hurlements des
loups et au glapissement des tigres; d'énormes couleuvres qui rampent sous l'herbe humide des marais, et
qui, de leurs vastes replis, embrassent la tige des arbres;
une multitude d'insectes qu'engendre un air croupissant,
et dont l'avidité ne cherche qu'une proie : telle est l'ile
de la Gorgone, et tel fut l'asile où Pizarre vint se réfu-
gier avec ses compagnons.

Ils furent tous épouvantés à l'aspect de ce noir séjour, et Pizarre en frémit lui-même; mais ils n'avaient
point à choisir. Son vaisseau n'eût pas résisté à une
course plus longue. En abordant, il déguisa donc sous
l'apparence de la joie l'horreur dont il était saisi.

Son premier soin fut de chercher une colline où la
terre ne fût jamais inondée, et qui, voisine de la mer,
permît de donner le signal aux vaisseaux. Malgré l'hu-
midité des bois dont la colline était couverte, il s'y fit
jour avec la flamme. Un vent rapide alluma l'incendie,

et le sommet fut dépouillé. Pizarre s'y établit, y éleva des cabanes environnées d'une enceinte.

« Amis, dit-il, nous voilà bien. Ici la nature est sauvage, mais féconde. Les bois y sont peuplés d'oiseaux, la mer y abonde en poissons, l'eau douce y coule des montagnes. Parmi les fruits que la nature nous présente, il en est d'assez savoureux pour nous tenir lieu de pain. L'air est humide dans les vallons; il l'est moins sur cette éminence, et des feux sans cesse allumés vont le purifier encore. Sous des toits épais de feuillages, nous serons garantis de la pluie et des vents. Quant à ces noirs orages, nous les contemplerons comme un spectacle magnifique; car les horreurs de la nature en augmentent la majesté. C'est ici qu'elle est imposante. Ce désordre a je ne sais quoi de merveilleux qui agrandit l'âme et l'affermit en l'élevant. Oui, mes amis, nous sortirons d'ici avec un sentiment plus sublime et plus fort de la nature et de nous-mêmes. Il manquait à notre courage d'avoir été mis à l'épreuve du choc de ces fiers éléments. Du reste, n'imaginez pas que leur guerre soit sans relâche : nous aurons des jours plus sereins; et pendant le silence des vents et des tempêtes, le soin de notre subsistance sera moins pour nous un travail qu'un exercice intéressant. »

Ce fut ainsi que d'un séjour affreux Pizarre fit à ses compagnons une peinture consolante. L'imagination empoisonne les biens les plus doux de la vie et adoucit les plus grands maux.

Les Castillans eurent bientôt construit un canot dans lequel, quand la mer était calme, ils se donnaient, non loin du bord, l'utile amusement d'une pêche abondante. la chasse ne l'était pas moins : car avant que les animaux d'un naturel doux et timide aient appris à connaître l'homme, ils semblent le voir en ami. Dans cette confiance, ils tombent dans ses piéges et vont au-devant de ses coups. Ce n'est qu'après avoir éprouvé mille fois sa malice, qu'épouvantés de son approche, ils s'instruisent l'un l'autre à fuir devant leur ennemi commun.

Trois mois s'écoulèrent sans que Pizarre et ses compagnons vissent paraître aucun vaisseau. Leurs yeux, tournés du côté du nord, se fatiguaient à parcourir la solitude immense d'une mer sans rivages. Tous les jours l'espérance renaissait et mourait dans leurs cœurs plus découragés. Pizarre seul les relevait, les animait à la constance. « Donnons à nos amis le temps de pourvoir à tout, disait-il. Je crains moins leur lenteur que leur impatience. Le vaisseau que j'attends serait trop tôt parti, s'il ne m'apportait que des hommes levés à la hâte et sans choix. S'il est chargé de braves gens, il mérite bien qu'on l'attende. »

Il était loin d'avoir lui-même la confiance qu'il inspirait. La rigueur du climat de l'île, son influence inévitable sur la santé de ses amis, la ruine de son vaisseau que la vague battait sans cesse et qu'elle achevait de briser, l'incertitude et la faiblesse du secours qu'il pouvait attendre, son état présent, l'avenir, pour lui plus effrayant encore, tout cela formait dans son âme un noir tourbillon de pensées, où quelques lueurs d'espérance se laissaient à peine entrevoir.

Ses amis, moins déterminés, se lassaient de souffrir. L'air humide qu'ils respiraient et dont ils étaient pénétrés, déposait dans leur sein le germe d'une langueur contagieuse; et leur courage, avec leur force, diminuait tous les jours. « Nous ne te demandons, disaient-ils à

Pizarre, qu'un climat plus doux et plus sain. Fais-nous respirer; sauve-nous de cette maligne influence; allons chercher des hommes qu'on puisse fléchir ou combattre; oppose-nous des ennemis sur qui, du moins, en expirant, nous puissions venger notre mort. »

Pizarre cède à leurs instances, et des débris de leur navire il leur fait construire une barque pour regagner le continent. Mais lorsqu'on y travaille avec le plus d'ardeur, l'un d'eux croit du haut du rivage apercevoir dans le lointain les voiles d'un vaisseau. Il pousse un cri de surprise et de joie, et tous les yeux se tournent vers le nord. Ce n'est d'abord qu'une faible apparence : on craint de se tromper; on doute si ce qu'on a pris pour une voile n'est pas un nuage léger; on observe longtemps encore, et peu à peu l'espérance, en croissant, affaiblit la crainte, comme la lumière naissante pénètre l'ombre et la dissipe au crépuscule du matin. Toute incertitude enfin cesse; on distingue la voile, on reconnaît le pavillon; et ce rivage, qui n'avait jusqu'alors répété que des plaintes et des gémissements, retentit de cris d'allégresse. Mais le vaisseau, en abordant, étouffe bientôt ces transports. Les matelots qui la conduisent sont l'unique secours qu'on envoie à Pizarre; et ce qui l'afflige encore plus, lui-même on le rappelle, on l'oblige à partir. Il en est outré de douleur. « Eh quoi! dit-il, on nous envie jusqu'au triste honneur de mourir sur ces bords! » Et puis rappelant son courage : « Nous y reviendrons, reprit-il; et je ne veux m'en éloigner qu'après avoir marqué moi-même le rivage où nous descendrons. » Avant de quitter la Gorgone, il voulut y laisser un monument de sa gloire. écrivit sur un rocher au bas duquel les flots se brisent : *Ici treize hommes* (et ils étaient nommés), *abandonnés de*

*la nature entière, ont éprouvé qu'il n'est point de maux
que le courage ne surmonte. Que celui qui veut tout oser
apprenne donc à tout souffrir.*

Alors montant sur le navire qu'on leur amenait, ils
s'avancent jusqu'au rivage de Tumbès.

Là, tout ce qui s'offre à leurs yeux annonce un peuple
industrieux et riche. Pizarre fait dire à ce peuple qu'il
recherche son amitié, et bientôt il le voit s'assembler en
foule sur le port. Il voit son navire entouré de radeaux
chargés de présents : ce sont des grains, des fruits et
des breuvages dont les vases d'or sont remplis. Sensible
à la bonté, à la magnificence de ce peuple doux et paisible, Pizarre s'applaudit d'avoir enfin trouvé des hommes ; mais ses compagnons s'applaudissent d'avoir trouvé
de l'or.

Les Indiens, sans défiance comme sans artifice, sollicitaient les Castillans à descendre sur le rivage. Pizarre le
permit, mais seulement à deux des siens, à Candie et à
Molina. A peine sont-ils descendus, qu'une foule empressée les environne. Le cacique lui-même les conduit
dans sa ville, les introduit dans son palais, et leur fait
parcourir les demeures tranquilles de ses Indiens fortunés. Ces hommes simples les reçoivent comme des
amis tendres reçoivent des amis ; et avec l'ingénuité, la
sécurité de l'enfance, ils leur étalent ces richesses qu'ils
auraient dû ensevelir.

« Quoi de plus touchant, disait Molina, que l'innocence
de ce peuple ! — Il est vrai qu'il est simple et facile à
civiliser, disait Candie. » Et cependant, le crayon à la
main, au milieu des sauvages, il levait le plan de la ville
et des murs qui l'environnaient. Les Indiens, enchantés
de l'art ingénieux avec lequel sa main traçait comme

l'ombre de leurs murailles, ne se lassaient pas d'admirer ce prodige nouveau pour eux. Ils étaient loin de soupçonner que ce fût une perfidie. « Que faites-vous, lui demande Alonzo? — J'examine, répond Candie, par où l'on peut les attaquer. — Les attaquer! quoi! dans le moment même qu'ils vous comblent de biens, qu'ils se livrent à vous sans crainte et sur la foi de l'hospitalité, vous méditez le noir projet de les surprendre dans leurs murs! Êtes-vous assez lâche!... — Et vous, reprit Candie, êtes-vous assez insensé pour croire qu'on passe les mers et qu'on vienne d'un monde à l'autre pour s'attendrir comme des enfants sur un peuple de sauvages? On ferait de belles conquêtes avec vos timides vertus. — Peut-être, dit Alonzo. Mais est-ce bien Pizarre qui fait lever le plan de ces murs? — C'est lui-même. — J'en doute encore. — Vous m'insultez. — Je l'estime trop pour vous croire. » Et à ces mots l'impétueux jeune homme arrache des mains de Candie le dessin qu'il avait tracé.

Tout à coup, se lançant l'un à l'autre un regard de colère, ils écartent la foule; et l'épée étincelle comme un éclair dans leurs vaillantes mains. Les sauvages, persuadés que ce combat n'était qu'un jeu, applaudissaient d'abord, avec les regards de la joie et les signes naïfs de l'admiration, à l'adresse dont l'un et l'autre paraient les coups les plus rapides. Mais lorsqu'ils virent le sang couler, ils jetèrent des cris perçants de douleurs et d'effroi; et leur roi, se précipitant lui-même entre les deux épées, s'écrie : « Arrête! arrête! c'est mon hôte, c'est mon ami, c'est le sang de ton frère que tu fais couler! » On s'empresse, on les retient, on les désarme, on les mène sur le vaisesau.

Pizarre, instruit de leur querelle, les reprit tous les deux, mais quelque égalité qu'il affectât dans ses reproches, Alonzo crut s'apercevoir que Candie était approuvé. Un noir chagrin s'empara de son âme. Il se rappela les conseils du vertueux Barthélemi; il se retraça le supplice du vieillard indien qu'on avait fait brûler, la guerre injuste et meurtrière qu'on avait livrée à ces peuples, l'avidité impatiente de ses compagnons à la vue de l'or. Enfin l'exemple du passé ne lui fit voir dans l'avenir que le meurtre et que le ravage; et dès lors il se repentit de s'être engagé si avant.

Comme il était chéri des Indiens, c'était lui que Pizarre chargeait le plus souvent d'aller pourvoir aux besoins du navire. Un jour qu'il était descendu, il fut accueilli par ce peuple avec une amitié si naïve et si tendre, qu'il ne put retenir ses pleurs. « Dans quelques mois peut-être, disait-il en lui-même, les fertiles bords de ce fleuve, ces champs couverts de moissons, ces vallons peuplés de troupeaux, seront tous ravagés; les mains qui les cultivent seront chargées de chaînes; et ce peuple, réduit au plus dur esclavage, périra misérablement dans les travaux des mines d'or. Peuple innocent et malheureux! non, je ne puis t'abandonner; je me sens attaché à toi comme par un charme invincible. Je ne trahis point ma patrie en me déclarant l'ennemi des hommes qui la déshonorent, et en cherchant moi-même à lui gagner des cœurs. » Telle fut sa résolution; et il écrivit à Pizarre : « J'aime les Indiens; je reste parmi eux parce qu'ils sont bons et justes. Adieu. Vous trouverez en moi un médiateur, un ami, si vous respectez avec eux les droits de la nature; un ennemi, si, par la force, le brigandage et la rapine, vous violez ces droits sacrés. »

Pizarre, affligé de la perte d'Alonzo, le fit presser de revenir. On le trouva au milieu des sauvages, qui lui prodiguaient les témoignages de leur affection. « Racontez à Pizarre ce que vous avez vu, dit-il à ceux qui venaient le chercher; et que mon exemple lui apprenne que le plus sûr moyen de captiver ces peuples, c'est d'être juste et bienfaisant. »

L'un des regrets de Pizarre en quittant ces bords fut d'y laisser ce vaillant jeune homme. Mais celui-ci n'avait jamais été plus heureux. Se voyant au milieu d'un peuple naturellement simple et doux, il jouissait des douceurs de la paix qui régnait parmi ces bons Indiens. Il admirait leur innocence et leur simplicité naïve, et prenait plaisir à les entendre célébrer la vertu des Incas, enfants du soleil. Alonzo, à son tour, leur donnait une idée de nos mœurs et de nos usages, des progrès de nos connaissances et des prodiges de nos arts. Ce merveilleux les étonnait. Le cacique lui demanda ce qui l'avait engagé à se séparer de ses amis, et à demeurer sur ces bords. « Ceux avec qui je suis venu, lui répondit Alonzo, m'ont dit : Allons faire du bien aux habitants du nouveau monde; aussitôt je les ai suivis. J'ai vu qu'ils ne pensaient qu'à vous opprimer pour s'enrichir, et je les ai abandonnés. » Il lui raconta le sujet de sa querelle avec Candie. L'Indien en fut pénétré de reconnaissance pour lui. Il le regardait avec une admiration douce et tendre; et il disait tout bas : « Il en est digne, il en est plus digne que moi. » L'heure du sommeil approchait; le cacique prit congé d'Alonzo; mais en s'en allant, il retournait vers lui les yeux, et levait les mains vers le ciel.

Le lendemain il vient le trouver dès l'aurore « Éveille-

toi, roi de Tumbès, lui dit-il en lui présentant son diadème et ses armes, éveille-toi; reçois de ma main la couronne. J'y ai bien pensé, je te la dois. J'ai ton courage
et ta bonté, mais je n'ai pas tes lumières. Prends ma
place, règne sur nous; je serai ton premier sujet. L'Inca
l'approuvera lui-même. » Alonzo, confondu de voir dans
un sauvage cet exemple inouï de modestie et de magnanimité, sentit, ce que l'orgueil ignore, que la véritable
grandeur et la simplicité se touchent, et qu'il est rare
qu'un cœur droit ne soit pas un cœur élevé. Il rendit
grâce au cacique, et lui dit :

« Tu es juste et bon : tu dois être aimé de ton peuple.
Laissons-lui son roi. D'autres soins doivent occuper ton
ami. »

Alonzo avait appris du cacique qu'au delà des montagnes, deux Incas, deux fils du soleil, se partageaient
un vaste empire; et dès lors il avait formé la résolution
de se rendre à leur cour. « L'Inca, roi de Cusco, lui disait le cacique, est superbe, inflexible; il se fait redouter.
Celui de Quito, bien plus doux, se fait adorer de ses peuples. Je suis du nombre des caciques que son père a mis
sous ses lois. » Alonzo, pour se rendre à la cour de Quito,
demanda deux fidèles guides. Le cacique aurait bien
voulu le retenir encore. « Quoi! sitôt tu veux nous quitter! lui disait-il. Et dans quel lieu seras-tu plus aimé,
plus vénéré que parmi nous? — Je vais pourvoir à ton
salut, lui répondit Alonzo, et engager l'Inca à prendre
avec moi ta défense; car vos ennemis vont dans peu revenir sur ces bords. Mais ne t'alarme point; je viendra
moi-même, à la tête des Indiens, te secourir. » Ce zèle
attendrit le cacique, et les larmes de l'amitié accompagnèrent ses adieux. Lui-même il choisit les deux guides

que son ami lui demandait ; et avec eux Alonzo, traver-
sant les vallées, suivit la rive du Dolé, qui prend sa source
vers le nord.

Après une marche pénible, ils approchaient de l'équateur, et allaient franchir un torrent qui se jette dans
l'Émeraude, lorsqu'Alonzo vit ses deux guides, interdits
et troublés, se parler l'un à l'autre avec des mouvements
d'effroi. Il leur en demanda la cause. « Regarde, lui dit
l'un d'eux, au sommet de la montagne. Vois-tu ce point
noir dans le ciel? Il va grossir et former un affreux
orage. » En effet, peu d'instants après ce point nébuleux
s'étendit, et le sommet de la montagne fut couvert d'un
nuage sombre.

Les sauvages se hâtent de passer le torrent. L'un d'eux
le traverse à la nage, et attache au bord opposé un long
tissu de liane, auquel Alonzo, suspendu dans une cor-
beille d'osier, passe rapidement ; l'autre Indien le suit,
et, dans le même instant, un murmure profond donne
le signal de la guerre que les vents vont se déclarer.
Tout à coup leur fureur s'annonce par d'effroyables sif-
flements. Une épaisse nuit enveloppe le ciel, et le confond avec la terre ; la foudre, en déchirant ce voile ténébreux, en redouble encore la noirceur ; cent tonnerres
qui roulent et semblent rebondir sur une chaîne de montagnes, en se succédant l'un à l'autre, ne forment qu'un
mugissement qui s'abaisse, et qui se renfle comme celui
des vagues. Aux secousses que la montagne reçoit du
tonnerre et des vents, elle s'ébranle, elle s'entr'ouvre ;
et de ses flancs, avec un bruit horrible, tombent de rapides torrents. Les animaux épouvantés s'élançaient des
bois dans la plaine ; et, à la clarté de la foudre, les trois
voyageurs pâlissants voyaient passer à côté d'eux le lion,

le tigre, lynx, le léopard, aussi tremblants qu'eux-mêmes. Dans ce péril universel de la nature il n'y a plus de férocité, et la crainte a tout adouci.

L'un des guides d'Alonzo avait, dans sa frayeur, gagné la cime d'une roche. Un torrent, qui se précipite en bondissant, la déracine et l'entraîne; et le sauvage qui l'embrasse roule avec elle dans les flots. L'autre Indien croyait avoir trouvé son salut dans le creux d'un arbre; mais une colonne de feu, dont le sommet touche à la nue, descend sur l'arbre et le consume avec le malheureux qui s'y était réfugié.

Cependant Molina s'épuisait à lutter contre la violence des eaux : il gravissait dans les ténèbres, saisissant tour à tour les branches, les racines d'arbres qu'il rencontrait, sans songer à ses guides, sans autre sentiment que le soin de sa propre vie; car il est des moments d'effroi où toute compassion cesse, où l'homme, absorbé en lui-même, n'est plus sensible que pour lui.

Enfin il arrive en rampant au bas d'une roche escarpée; et, à la lueur des éclairs, il voit une caverne dont la profonde et ténébreuse horreur l'aurait glacé dans tout autre moment. Meurtri, épuisé de fatigue, il se jette au fond de cet antre; et là, rendant grâces au ciel, il tombe dans l'accablement.

L'orage enfin s'apaise; les tonnerres, les vents cessent d'ébranler la montagne; les eaux des torrents, moins rapides, ne mugissent plus à l'entour, et Molina sent couler dans ses veines le baume du sommeil. Mais un bruit plus terrible que celui des tempêtes le frappe au moment même qu'il allait s'endormir.

Ce bruit, pareil au broiement des cailloux, est celui d'une multitude de serpents dont la caverne est le re-

MARCKL
BUDZILOWICZ

fuge. La voûte en est revêtue; et, entrelacés l'un à l'autre, ils forment, dans leurs mouvements, ce bruit qu'Alonzo reconnaît. Il sait que le venin de ces serpents est le plus subtil des poisons, qu'il allume soudain, et dans toutes les veines, un feu qui dévore et consume, au milieu des douleurs les plus intolérables, le malheureux qui en est atteint. Il les entend; il croit les voir rampant autour de lui, ou pendus sur sa tête, ou roulés sur eux-mêmes et prêts à s'élancer sur lui. Son courage épuisé succombe; son sang se glace de frayeur; à peine il ose respirer. S'il veut se traîner hors de l'antre, sous ses mains, sous ses pas, il tremble de presser un de ces dangereux reptiles. Transi, frissonnant, immobile, environné de mille morts, il passe la plus longue nuit dans une pénible agonie, désirant, frémissant de revoir la lumière, se reprochant la crainte qui le tient enchaîné, et faisant sur lui-même d'inutiles efforts pour surmonter cette faiblesse.

Le jour qui vint l'éclairer justifia sa frayeur. Il vit réellement tout le danger qu'il avait pressenti; il le vit plus horrible encore. Il fallait mourir ou s'échapper. Il ramasse péniblement le peu de forces qui lui restent; il se soulève avec lenteur, se courbe, et les mains appuyées sur ses genoux tremblants, il sort de la caverne aussi défait, aussi pâle qu'un spectre qui sortirait de son tombeau. Le même orage qui l'avait jeté dans le péril l'en préserva; car les serpents en avaient eu autant de frayeur que lui-même; et c'est l'instinct de tous les animaux, dès que le péril les occupe, de cesser d'être malfaisants.

Un jour serein consolait la nature des ravages de la nuit. La terre, échappée comme d'un naufrage, en of-

frait partout les débris. Des forêts, qui la veille s'élançaient jusqu'aux nues, étaient courbées vers la terre;
d'autres semblaient se hérisser encore d'horreur. Des
collines, qu'Alonzo avait vues s'arrondir sous leur ver-
doyante parure, entr'ouvertes en précipices, lui mon-
traient leurs flancs déchirés. De vieux arbres déracinés,
précipités du haut des monts, le pin, le palmier, le gaïac,
le caobo, le cèdre, étendus, épars dans la plaine, la couvraient de leurs troncs brisés et de leurs branches fracassées. Des dents de rocher, détachées, marquaient la
trace des torrents; leur lit profond était bordé d'un nombre effrayant d'animaux, doux, cruels, timides, féroces,
qui avaient été submergés et revomis par les eaux.

Cependant ces eaux écoulées laissaient les bois et les
campagnes se ranimer aux feux du jour naissant. Le ciel
semblait sourire à la terre, comme gage de la paix qu'il
avait faite avec elle. Tout ce qui respirait encore recom-
mençait à jouir de la vie; les oiseaux, les bêtes sauvages avaient oublié leur effroi; car le prompt oubli des
maux est un don que la nature leur a fait, et qu'elle a
refusé à l'homme.

Le cœur d'Alonzo, quoique flétri par la crainte et par
la douleur, sentit un mouvement de joie. Mais, en cessant
de craindre pour lui-même, il trembla pour ses compagnons. Sa voix, à grands cris, les appelle; ses yeux les
cherchent vainement; il ne les revoit plus, et les échos
seuls lui répondent. « Hélas! s'écria-t-il, mes guides,
mes amis, c'en est donc fait! ils ont péri sans doute. Et
moi, que vais-je devenir? » Le jeune homme, à ces mots,
se croyant poursuivi par un malheur inévitable, retomba
dans l'abattement. Pour comble de calamité, il ne re-
trouva plus le peu de vivres qu'ils avaient pris, et dont

il sentait le besoin par l'épuisement de ses forces. La nature y pourvut ; les mangles, les bananes, l'oca furent ses aliments.

Aussi loin que sa vue pouvait s'étendre, il cherchait des lieux habités ; il n'en voyait aucun indice ; son courage était épuisé. Enfin il découvre un sentier pratiqué entre deux montagnes. Heureux de voir des traces d'hommes, l'espérance et la joie se raniment en lui ; l'obscurité de cette route où des rochers, suspendus sur sa tête, laissent à peine un étroit passage à la lumière, ne lui inspire aucune horreur. L'instinct, qui semblait l'attirer vers un lieu où il espérait trouver ses semblables, précipitait ses pas et le rendait insensible à la fatigue et au danger. Il sort enfin de ce sentier profond, et il découvre une campagne semée çà et là de cabanes et de troupeaux. Il respire ; et, tendant les mains au ciel, il lui rend grâces.

A peine a-t-il paru, que des sauvages l'environnent avec des cris et des transports qu'il prend pour des signes de joie. Il s'approche et leur tend les bras. Il ne voit pas sur leurs visages la simple et naïve douceur des peuples de Tumbès ; leur sourire même est cruel ; leur regard lui paraît moins curieux qu'avide ; et leur accueil, tout caressant qu'il est, a je ne sais quoi d'effrayant. Cependant Alonzo s'y livre. « Indiens, leur dit-il, je suis un étranger, mais un étranger qui vous aime. Ayez pitié de l'abandon où je me vois réduit. » Comme il disait ces mots, il se voit chargé de liens ; les cris d'allégresse redoublent, et il est conduit au hameau. Le femmes sortent des cabanes, tenant par la main leurs enfants. Elles entourent le poteau où Molina est attaché, et on le laisse au milieu d'elles.

Il vit bien qu'il était tombé chez un peuple d'anthropophages. En lui liant les mains, on l'avait dépouillé,
triste présage de son sort ! Il entendait les sauvages répandus dans le hameau s'inviter l'un l'autre à la fête; et
les chansons des femmes qui se réjouissaient et qui dan-
saient autour de lui ne lui déguisaient pas ce qui allait
se passer. « Enfants, disaient-elles, chantez : vos pères
sont tombés sur une bonne proie. Chantez, vous serez
du festin. »

Tandis qu'elles s'applaudissaient, le malheureux
Alonzo, pâle, tremblant, les regardait comme le cerf aux
abois regarde la meute affamée. La nature fit un effort
sur elle-même; il rassembla le peu de forces que lui
laissait la frayeur dont il était saisi, et s'adressant à ces
femmes sauvages : « Lorsque vos enfants, leur dit-il,
sont suspendus à votre sein, et que leur père les caresse
et vous sourit avec amour; combien ne serait pas cruel
celui qui viendrait dans vos bras déchirer le fils et le père
comme vous m'allez déchirer ! La nature vous a donné
des ennemis dans les bêtes sauvages ; vous pouvez leur
livrer la guerre et vous abreuver de leur sang. Mais moi,
je suis un homme innocent et paisible qui ne vous ai fait
aucun mal. Une femme semblable à vous m'a porté dans
ses flancs et m'a nourri de son lait. Si elle était ici, vous
la verriez tremblante, vous conjurer par vos entrailles
d'épargner son malheureux fils. Résisteriez-vous à ses
pleurs, et laisseriez-vous égorger un fils dans les bras de
sa mère? La vie est pour moi peu de chose; mais ce qui
me touche bien plus, c'est le péril qui vous menace et le
soin de votre défense contre une puissance terrible qui
va venir vous attaquer. Je le savais ; j'allais implorer
pour vous à Quito le secours des Incas. Pour vous je me

suis exposé, dans ce pénible et long voyage, au danger d'être pris, d'être déchiré par vos mains. Femmes indiennes, croyez que je suis votre ami, celui de vos enfants, celui même de vos époux. Voulez-vous dévorer la chair de votre ami, boire le sang de votre frère? »

Ces femmes étonnées le contemplaient en l'écoutant et par degrés leur cœur farouche était ému et s'amollissait à sa voix.

Dans ce moment, les Indiens se rassemblent en plus grand nombre. Armés de ces pierres tranchantes qu'ils savent aiguiser, ils se jetaient sur la victime, impatients de lui ouvrir les veines, et d'en voir ruisseler le sang. Plus tremblantes qu'Alonzo même, les femmes l'environnent avec des cris perçants ; et tendant les mains aux sauvages : « Arrêtez, épargnez ce malheureux jeune homme ! C'est votre ami, c'est votre frère ; il vous aime, il veut vous défendre d'un ennemi cruel qui vient vous attaquer. Il allait implorer pour vous le secours du roi des montagnes. Laissez-le vivre ; il ne vit que pour nous. » Ces cris, cet étrange langage étonnèrent les Indiens. Mais leur instinct féroce les pressait. Ils dévoraient des yeux Alonzo, et tâchaient de se dégager des bras de leurs compagnes pour se jeter sur lui. « Non, tigres, non, s'écrièrent-elles, vous ne boirez pas son sang, ou vous boirez aussi le nôtre. » Ces hommes farouches s'arrêtent ; ils se regardent entre eux, immobiles d'étonnement. » Dans quel délire, disaient-ils, ce captif a plongé nos femmes ! Êtes-vous insensées ? et ne voyez-vous pas que pour s'échapper il vous flatte ? Éloignez-vous, et nous laissez dévorer en paix notre proie. — Si vous y touchez, dirent-elles, nous jurons toutes, par le cœur du lion dont vous êtes nés, de massacrer vos en-

fants, de les déchirer à vos yeux, et de les dévorer
nous-mêmes. » A ces mots, les plus furieuses saisissant
leurs enfants par les cheveux, et d'une main les tenant
suspendus aux yeux de leur maris, grinçaient les dents
et rugissaient. Ils en furent épouvantés. « Qu'il vive,
dirent-ils, puisque vous le voulez ! » et ils dégagèrent
Alonzo.

« Nous voyons bien, lui dirent-ils, que tu possèdes
l'art des enchantements; mais du moins apprends-nous
quel ennemi nous menace. — Un peuple cruel et terrible, leur répondit Alonzo. — Et tu allais, disent nos
femmes, demander au roi des montagnes de venir à notre secours? — Oui, c'est dans ce dessein que je suis
parti de Tumbès ; mais j'ai perdu mes guides. — Nous
t'en donnerons un qui te mènera jusqu'au fleuve, au
bord duquel est un chemin qui remonte jusqu'à sa
source. Mais assiste à notre festin. »

A ce festin, où des béliers sanglants étaient déchirés,
dévorés, comme lui-même il devait l'être, Alonzo fris-
sonnait d'horreur. Il eut cependant le courage de demander au cacique s'il ne sentait pas la nature se soulever, lorsqu'il mangeait la chair ou qu'il buvait le sang
des hommes. « Par le lion ! dit le sauvage, un inconnu,
pour moi, n'est qu'un animal dangereux. Pour m'en
délivrer, je le tue ; quand je l'ai tué, je le mange. Il
n'y a rien là que de juste, et je ne fais tort qu'aux vau-
tours. »

Après le festin, le cacique invitait Alonzo à passer la
nuit dans sa cabane, lorque les femmes vinrent en foule,
et lui dirent : « Va-t'en. Ils sont assouvis ; ils s'endor-
ment. N'attends pas qu'ils s'éveillent et que la faim les
presse. Nous les connaissons. Fuis ; tu serais dévoré. »

Cet avis salutaire pressa le départ d'Alonzo. Il se mit en chemin avec son nouveau guide.

En arrivant au bord de l'Émeraude, il fut surpris de voir à l'autre rive un peuple nombreux s'embarquer avec ses femmes et ses enfants sur une flotte de canots. Il ordonne à son guide de passer à la nage et de demander à ce peuple s'il descend vers Atacamès, ou s'il remonte l'Émeraude, et s'il veut recevoir sur l'un de ses canots un étranger, ami des Indiens.

Le chef de cette colonie lui fit répondre qu'il remontait le fleuve; qu'il ne refusait point un homme qui s'annonçait en ami, et qu'il lui envoyait un canot pour venir lui parler lui-même.

Le jeune homme, après les périls auxquels il venait d'échapper, ne voyait plus rien à craindre. Il prend congé de son guide, entre sans méfiance dans le canot, et passe à l'autre bord.

« Tu es Espagnol, et tu t'annonces comme l'ami des Indiens! lui dit, en le voyant, le chef de cette troupe de sauvages. — Je suis Espagnol, lui répondit Alonzo, et je donnerais tout mon sang pour le salut des Indiens. C'est leur intérêt qui m'engage... » Comme il disait ces mots, ses yeux furent frappés d'une figure que les Indiens portaient à côté du cacique. A cette vue, Alonzo se trouble; la surprise, la joie et l'attendrissement suspendent son récit, et lui coupent la voix. Dans cette image il entrevoit les traits, il reconnaît du moins le vêtement et l'attitude de Las-Casas. « Ah! dit-il d'une voix tremblante, est-ce Las-Casas? est-ce lui qu'on révère ici comme un père? » Et il embrasse la statue. C'est lui-même, dit le cacique. Est-il connu de toi? — S'il est connu de moi! lui, dont les soins, l'exemple et les leçons ont formé ma jeunesse! Ah! vous êtes tous mes amis, puisque ses vertus vous sont chères, et que vous en gardez le souvenir. » A ces mots, il se jette dans les bras du cacique. « D'où venez-vous? ajouta-t-il; où l'avez-vous laissé? et quel prodige nous rassemble? » Deux frères, qu'une amitié sainte aurait unis dès le berceau, n'auraient pas éprouvé des mouvements plus doux en se réunissant après une cruelle absence.

« Peuple, dit Capana, c'est l'ami de Las-Casas que je rencontre sur ces bords. » Aussitôt le peuple s'empresse à témoigner au Castillan le plaisir de le posséder. « Tu es l'ami de Las-Casas! viens, que nous te servions, » lui disent les femmes indiennes; et d'un air simple elles l'invitent à se reposer. Alonzo attendrit le cacique en lui faisant l'éloge de Las-Casas; et le cacique lui raconta le voyage de l'homme juste dans le vallon qui leur servait d'asile. « Hélas! ajouta le sauvage, le croiras-tu? cet Espagnol que nous avions sauvé à la prière de Las-Casas, c'est lui qui nous a perdus. — Lui? — Lui-même. — Le malheureux vous a trahis! — Oh non! ce jeune homme était bon; mais son père était un perfide. Il l'a fait épier, comme il revenait parmi nous; et notre asile découvert, il a fallu l'abandonner. Las d'être poursuivis, nous cherchons un refuge dans le royaume des Incas. C'est à Quito que nous allons; et, pour éviter les montagnes, nous avons pris ce long détour. — C'est aussi à Quito que j'ai dessein d'aller, dit Molina. » Et il lui apprit comment, ayant quitté Pizarre, touché des maux qui menaçaient les peuples de ces bords, il avait résolu d'aller trouver Ataliba pour l'appeler à leur secours. « Ah! lui dit le cacique, je reconnais en toi le digne ami de l'homme juste; il me semble

voir dans tes yeux une étincelle de son âme. Sois notre
guide; présente-nous à l'Inca comme tes amis, et ré-
ponds-lui de notre zèle. »

La colonie s'embarque, on remonte le fleuve; et lorsque, affaibli vers sa source, il ne porte plus les canots,
on suit le sentier qui pénètre à travers l'épaisseur des

bois. Les racines, les fruits sauvages, les oiseaux blessés
dans leur vol par les flèches des Indiens, les chevreuils
et les daims timides, atteints de même dans leurs courses, ou pris dans les liens tendus et cachés sous leurs
pas, servent de nourriture à ce peuple nombreux.

Après avoir franchi cent fois les torrents et les précipices, on voit les forêts s'éclaircir, et la stérilité suc-

cède à l'excès importun de la fécondité. Au lieu de ces bois si touffus, où la terre, trop vigoureuse, prodigue et perd les fruits d'une folle abondance, l'œil ne découvre plus au loin que des sables arides et que des rochers calcinés. Les Indiens en sont épouvantés, Alonzo en frémit lui-même. Mais à peine ils sont arrivés sur la croupe de la montagne, il semble qu'un rideau se lève, et ils découvrent le vallon de Quito, les délices de la nature. Jamais ce vallon ne connut l'alternative des saisons; jamais l'hiver n'a dépouillé ses riants coteaux, jamais l'été n'a brûlé ses campagnes. Le laboureur y choisit le temps de la culture et de la moisson. Un sillon y sépare le printemps de l'automne. La naissance et la maturité s'y touchent; l'arbre, sur le même rameau, réunit les fleurs et les fruits.

Les Indiens, Molina à leur tête, marchent vers les murs de Quito, l'arc pendu au carquois, et tenant par la main leurs enfants et leurs femmes, signes naturels de la paix. Ce fut aux portes de la ville un spectacle nouveau que de voir tout un peuple demander l'hospitalité. L'Inca, dès qu'il lui est annoncé, ordonne qu'on l'introduise et qu'on l'amène devant lui. Il sort lui-même, avec la dignité d'un roi, de l'intérieur de son palais, suivi d'une nombreuse cour, s'avance jusqu'au vestibule, et y reçoit ces étrangers. Le jeune Espagnol, qui marchait à côté du cacique, saluait le monarque et allait lui parler; mais il fut prévenu par les frémissements et par les cris des Mexicains. « Ciel! dirent-ils, un de nos oppresseurs! Oui, poursuivit Orozimbo, je reconnais les traits, les vêtements de ces barbares. Inca, cet homme est Castillan. Laisse-moi venger ma patrie. » En disant ces mots, il avait l'arc tendu et allait percer Molina. L'Inca mit la main sur la flèche. « Cacique, lui dit-il, modérez cet emportement. Innocent ou coupable, tout homme suppliant mérite au moins d'être entendu. Parle, dit-il à Molina; dis-nous qui tu es, d'où tu viens, ce qui t'amène, ce que tu veux de moi. Garde surtout d'en imposer; et si tu es Castillan, ne sois point étonné de l'horreur que ta vue inspire à la famille de Montezume.

— Oui, dit Alonzo, je suis Castillan; je suis du même pays que ceux qui ont porté la flamme et le fer sur ce malheureux continent; mais je déteste leurs fureurs. Je viens d'abandonner leur flotte. Je suis l'ami des Indiens. J'ai traversé des déserts pour venir jusqu'à toi, et pour t'avertir des malheurs dont ta patrie est menacée. Inca, si, comme on nous l'assure, la justice règne avec toi, si l'humanité bienfaisante est l'âme de tes lois et la vertu de ton empire, je t'offre le cœur d'un ami, le bras d'un guerrier, les conseils d'un homme instruit des dangers que tu cours. Quant au peuple que je t'amène, je ne connais de lui que sa vénération pour un Castillan, mon ami et le plus vertueux des hommes. Je l'ai trouvé portant l'image de ce respectable mortel. La voilà : je l'ai reconnue; et dès lors j'ai été l'ami d'un peuple vertueux lui-même, puisqu'il honore la vertu. C'est par ses secours généreux que je suis venu jusqu'à toi. Je te réponds qu'il est sensible, intéressant, digne de l'appui qu'il implore, il fuit son pays qu'on ravage, et voilà son cacique, homme généreux, simple et juste, dont tu te feras un ami si tu sens le prix d'un grand cœur. »

La franchise et la grandeur d'âme ont un caractère si fier et si imposant par lui-même qu'en se montrant elles écartent la défiance et les soupçons. Dès que Molina eut parlé, Ataliba lui tendit la main. « Viens, lui dit-il, le guerrier et l'ami, le courage de l'un, les conseils de l'autre, tout sera bien reçu de moi. Ton estime pour ce cacique et pour son peuple me répond de leur foi; et je n'en veux point d'autre gage. »

Il ordonna qu'on eût soin de pourvoir à tous les besoins de ses nouveaux sujets. Un hameau s'éleva pour eux dans une fertile vallée; et Molina et le cacique reçus, logés dans le palais des enfants du soleil, partagèrent la confiance et la faveur du monarque avec les héros mexicains.

CHAPITRE VI

Pizarre, de retour sur l'isthme, n'y avait trouvé que
des cœurs glacés et rebutés par ses malheurs. Il vit bien
que, pour imposer silence à l'envie, et pour inspirer son
courage à des esprits intimidés, sa voix seule serait trop
faible, il prit la résolution de se rendre lui-même à la
cour d'Espagne, où il serait mieux écouté.

Ce long voyage donna le temps à un rival ambitieux de
tenter la même entreprise.

Ce fut Alvarado, l'un des compagnons de Cortès, et
celui de ses lieutenants qui s'était le plus signalé dans la
conquête du Mexique.

La province de Guatimala était le prix de ses exploits ;
il la gouvernait, ou plutôt il y dominait en monarque.
Mais toujours plus insatiable de richesses et de gloire, il
regardait d'un œil avide les régions du midi.

Dans son partage étaient tombés Amazili et Télasco, la

sœur et l'ami d'Orozimbo : époux heureux, dans leur malheur, de vivre et de pleurer ensemble, de partager la même chaîne et de s'aider à la porter. Il les tenait captifs; et il avait appris par un Indien qu'Orozimbo et les neveux de Montezume, échappés au fer des vainqueurs, allaient chercher une retraite chez ces monarques du Midi dont on lui vantait les richesses. Il en conçut une espérance qui alluma son ambition.

Il avait près de lui un Castillan appelé Gomès, homme actif, ardent, intrépide : aussi prudent qu'audacieux. « J'ai formé, lui dit-il, un grand dessein : c'est à *toi que* je le confie. Nous n'avons encore travaillé l'un et l'autre que pour la gloire de Cortès : nos noms se perdent dans l'éclat du sien. Il s'agit pour nous d'égaler l'honneur de sa conquête et peut-être de l'effacer. Au midi de ce nouveau monde est un empire plus étendu, plus opulent que celui du Mexique; c'est le royaume des Incas. Les neveux de Montezume ont espéré y trouver un asile; c'est par eux que je veux gagner la confiance du monarque dont ils vont implorer l'appui. Le jeune et vaillant Orozimbo est à leur tête; sa sœur, et l'époux de sa sœur sont au nombre de mes esclaves : rien de plus vif et de plus tendre que leur mutuel attachement; et celui qui leur promettra la liberté en obtiendra tout aisément. Un vaisseau t'attend au rivage avec cent Castillans des plus déterminés. Emmène avec toi mes captifs Amazili et Télasco; emploie avec eux la douceur, les ménagements, les caresses; aborde aux côtes du Midi; envoie à la cour des Incas donner avis à Orozimbo que la liberté de sa sœur et de son ami dépend de toi et de lui-même; qu'ils l'attendent sur ton navire, et que la faveur des Incas, l'accès de leur pays, l'heureuse intelligence qu'il peut éta-

blir entre nous, sont le prix que je lui demande pour la
rançon des deux esclaves que tu es chargé de lui rendre.
Tu sens bien de quelle importance est l'art de ménager
cette négociation, et avec quel soin les otages doivent
être gardés jusqu'à l'événement. Je m'en repose sur ta
prudence, et dès demain tu peux partir. »

Il fit venir les deux époux. « Allez retrouver Orozimbo,
leur dit-il ; je vous rends à lui. Votre rançon est dans ses
mains. »

La surprise d'Amazili et de Télasco fut extrême : elle
tint leur âme un moment suspendue entre la joie que
leur causait cette étrange révolution et la frayeur que ce
ne fût un piége. Ils tremblaient, ils se regardaient, ils
levaient les yeux sur leur maître, cherchant à lire dans
les siens. Amazili lui dit : « Souverain de nos destinées,
que tu es cruel, si tu nous trompes! Mais que ton cœur
est généreux si c'est lui qui nous a parlé! — Je ne vous
trompe point, reprit le Castillan. Il n'appartient qu'à des
lâches d'insulter à la faiblesse et de se jouer du malheur ;
je sais respecter l'un et l'autre. Je plains le sort de cet
empire, et je vous plains encore plus, vous de qui la fortune passée rend la chute plus accablante. Osez donc
croire à mes promesses, que vous allez voir s'accomplir.
— Ah! lui dit Télasco, je t'ai vu porter la flamme dans le
palais de mes pères; j'ai vu tes mains rougies du sang
de mes amis; enfin tu m'as chargé de chaînes, et c'est
le comble de l'opprobre : mais quelques maux que tu
m'aies faits, ils seront oubliés ; je te pardonne tout ; et,
ce qu'on ne croira jamais, je te chéris et te révère. Vois
à quel point tu m'attendris. Moi, qui jamais ne t'ai demandé que la mort, je tombe à tes pieds, je les baise, je
les arrose de mes pleurs. »

Alvarado l'embrassa avec une apparence de sensibilité. « Si vous êtes reconnaissants de mes bienfaits, leur dit-il, le seul prix que j'ose en attendre, c'est que vous m'en soyez témoins auprès du vaillant Orozimbo. Dites-lui que, si je sais vaincre, je sais aussi mériter la victoire, et ménager mes ennemis quand la paix les a désarmés. » Alors les deux captifs emmenés au rivage s'embarquèrent sur le vaisseau qui leva l'ancre au point du jour.

La course fut assez paisible jusque vers les îles Galapes; mais là on sentit s'élever, entre l'orient et le nord, un vent rapide auquel il fallut obéir, et se voir pousser sur des mers qui n'avaient point encore vu de voiles. Dix fois le soleil fit son tour sans que le vent fût apaisé. Il tombe enfin; et bientôt après un calme profond lui succède. Les ondes, violemment émues, se balancent longtemps encore après que le vent a cessé. Mais insensiblement leurs sillons s'aplanissent; et sur une mer immobile, le navire, comme enchaîné, cherche inutilement dans les airs un souffle qui l'ébranle; la voile, cent fois déployée, retombe cent fois sur les mâts. L'onde, le ciel, un horizon vague, où la vue a beau s'enfoncer dans l'abîme de l'étendue, un vide profond et sans bornes, le silence et l'immensité, voilà ce que présente aux matelots ce triste et fatal hémisphère. Consternés et glacés d'effroi, ils demandent au ciel des orages et des tempêtes; et le ciel, devenu d'airain comme la mer, ne leur offre de toutes parts qu'une affreuse sérénité. Les jours, les nuits s'écoulent dans ce repos funeste. Ce soleil, dont l'éclat naissant ranime et réjouit la terre; ces étoiles, dont les nochers aiment à voir briller les feux étincelants; ce liquide cristal des eaux, qu'avec tant de plaisir nous contemplons du rivage, lorsqu'il réfléchit la lumière et répète l'azur des cieux, ne forment plus qu'un spectacle funeste; et tout ce qui, dans la nature, annonce la paix et la joie, ne porte ici que l'épouvante et ne présage que la mort.

Cependant les vivres s'épuisent. On les réduit, on les dispense d'une main avare et sévère. La nature, qui voit tarir les sources de la vie, en devient plus avide; et plus les secours diminuent, plus on sent croître les besoins. A la disette enfin succède la famine, fléau terrible sur la terre, mais plus terrible mille fois sur le vaste abîme des eaux : car, au moins, sur la terre quelque lueur d'espérance peut abuser la douleur et soutenir le courage; mais au milieu d'une mer immense, écarté, solitaire et environné du néant, l'homme, dans l'abandon de toute la nature, n'a pas même l'illusion pour le sauver du désespoir : il voit comme un abîme l'espace épouvantable qui l'éloigne de tout secours; sa pensée et ses vœux s'y perdent, la voix même de l'espérance ne peut arriver jusqu'à lui.

Les premiers accès de la faim se font sentir sur le vaisseau : cruelle alternative de douleur et de rage, où l'on voyait des malheureux étendus sur les bancs, lever les mains vers le ciel, avec des plaintes lamentables, ou courir éperdus et furieux de la proue à la poupe, et demander au moins que la mort vînt finir leurs maux. Gomès, pâle et défait, se montre au milieu de ces spectres, dont il partage les tourments; mais, par un effort de courage, il fait violence à la nature. Il parle à ses soldats, les soutient, les apaise, et tâche de leur inspirer un reste d'espérance, que lui-même il n'a plus.

Son autorité, son exemple, le respect qu'il imprime,

suspend un moment leur fureur. Mais bientôt elle se rallume comme le feu d'un incendie ; et l'un de ces malheureux, s'adressant au capitaine, lui adresse ces terribles paroles :

« Nous avons égorgé sans besoin des milliers de Mexicains ; tu tiens en tes mains deux sauvages ; tu vois l'extrémité où nous sommes réduits ; la faim dévore nos entrailles. Livre-nous ces infortunés qui n'ont plus, comme nous, que quelques moments à vivre !

— Que me proposez-vous ? leur répondit Gomès, pâle et effrayé, un crime affreux et contre nature ! un crime inutile ! Mes amis, ne nous flattons point : à moins d'un miracle évident, il faut périr. Dieu nous voit ; l'heure approche ; implorons le secours du ciel. « Cette réponse les consterna ; et chacun, s'éloignant dans un morne silence, alla s'abandonner au désespoir qui lui rongeait le cœur.

Dans un coin du vaisseau languissaient en silence Amazili et Télasco. Plus accoutumés à la souffrance, ils la supportaient sans se plaindre ; seulement ils se regardaient d'un œil attendri et mourant, et ils se disaient l'un à l'autre : « Je ne verrai plus mon frère ; je ne verrai plus mon ami. »

Les Castillans, d'un air sombre et farouche, errant sans cesse autour d'eux, les regardaient avec des yeux ardents, et suivaient impatiemment les progrès de leur défaillance. A l'approche des Castillans, à leurs regards avides, à leurs frémissements, aux mouvements de rage qu'ils retenaient à peine, Télasco, qui croyaient les voir comme des tigres affamés, prêts à déchirer Amazili, se tenait près d'elle avec l'inquiétude de la lionne qui garde ses lionceaux. Ses yeux étincelants étaient sans cesse ouverts sur eux et les observaient sans relâche. Si quelquefois il se sentait forcé de céder au sommeil, il frémissait, il serrait dans ses bras sa compagne. « Je succombe, lui disait-il ; mes yeux se ferment malgré moi ; je ne puis plus veiller à ta défense. Les cruels saisiront peut-être l'instant de mon sommeil pour se saisir de leur proie. Tenons-nous embrassés, ma chère Amazili ; que du moins tes cris me réveillent ! »

Gomès, qui lui-même observait les mouvements des Espagnols, leur fit donner quelque soulagement du peu de vivres qui restaient, et les contint pendant ce jour funeste. La nuit vint, et ne fut troublée que par des gémissements. Tout était consterné, tout resta immobile.

Après le jour enfin se lève un vent frais, qui ramène l'espérance et la joie dans l'âme des Castillans. Quelle espérance, hélas ! ce vent s'oppose encore à leur retour vers l'Orient, et va les pousser plus avant sur un océan sans rivage. Mais il les tire de ce repos, plus horrible que tout le reste ; et, quelque route qu'il faille suivre, elle est pour eux comme une voie de délivrance et de salut.

On présente la voile à ce vent si désiré ; il l'enfle : le vaisseau s'ébranle, et sur la surface ondoyante de cette mer si longtemps immobile, il trace un vaste sillon. L'air ne retentit point de cris : la faiblesse des matelots ne leur permit que des soupirs et que des mouvements de joie. On vogue, on fend la plaine humide, les yeux errants sur le lointain, pour découvrir s'il est possible quelque apparence de rivage. Enfin de la cime du mât le matelot croit apercevoir un point fixe vers l'horizon. Tous les yeux se dirigent vers ce point éminent, et qui leur paraît immobile. C'est une île; on l'ose espérer, le pilote même l'assure. Les cœurs flétris s'épanouissent; les larmes de la joie commencent à couler; et plus la distance s'abrége, plus la confiance s'accroît.

Tout occupé du soin de ranimer ses soldats défaillants, Gomès leur fait distribuer le peu de vivres qu'on réservait pour le soutien des matelots. « Amis, dit-il, avant la nuit nous aurons embrassé la terre; là nous oublierons tous nos maux. »

Ces secours furent inutiles au plus grand nombre des Espagnols. Les organes trop affaiblis avaient perdu leur activité. Les uns mouraient en dévorant le pain *dont* ils étaient avides; les autres, en frémissant de rage de ne pouvoir plus engloutir l'aliment qu'on leur présentait. Quelques-uns, que la souffrance avait fait rentrer en eux-mêmes, détestaient leurs erreurs, leurs préjugés barbares, et, devenus humains, ils voyaient enfin des hommes dans ces malheureux Indiens qu'ils avaient si cruellement et si lâchement tourmentés. Ceux-là, tendant les mains au ciel, imploraient sa miséricorde; ceux-ci tournaient leurs yeux mourants vers les esclaves mexicains, et les traits douloureux du repentir étaient empreints sur leurs visages. L'un d'eux, faisant un dernier effort, se traîne aux pieds de Télasco, et d'une voix entrecoupée par les sanglots de l'agonie : « Pardonne-moi, mon frère, lui dit-il; demande pour moi à notre Dieu qu'il me pardonne. » En achevant ces mots il expira.

Cependant le rivage approche. On voit des forêts verdoyantes s'élever au-dessus des eaux : c'étaient les îles qui depuis sont devenues célèbres sous le nom de Mendoce. On aborde, et on voit sortir d'un canal, qui

sépare ces îles fortunées une multitude de barques qui
environnent le vaisseau. Ces barques sont remplies de
sauvages d'une gaieté et d'une beauté ravissantes, presque
nus, désarmés, et portant dans la main des rameaux
verts, où flotte un voile blanc en signe de paix et de bienveillance.

Le malheur avait amolli le cœur des Castillans et
brisé leur orgueil farouche. L'éloignement et l'abandon
leur avaient appris à aimer les hommes; car le sentiment du besoin est le premier lien de la société. Attendris
de l'accueil plein de bonté que leur font les sauvages, ils y répondent par les signes de la joie et de
l'amitié. Les insulaires, sans défiance, s'élancent à
l'envi de leurs barques sur le vaisseau; et voyant sur
tous les visages la langueur et la défaillance, ils en paraissent attendris : leur empressement et leurs caresses
expriment la compassion et le désir de soulager leurs
hôtes.

Le capitaine n'hésita point à se livrer à leur bonne
foi. Un port formé par la nature servit d'asile à son
vaisseau; et lui et les siens descendirent dans celle de
ces îles dont le bord lui parut le plus riche et le plus
riant.

Les insulaires, enchantés, les conduisent dans leur
village, au bas d'une colline, sur le bord d'un ruisseau
qui d'un rocher coule avec abondance, et serpente dans
un vallon dont la nature a fait le plus riant verger. Les
cabanes de ce hameau sont revêtues de feuillages; l'industrie, éclairée par le besoin, y a réuni tous les agré-
ments de la simplicité. Le nœud fragile qui, pendant la
nuit, ferme l'entrée de ces cabanes, est le symbole heureux de la sécurité, compagne de la bonne foi. La lance,

l'arc et le carquois, suspendus sous ces toits paisibles, n'annoncent qu'un peuple chasseur : la guerre lui est inconnue.

D'abord les sauvages invitent leurs hôtes à se reposer ; et à l'instant, de jeunes filles apportent dans des corbeilles les fruits que leurs mains ont cueillis. Il en est un que la nature semble avoir destiné, comme un lait nourrissant, à ranimer l'homme affaibli par la vieillesse ou par la maladie. Ce fruit si délicat, si sain, sembla faire couler la vie dans les veines des Castillans. Un doux sommeil suivit ce repas salutaire ; et le peuple, autour des cabanes, se tint dans le silence tandis que ses hôtes dormaient.

A leur réveil, ils virent ce bon peuple, se rassemblant le soir sous des palmiers plantés au milieu du hameau, les inviter à son repas. Des légumes, d'excellents fruits, une racine savoureuse dont ils font un pain nourrissant, des tourterelles, des palombes, les hôtes des bois et des eaux, que la flèche a blessés, qu'a séduits l'hameçon ; une eau pure, quelques liqueurs qu'ils savent exprimer des fruits, et dont ils font un doux mélange : tels sont les mets et les breuvages dont ce peuple se nourrit.

Tandis que le repos, l'abondance, la salubrité du climat réparaient les forces des Castillans, Gomès observait à loisir les mœurs des insulaires ; d'un caractère doux et facile, ils semblaient ne former entre eux qu'une seule famille. Les vieillards qui composaient le conseil de la république étaient environnés d'égards et de vénération, et la sagesse de leur parole était recueillie avec une religieuse docilité.

Les Espagnols ne cessaient d'admirer des mœurs si nouvelles pour eux. La nuit, ce peuple hospitalier, leur

cédant ses cabanes, n'en avait réservé que quelques-
unes pour les vieillards, pour les enfants, les jeunes filles
et pour les mères. La jeunesse, au bord du ruisseau
qui serpentait dans la prairie, n'eut pour lit que l'émail
des fleurs, pour asile que le feuillage du platane et du
peuplier. Il y avait dans une enceinte quelques statues
révérées; Gomès voulut savoir quelle idée ces insulaires
y attachaient. Le vieillard qu'il interrogeait lui répondit :
« Tu vois nos cabanes; voilà l'image de celui qui nous
apprit à les élever. Tu vois cet arc et ce carquois, voilà
l'inventeur de ces armes. Tu nous as vus tirer du feu du
froissement du bois et du choc des cailloux; voilà celui
qui le premier découvrit à nos pères ce secret merveilleux. Regarde ces tissus d'écorce dont nous sommes à
demi vêtus; l'art de les travailler nous est venu de
celui-ci. Celui-là nous apprit à nouer les filets où les
oiseaux et les poissons s'engagent. Près de lui se présente l'industrieux mortel qui nous a montré l'art de
creuser les canots et de fendre l'onde à la rame. Cet
autre imagina de transplanter les arbres, et il forma ce
beau portique dont le hameau est ombragé. Enfin tous
se sont signalés par quelque bienfait rare; et nous hono-
rons les images qui nous représentent leurs traits. »

Des malheureux, à peine échappés aux dangers les
plus effroyables, ayant trouvé dans cette île enchantée
le repos, l'abondance, l'égalité, la paix, devaient être
peu disposés à la quitter pour traverser les mers, où les
mêmes horreurs les attendaient peut-être encore.

Sur le soir, les Indiens invitèrent avec instance les
Castillans à se mêler à leurs danses. Gomès s'opposa
vainement aux instances des insulaires; il craignit de
les affliger et de révolter ses guerriers. Il céda donc,

quoique à regret, et se retira à l'écart. Les Castillans qui ne connaissaient pas les coutumes de ces insulaires voulurent suivre les usages reçus en Europe, et chacun prétendit faire choix d'une jeune fille pour la danse. Les Indiens veulent s'y opposer; mais c'est alors que la jalousie castillane engendre la discorde. Les Espagnols menacent les insulaires, ils intimident leurs compagnes, ils effarouchent leurs plaisirs.

Gomès reçut, à son réveil, les justes plaintes des Indiens. « Tu nous as amené, lui dirent-ils, des bêtes féroces et non pas des hommes. Nous les rappelons à la vie, nous partageons avec eux les dons que nous fait la nature ; nous les invitons à nos jeux, à nos festins, à nos plaisirs ; et les voilà qui nous menacent et qui nous glacent de frayeur. Si tes compagnons veulent vivre en bonne intelligence avec nous, qu'ils tâchent de nous ressembler : qu'ils soient bienfaisants et paisibles. S'ils sont méchants, remmène-les. »

Gomès vit tout le danger de la licence qu'il avait donnée, et les suites qu'elle aurait s'il tardait à les prévenir. Mais, au mépris de la discipline, le désordre allait en croissant. Les soldats se disaient entre eux que leur retour était impossible vers le rivage américain, que le vent d'orient qui régnait sur ces mers s'opposerait à leur passage ; que, par un miracle visible, le ciel les avait conduits dans un asile où l'on vivait exempt de fatigue et de soins, et au milieu de l'abondance ; que, résolus de s'y fixer, ils n'avaient plus d'autre patrie et ne connaissaient plus de chef auquel ils dussent obéir. C'en était fait, si les insulaires, révoltés de l'ingratitude et de l'orgueil des Castillans, n'avaient pris eux-mêmes la résolution et le moyen de s'en délivrer.

Une nuit les laissant s'abandonner aux douceurs du sommeil, ils se saisirent de leur armes et les jetèrent dans la mer.

Gomès, instruit de ce désastre, assembla les siens et leur dit : « Nos armes nous sont enlevées. Ce peuple se venge : il s'est lassé de vos mépris. Plus adroit que nous, plus agile, il serait aussi courageux. Mieux que nous il ferait usage de la flèche et du javelot. Il connaît les retranchements de ses bois et de ses montagnes ; et, des iles voisines, les peuples ses amis l'aideraient à nous aceabler. Laissez-moi donc vous ménager une retraite assurée ; et, en attendant, évitez tout ce qui peut troubler la paix. »

A ce discours, les Castillans furent interdits et troublés. Les plus intrépides, pâlirent, les plus impétueux se sentirent glacés. Alors un vieillard se présente, et parle ainsi aux Castillans : « Il y eut, du temps de nos pères, un méchant parmi eux : il voulait dominer, il voulait que tout lui cédât, que tout ne fût fait que pour lui. Nous pères le saisirent, quoiqu'il fût fort et vigoureux ; ils lui lièrent les pieds et les mains avec la branche du saule, et le jetèrent dans la mer. Nous n'y avons jeté que vos armes. Éloignez-vous et nous laissez en paix. Nous voulons être heureux et libres. Vous avez cette plaine immense de l'Océan à traverser, nous vous donnerons pour le voyage du bois, de l'eau, des vivres ; mais ne différez pas. Pour vous, dit-il aux Mexicains, vous avez le choix de rester avec nous ou de partir avec eux : car tout ce qui respire l'air que nous respirons devient libre comme nous-mêmes. Ici la force n'est employée qu'à protéger la liberté. »

Les Castillans, indignés de s'entendre faire la loi, se

plaignirent et accusèrent les Indiens de trahison. « Nous ne vous avons point trahis, reprit le vieillard indien. Vos armes vous donnaient sur nous trop d'avantage, et vous en avez abusé. Nous vous avons réduits, comme il est juste, à l'égalité naturelle. A présent, voulez-vous la paix? Nous l'aimons ; et vous partirez de ces bords sans avoir reçu de nous la plus legère offense. Voulez-vous la guerre? Nous la détestons ; mais la liberté nous est plus chère que la vie. Vous aurez le choix du combat. Nous partagerons avec vous nos flèches et nos javelots ; et nous nous détruirons jusqu'à ce qu'il ne reste aucun de vous pour nous faire injure, ou aucun de nous pour la souffrir. »

Ce courage vulgaire, qui n'est. dans l'homme qu'un sentiment de supériorité, abandonna les Castillans. Ils se repentirent d'avoir aliéné un peuple si brave et si juste, et ils supplièrent Gomès de les réconcilier ensemble. Gomès n'eut garde d'engager les Indiens à se laisser fléchir ; et dès lors toute liaison fut rompue entre les deux peuples. Mais les devoirs de l'hospitalité n'en étaient pas moins observés. La même abondance régnait dans les cabanes des Castillans, et leur navire fut pourvu de tout ce qu'exigeait la longueur du voyage.

Amazili et Télasco n'eurent pas longtemps à se consulter. « Renoncerons-nous à revoir ton frère et mon ami, dit Télasco à son épouse. — Non, dit-elle, je ne puis vivre sur des bords où je serais sûre de ne le revoir jamais. Gomès nous donne l'espérance de nous rejoindre à lui ; partons. »

Rien de plus rare, sur ces mers, que de voir les vents de l'aurore céder à celui du couchant. Gomès fut long-temps à l'attendre ; et lorsqu'il le vit s'élever, il en rendit grâces au ciel comme d'un prodige opéré pour favoriser son retour. Il assemble les siens. « Compagnons, leur dit-il, n'attendons pas que l'on nous chasse. Les vents nous secondent, partons, et partons sans regret : cette terre inconnue n'eût été pour nous qu'un tombeau. Vivre sans gloire, ce n'est pas vivre. Être oublié, c'est être enseveli. Allons chercher des travaux qui laissent de nous quelque trace. » Ces mots que prononça Gomès frappèrent les Castillans d'un trait brillant de lumière; et ils ne purent sans frayeur se voir, pour le reste du monde, au rang des morts dont le nom même et la mémoire avaient péri.

Ce moment était favorable; et Gomès le saisit pour précipiter son départ. On le suit, on s'embarque, on dégage les ancres, on livre les voiles au vent. Les Indiens, tristement rassemblés sur le rivage, voyant le vaisseau s'éloigner, disaient en soupirant : « Que vont-ils devenir? Ils étaient si bien parmi nous! Pourquoi ne pas y vivre en paix? Ils nous appelaient leurs amis, et nous ne demandions qu'à l'être. Mais non : ils sont méchants; qu'ils partent. Ils nous auraient rendus méchants. »

Les Castillans, de leur côté, regrettaient cette île charmante. Tous les yeux y étaient attachés, tous les cœurs gémissaient de la voir s'éloigner. Enfin elle échappe à leur vue, et les soucis d'un long et pénible voyage viennent se mêler aux regrets d'avoir quitté ce fortuné séjour.

Bientôt l'inconstance des vents se fit sentir, et tint la flotte dans de continuelles alarmes; mais ils ne firent qu décliner alternativement vers l'un ou l'autre pôle; et l'art du pilote ne s'exerça qu'à diriger sa course vers l'aurore, sans s'écarter de l'équateur.

Le trajet fut long, mais tranquille, jusqu'à la vue du Pérou. Le naufrage les attendait au port, et le ciel voulut qu'Orozimbo fût témoin du désastre qui vengeait sa patrie sur ces malheureux Castillans.

Alonzo, dans l'attente du retour de Pizarre, avait pressé l'Inca, roi de Quito, de se mettre en défense. « Il n'est pas besoin, disait-il, d'élever des remparts solides; des murs de sable et de gazon suffisent pour rebuter les Castillans. De tous les dangers de la guerre ils ne craignent que les lenteurs. C'est à Tumbès qu'ils vont descendre; c'est ce port qu'il faut protéger. »

Ce plan de défense approuvé, Alonzo se chargea lui-même d'aller présider aux travaux. Orozimbo voulut le suivre; et, par les champs de Tumibamba, ils se rendirent à Tumbès. Le retour du jeune Espagnol chez ce peuple, son premier hôte, fut célébré par des transports de reconnaissance et de joie. « Eh quoi! lui dit le bon cacique, tu ne m'as donc pas oublié? Tu as bien raison; mon peuple et moi, nous n'avons cessé de parler du généreux et cher Alonzo. Ils m'ont demandé que le jour où tu vins parmi nous fût célébré tous les ans comme une fête. Tu crois bien que j'y ai consenti. C'en est une de te revoir; et les larmes de joie que tu nous vois répandre en sont de fidèles preuves. »

Les travaux qu'Alonzo dirige commencent dès le jour suivant et sont poussés avec ardeur. Ils s'avançaient; le fort qui dominait la plaine et qui menaçait le rivage excitait l'admiration des Indiens qui l'avaient élevé. Un soir qu'avec Orozimbo et le cacique de Tumbès, Alonzo parcourait l'enceinte de la forteresse et s'entretenait avec eux de cette fureur de conquête qui avait saisi les Espagnols, et qui dépeuplait leur pays pour dévaster un nou-

veau monde, il aperçut de loin le vaisseau de Gomès qui s'avançait à voiles déployées. Il regarde, et ne doutant pas que ce ne fût le vaisseau de Pizarre : « Les voil , les voilà ! dit-il. Quelle diligence incroyable a si fort pressé leur retour ? Le ciel les seconde, les vents semblent leur obéir. »

Comme il disait ces mots, tout à coup, au milieu d'une sérénité perfide, un tourbillon de vent s'élève sur la mer. Les flots qu'il roule sur eux-mêmes s'enflent en écumant, et semblent bouillonner. Dans le même instant un nuage, roulé comme les flots, s'abaisse, s'étend, s'arrondit, se prolonge en colonne; et cette colonne fluide, dont la base touche à la mer, forme une pompe où l'onde émue, cédant au poids de l'air qui la presse à l'entour, monte jusqu'au nuage et va lui servir d'aliment.

Molina reconnut ce prodige si redouté des matelots, qui lui ont donné le nom de *trombe;* et, à la vue du danger qui menaçait les Castillans, il oublia leurs crimes, les maux qu'ils avaient faits, et les maux qu'ils allaient faire encore; il se souvint seulement que leur patrie était la sienne, et son cœur fut saisi de crainte et de compassion.

Gomès eut beau se hâter de faire ployer les voiles pour ne pas donner prise au tourbillon rapide qui enveloppait son vaisseau, le vent le saisit, l'entraîna jusque sous la colonne d'eau, qui, rompue par les antennes, tomba comme un déluge sur le navire et l'engloutit.

« Le ciel est juste, s'écria Orozimbo. Qu'ainsi périssent tous les guerriers qui ont ravagé, détruit, inôndé de sang ma patrie ! — Cacique, lui dit Molina, le malheur a le droit sacré de purifier ses victimes. » Orozimbo rougit de la joie inhumaine qu'il venait de faire éclater.

« Pardon, dit-il; j'ai tant souffert! j'ai tant vu souffrir
mes amis! »

Le calme renait. La colonne et le navire avaient dis-
paru. Mais peu d'instants après on aperçut de loin deux
malheureux échappés du naufrage, qui nageaient à l'aide
d'un banc dont ils s'étaient saisis. « Ah! s'écrie Orozimbo, ils respirent encore, il faut les secourir. — Cacique, hâtez-vous; détachez des canots pour les sauver,
s'il est possible. Je vais au-devant d'eux. » Un canot le
suivit de près, et le joignit avant qu'il eût atteint le bois
flottant au gré de l'onde, que ces malheureux embras-
saient.

Ces malheureux étaient sa sœur et son ami, qui, prévoyant la chute de la trombe, s'étaient élancés dans les
eaux, plus hardis que les Castillans et plus exercés à la
nage. « On vient à nous, courage, ma chère Amazili,
disait Télasco : soutiens-toi; nous sommes sauvés. —
Ah! je succombe, disait-elle; ma faiblesse est extrême;
mes défaillantes mains vont abandonner leur appui. Si
l'on tarde un moment encore, c'en est fait, tu ne me
verras plus. »

Cependant leur libérateur, monté sur le canot, fait
redoubler l'effort des rames. Il arrive, il se penche, il
tend les bras : « Venez, dit-il; ô qui que vous soyez,
vous êtes nos amis, puisque vous êtes malheureux. »
Le péril, le trouble, l'effroi, l'image de la mort présente
empêcha de le reconnaître. Amazili saisit la main qu'il
lui tendait. Il la prend dans ses bras, l'enlève, et reconnaît sa sœur, une sœur adorée. Il jette un cri. « Ciel!
est-ce toi? ma sœur! ma chère Amazili! — Ah! laisse-
moi, dit-elle d'une voix expirante, et sauve Télasco. » A
ce nom, Orozimbo, la laissant étendue au milieu des ra-

meurs, s'élance dans les flots, où son ami surnage encore ; il le saisit par les cheveux dans le moment qu'il enfonçait, regagne la barque, y remonte et y enlève son ami.

Télasco, qui l'a reconnu, succombe à sa joie ; il l'embrasse, et sentant ses genoux ployer, il tombe auprès d'Amazili. Orozimbo, qui croit les voir expirer l'un et l'autre, les appelle à grand cris. Télasco revient le premier d'un long évanouissement ; mais c'est pour partager la crainte et la douleur de son ami. Livide, glacée, étendue entre son frère et son époux, Amazili respire à peine : Orozimbo sur ses genoux soutient sa tête languissante, dont les yeux sont fermés encore, et sur ce visage, où se peint la pâleur de la mort, il verse un déluge de larmes. Télasco cherche inutilement, à travers sa paupière, quelques étincelles de vie. « Tu respires, lui disait-il ; mais tu as perdu le sentiment. Tu n'entends plus ma voix ! Ton âme va-t-elle s'éteindre et ton cœur se glacer ? Après tant de périls, après t'avoir sauvée, la mort, la mort cruelle te saisit dans nos bras ! O mon cher Orozimbo, le jour qui nous rassemble sera-t-il le plus malheureux de tes jours et des miens ! N'as-tu revu ta sœur que pour l'ensevelir ? n'as-tu embrassé ton ami, ne l'as-tu retiré des flots, que pour le voir, deséspéré, s'y précipiter pour jamais ? »

Cependant le canot avait abordé au rivage, et le cacique et Molina ne savaient que penser de cet événement. « Ah ! vous voyez le plus heureux des hommes, si je puis ranimer cette femme expirante, leur dit Orozimbo : c'est ma sœur ; voilà cet ami dont je vous ai tant de fois parlé. Le ciel réunit dans mes bras ce que j'ai de plus cher au monde. Ah ! s'il est possible, aidez-moi à rendre la vie à ma sœur. »

Lorsque Amazili, ranimée, ouvrit les yeux à la lumière, elle crut, au sortir d'un pénible sommeil, être abusée par un songe. Elle regarde autour d'elle ; elle n'ose en croire ses yeux. « Quoi ! dit-elle, est-ce vous ? mon frère ! mon ami ! Parlez, rassurez-moi. — Oui, tu revois Télasco. — Tous mes sens sont troublés ; mon âme est égarée ; je ne sais encore où je suis. Télasco ! j'étais avec toi, et nous allions périr ensemble. Mais mon frère ! — Il est dans tes bras. Notre bonheur est un prodige. — Hélas ! je suis trop faible pour l'excès de ma joie. Viens, Télasco, retiens mon âme sur mes lèvres ; je sens qu'elle va s'échapper. » Elle achève à peine ces mots ; et, sans un déluge de larmes qui soulagea son cœur, elle allait expirer. Télasco recueillit ces larmes. « Rends le calme à tes sens, respire ! lui disait-il ; vis pour aimer, pour rendre heureux un frère, un époux, qui t'aiment. — Mon ami ! mon frère ! c'est vous ! redisait-elle mille fois en leur tendant les mains ; je retrouve tout ce que j'aime ! Dites-moi sur quels bords et quel prodige nous rassemble. Sommes-nous chez un peuple ami ? — Vraiment ami, lui dit Alonzo, et je vous réponds de son zèle. Voilà son roi qui nous est dévoué ; et plus loin, par delà ces hautes montagnes, règne un monarque plus puissant, qui nous comble de ses bienfaits. »

La joie et le ravissement de ces trois Mexicains ne peut se concevoir. Ils ne se lassaient point d'entendre mutuellement leurs aventures, et le souvenir retracé des dangers qu'ils avaient courus les faisait frémir tour à tour.

Cependant le rempart s'élève ; Alonzo le voit s'achever. Il instruit, il exerce le cacique et son peuple à la défense de leurs murs ; et, après avoir tout prévu, tout disposé pour leur défense, il retourne auprès de l'Inca, suivi des trois Mexicains.

Ataliba reçut avec tant de bonté la sœur et l'ami d'Orozimbo qu'en se voyant dans son palais, ils croyaient être au sein de leur patrie, dans la cour des rois leurs aïeux.

Mais ce monarque généreux était loin de jouir luimême du repos qu'il leur procurait. Une profonde mélancolie s'est emparée de son âme. Puissant, aimé, révéré de son peuple, il fait des heureux, et il ne l'est point. La fortune, envieuse de ses propres dons, a mêlé l'amertume des chagrins domestiques aux douceurs apparentes de la prospérité.

CHAPITRE VII

La confiance d'Ataliba autorisait Alonzo à chercher
dans son âme le secret de cette tristesse dont il le voyait
consumé. « Inca, lui dit-il, j'appréhende que le danger
qui te menace, et dont j'ai voulu t'avert'r, ne t'ait frappé
trop vivement.

— Tu me soulages, lui dit l'Inca, en interrogeant ma
tristesse. Je n'osais t'affliger ; cependant j'ai besoin qu'un
ami s'afflige avec moi. Écoute, il s'agit de mes droits au
trône que j'occupe, et d'où l'Inca, roi de Cusco, s'obstine
à vouloir me chasser. J'aurai besoin, auprès de lui, d'un
ministre éclairé et d'un médiateur habile, et j'ai jeté les
yeux sur toi. Veux-tu l'être ? — Oui, répond Alonzo, si ta
cause est juste. — Elle est juste, et tu vas toi-même en
juger. Apprends donc quel fut le génie de cet empire dès
sa naissance, dans quelle vue il a été fondé, et comment,

destiné à s'agrandir sans cesse, il ne pouvait, sans s'affaiblir, n'être pas enfin partagé.

« Autrefois ce pays immense était habité par des peuples sans lois, sans discipline et sans mœurs. Errants
dans les forêts, ils vivaient de leur proie, et des fruits
qu'une terre inculte semblait produire par pitié. Leur
chasse était une guerre que l'homme faisait à l'homme.
Les vaincus servaient de pâture aux vainqueurs. Ils n'attendaient pas le dernier soupir de celui qu'ils avaient
blessé pour boire le sang de ses veines ; ils le déchiraient
tout vivant. Ils faisaient des captifs, et ils les engrais-
saient pour leurs festins abominables.

« Quelques-uns d'entre eux adoraient les montagnes,
mères des fleuves, les fleuves mêmes et les fontaines qui
arrosaient la terre et la fertilisaient, les arbres qui donnaient du bois à leurs foyers, les animaux doux et timides
dont la chair était leur pâture, la mer abondante en
poissons, et qu'ils appelaient leur nourrice. Mais le culte
de la terreur était celui du plus grand nombre.

« Ils s'étaient fait des dieux de tout ce qu'il y avait de
plus hideux, de plus horrible. Ils adoraient le tigre, le
lion, le vautour, les grandes couleuvres ; ils adoraient les
éléments, les orages, les vents, la foudre, les cavernes,
les précipices ; ils se prosternaient devant les torrents
dont le bruit imprimait la crainte, devant les forêts ténébreuses, au pied de ces volcans terribles qui vomis-
saient sur eux des tourbillons de flammes et des rochers
brûlants.

« Après avoir imaginé des dieux cruels et sanguinaires,
il fallut bien leur rendre un culte barbare comme eux.
L'un crut leur plaire en se perçant le sein, en se déchirant les entrailles ; l'autre, plus forcené, arracha ses

9.

enfants du sein de leur mère, et les égorgea sur l'autel
de ses dieux altérés de sang. Plus la nature frémissait,
plus la divinité devait se réjouir. On croyait pouvoir tout
attendre des dieux à qui l'on immolait tout ce qu'on
avait de plus cher.

« Celui dont les rayons animent la nature vit cet égarement, et il en eut pitié. « Il n'est pas étonnant, dit-il,
que des insensés soient méchants. Au lieu de les punir
de s'égarer dans les ténèbres, envoyons-leur la vérité ;
ils marcheront à sa lumière. Il ne m'est pas plus difficile d'éclairer leur intelligence que d'éclairer leurs
yeux. »

« Il dit, et il envoie dans ces climats sauvages deux de
ses enfants bien-aimés, le sage et vertueux Manco, et la
belle Oello, son épouse. .

« Mon cher Alonzo, tu verras l'endroit célèbre et révéré où ces enfants du soleil descendirent. Les sauvages, répandus dans les forêts d'alentour, se rassemblèrent à leur voix. Manco apprit aux hommes à labourer
la terre, à la semer, à diriger le cours des eaux pour
l'arroser ; Oello instruisit les femmes à filer, à ourdir la
laine, à se vêtir de ses tissus, à vaquer aux soins domestiques, à servir leurs époux avec zèle, à élever leurs
enfants.

« Au don des arts, ces fondateurs ajoutèrent le don
des lois. Le culte du soleil leur père, ce culte, fondé sur
la reconnaissance, fut la première de ces lois et l'âme de
toutes les autres.

« L'homme, étonné de voir si près de lui des biens
qu'il ne soupçonnait pas : l'abondance, la sûreté, la paix,
crut recevoir un nouvel être. Ses besoins satisfaits, ses
terreurs dissipées, le devoir d'être juste et bon à son

exemple, la facilité d'être heureux, la bienveillance mutuelle, le charme enfin d'une innocente et paisible société, captivèrent tous les cœurs. Honteux d'avoir été
aveugles et barbares, ces peuples se laissèrent apprivoiser sans peine et ranger sous de douces lois. Cusco fut
bâtie par leurs mains ; cent villages l'environnèrent ; et le
vénérable Manco, avant d'aller se reposer auprès du soleil son père, vit prospérer, dès sa naissance, l'empire
qu'il avait fondé.

« Son fils aîné lui succéda ; et, comme lui, par la douceur, la persuasion, les bienfaits, il recula les bornes de
cet heureux empire.

« Le fils aîné de celui-ci fit respecter ses armes, mais
ne les employa qu'à rendre ses voisins dociles, sans tremper ses mains dans leur sang.

« Son successeur fut moins heureux : les peuples qu'il
voulait gagner le forcèrent de les combattre. Le premier
combat fut sanglant ; mais le vainqueur, par ses vertus,
se fit pardonner sa victoire. Sa valeur apprit à le craindre ; sa clémence apprit à l'aimer.

« Le fils aîné de ce héros fit des conquêtes encore plus
vastes, sans coûter ni larmes, ni sang aux peuples qu'il
soumit à son obéissance. Son retour à Cusco fut le plus
beau triomphe : il y fut porté par des rois.

« Les Incas qui lui succédèrent furent obligés quelquefois, pour dompter des peuples féroces, d'assiéger leur
retraite, de les y repousser, et de leur laisser prendre
conseil de la nécessité. Mais nos armes les attendaient et
ne les provoquaient jamais. On avait pour maxime de les
abandonner plutôt que de les détruire, s'ils s'obstinaient
à vivre indépendants et malheureux. La paix allait au-
devant d'eux, toujours indulgente et facile, n'exigeant

de ces rebelles que de consentir à goûter les biens qu'elle
leur présentait. Engager le monde à être heureux fut le
grand projet des Incas. Un culte simple, de sages lois,
des lumières, des arts utiles, étaient le fruit de la victoire;
et ils les laissaient aux vaincus. Telle a été, pendant
onze règnes, leur ambition et leur gloire ; tel a été le
prix de leurs travaux.

« Cependant, plus on étendait les limites de cet empire,
plus on avait de peine à les garder. Dans tout l'espace
de dix règnes, l'empire n'avait vu qu'une seule révolte.
Mon père, le plus doux et le plus juste des rois, en vit
trois, l'une vers le nord, deux au midi de ces montagnes.
Les extrémités reculées n'étaient plus sous les yeux du
monarque.

« Vers l'aurore, on avait franchi la haute barrière des
Andes ; on touchait à la mer dans les régions du couchant ; vers le nord et vers le midi, nous avions encore à pénétrer dans des déserts profonds et vastes :
enfin, le plan de nos conquêtes embrassait tout le continent. Il exigeait donc un partage entre les enfants du
soleil.

« Mon père, après avoir conquis cette vaste et riche
province, a cru que le moment du partage était arrivé.
Il avait épousé deux femmes : l'une était Ocello, sa pa-
rente ; l'autre, Zulma, fille du sang des rois. Huascar
est l'aîné des enfants d'Ocello ; il possède Cusco, la ville
du Soleil et l'empire de nos ancêtres. Je suis l'aîné des
enfants de Zulma ; et la province de Quito, ce fruit des
exploits de mon père, est l'héritage qu'en mourant *il a*
bien voulu me laisser.

« A-t-il pu disposer d'un bien qu'il ne tenait que de
lui-même, qu'il ne devait qu'à sa valeur? C'est ce qui

cause entre mon frère et moi des débats qui seront sanglants, s'il me force à prendre les armes.

« Mon frère est altier et superbe. Son froid orgueil ne
sut jamais fléchir. Au mépris de la volonté et de la mémoire d'un père, il exige de moi que je descende du trône
et que je me range sous ses lois. Tu sens si je puis m'y
résoudre. J'aime mon frère ; il m'est affreux de voir sa
haine me poursuivre ; il m'est affreux de penser que son
peuple et le mien vont être ennemis l'un de l'autre, et
qu'une guerre domestique, allumée entre les Incas, va
les livrer demi-vaincus à un oppresseur étranger. Mais
ce sceptre, ce diadème, c'est de mon père seul que je
les tiens ; laisserai-je outrager mon père? Il n'est rien
qu'à titre d'égal, d'allié, de frère et d'ami, Huascar n'ob-
tienne de moi. Veut-il étendre ses conquêtes par delà les
bords du Mauli, ou sur le fleuve des Couleuvres? je le
seconderai. Lui reste-t-il encore, dans les vallées de
Nasca ou de Pisco, quelques rebelles à dompter? je l'ai-
derai à les soumettre ; ses ennemis seront les miens.
Mais pourquoi demander ma honte? pourquoi vouloir
déshonorer et avilir son propre sang? Les larmes que
tu vois s'échapper de mes yeux te sont témoins de ma
bonne foi. Je désire ardemment la paix : je suis sensible,
mais je suis violent, et je me crains surtout moi-même.
C'est à toi, cher Alonzo, à nous sauver des maux dont
la discorde nous menace. Va trouver mon frère à Cusco.
L'humanité réside dans ton cœur, et la vérité sur tes lèvres ; ta candeur, ta droiture, l'ascendant naturel de ta
raison sur nos esprits, enfin ce charme si touchant que
tu donnes à tes paroles, le fléchiront peut-être, et nous
épargneront d'effroyables calamités. Ne crains pas d'exprimer trop vivement l'horreur que me fait la guerre

civile; mais aussi ne crains pas d'assurer que jamais je n'abandonnerai mes droits. Mon père, en mourant, m'a placé sur un trône élevé, affermi par lui-même; il faudra m'en arracher sanglant. »

Alonzo sentit l'importance et les difficultés d'une telle entremise; mais il voulut bien s'en charger, et tout fut préparé dans peu pour donner à son ambassade une splendeur qui répondît à la majesté des deux rois.

CHAPITRE VIII

Cependant, l'Inca, pour entreprendre l'ouvrage de la paix sous de favorables auspices, fit un sacrifice au soleil. Alonzo, toujours fidèle au Dieu de ses pères, priait en secret celui qui prépare et conduit tous les événements, de bénir sa mission pacifique, et de toucher le cœur du fier Huascar. Tout était prêt, l'ambassade devait se mettre en route le lendemain. Une épouvantable catastrophe vint jeter le deuil et la désolation dans Quito et forcer le jeune Espagnol à retarder son départ.

Heureux les peuples qui cultivent les vallées et les collines que la mer forma dans son sein, des sables que roulent ses flots et des dépouilles de la terre! Le pasteur y conduit ses troupeaux sans alarmes; le laboureur y sème et y moissonne en paix. Mais malheur aux peuples voisins de ces montagnes sourcilleuses, dont le pied n'a

jamais trempé dans l'Océan, et dont la cime s'élève au-
dessus des nues! Ce sont des soupiraux que le feu souterrain s'est ouverts en brisant la voûte des fournaises
profondes où sans cesse il bouillonne. Il a formé ces
monts des rochers calcinés, des métaux brûlants et li-
quides, des flots de cendre et de bitume qu'il lançait et
qui, dans leur chute, s'accumulaient aux bords de ces
gouffres ouverts. Malheur aux peuples que la fertilité de
ce terrain perfide attache! les fleurs, les fruits et les
moissons, couvrent l'abîme sous leurs pas. Ces germes
de fécondité, dont la terre est pénétrée, sont les exha-
laisons du feu qui la dévore : sa richesse, en croissant,
présage sa ruine; et c'est au sein de l'abondance qu'on
lui voit engloutir ses heureux possesseurs. Tel est le
climat de Quito. La ville est dominée par un volcan terrible [1] qui, par de fréquentes secousses, en ébranle les
fondements.

Un jour que le peuple indien, répandu dans les campagnes, labourait, semait, moissonnait (car ce riche vallon présente tous ces travaux à la fois), et que les filles
du soleil, dans l'intérieur de leur palais, étaient occu-
pées les unes à filer, les autres à ourdir les précieux
tissus de laine dont le pontife et le roi sont vêtus, un
bruit sourd se fait d'abord entendre dans les entrailles
du volcan. Ce bruit, semblable à celui de la mer lorsqu'elle conçoit les tempêtes, s'accroît, et se change bientôt en un mugissement profond. La terre tremble, le ciel
gronde, de noires vapeurs l'enveloppent; le temple et les
palais chancellent et menacent de s'écrouler; la montagne s'ébranle, et sa cime entr'ouverte vomit, avec les

[1] Pichincha. Voyez la discription de ce volcan et ses éruptions
en 1538 et 1660, dans la relation du voyage de M. de la Condamine.

vents enfermés dans son sein, des flots de bitume liquide et des tourbillons de fumée qui rougissent, s'enflamment et lancent dans les airs des éclats de rochers brûlants qu'ils ont détachés de l'abîme : superbe et terrible spectacle, dé voir des rivières de feu bondir à flots étincelants à travers des monceaux de neige, et s'y creuser un lit vaste et profond.

Dans les murs, hors des murs, la désolation, l'épouvante, le vertige de la terreur se répandent en un instant. Le laboureur regarde et reste immobile. Il n'oserait entamer la terre qu'il sent comme une mer flottante sous ses pas. Parmi les prêtres du soleil, les uns, tremblants, s'élancent hors du temple; les autres, consternés, embrassent l'autel de leur dieu. Les vierges éperdues sortent de leur palais, dont les toits menacent de fondre sur leur tête; et, courant dans leur vaste enclos, pâles, échevelées, elles tendent leurs mains timides vers ces murs, d'où la pitié même n'ose approcher pour les secourir.

Cependant, après quelques jours passés dans de mortelles frayeurs, le travail convulsif de la montagne semble se ralentir; les feux s'éteignent par degrés, c'est à peine si une cendre légère s'échappe encore de ses flancs déchirés; au mugissement profond, terrible, a succédé le silence. La terre cesse de trembler, les noirs tourbillons de fumée dont le ciel était obscurci commencent à se dissiper; un vent d'orient les chasse vers la mer. L'azur du ciel s'épure; et l'astre de la nuit, par sa consolante clarté, semble vouloir rassurer la nature.

Alonzo attendait avec impatience ces symptômes rassurants, et pressait les officiers du roi qui devaient l'accompagner; il prit le chemin de Cusco.

Une route immense, aplanie d'une extrémité de l'empire à l'autre, à travers les hautes montagnes, les abîmes et les torrents [1], monument prodigieux de la grandeur des Incas; et sur cette route les arsenaux distribués par intervalles, les hospices sans cesse ouverts aux voyageurs, les forteresses et les temples, les canaux qui dans les campagnes faisaient circuler l'eau des fleuves [2], les merveilles de la nature, dans des climats nouveaux pour le jeune Espagnol, rien ne put distraire Alonzo des graves intérêts qui lui étaient confiés.

A quelque distance de la capitale, il se fit précéder par trois caciques, et s'annonça au monarque en ces mots : « Un homme né par delà les mers et vers les bords d'où le soleil se lève, un Castillan, reçu dans la cour de ton frère, vient te voir et t'apporte des paroles de paix. »

La renommée des Castillans était parvenue à Cusco; et ce nom, devenu terrible, frappa le superbe Huascar. Il envoya au-devant d'Alonzo une partie de sa cour, et le reçut lui-même dans toute la splendeur de la majesté des Incas, élevé sur un trône d'or, dans un palais dont les lambris, les murs mêmes, étaient revêtus de ce métal éblouissant, ayant à ses pieds vingt caciques, et à ses côtés, vingt tribus d'Incas, descendants de Manco.

Alonzo, qui jamais n'avait rien vu de si auguste, en

[1] La route de Quito à Cusco, et par delà, avait cinq cents lieues. Elle fut faite sous le règne de *Huaïna Capac.* Sous le même règne l'on en fit une de la même étendue dans le plat pays, et plusieurs autres qui traversaient l'empire du centre aux extrémités. C'étaient des levées de terre de quarante pieds de largeur, qui mettaient les vallées au niveau des collines.

[2] Un de ces canaux, dans les plaines du couchant, avait cent cinquante lieues de longueur du sud au nord.

BUDZIŁOWICZ

fut saisi d'étonnement. Le prince, avec une bonté majestueuse, lui fit signe de s'approcher et de parler.

« Inca, lui dit Alonzo, c'est un présent du ciel qu'un
frère vertueux et tendre ; c'est un don du ciel non moins
rare qu'un véritable ami. Réjouis-toi : le ciel t'a donné
l'un et l'autre dans le roi de Quito. Son âme m'est connue, et mon cœur, qui jamais n'a su mentir, répond du
sien. Vous êtes tous deux menacés par un ennemi redou-
table qui s'avance de l'Orient. Vous avez besoin l'un de
l'autre pour résister à ses efforts. Réunis, vous pouvez
le vaincre ; divisés, vous êtes perdus. L'Inca ton frère
demande ton secours et t'offre celui de ses armes. Tel est
l'objet de l'ambassade dont il m'honore auprès de toi.

— J'ai bien voulu t'entendre, lui répondit l'Inca,
quoique envoyé par un rebelle ; mais, avant tout, n'es-tu
pas toi-même un de ces étrangers nouvellement descendus sur nos bords, et qui dans les campagnes d'Acatamès ont semé l'épouvante ? Tu te dis Castillan ; c'est, je
crois, le nom qu'on leur donne ; ils viennent, dit-on,
comme toi, des bords de l'Orient.

— Oui, je suis du nombre de ceux que l'on a vus sur
ce rivage, lui dit Alonzo. Je cherchais la gloire sur leurs
pas : mais cette gloire, unique but de ma noble ambition,
ils l'ont souillée par des cruautés que ma religion et mon
cœur désavouent, et je les ai abandonnés. J'aime la
bonne foi, j'honore la droiture et la grandeur d'âme ;
et c'est ce qui m'attache à ce généreux prince qui te
parle ici par ma voix. Tous les deux nés du même sang,
enfants du même père, aimez-vous et vivez en paix ;
vous serez heureux et puissants.

— S'il se souvient, reprit Huascar, de quel père nous
sommes nés, qu'il se rappelle aussi quels rangs nous a

marqués la naissance. Le soleil n'a donné qu'un maître à cet empire ; le règne de son fils doit être l'image du sien. Il n'a point d'égal dans le ciel, et je n'en veux point sur la terre.

— Inca, lui répondit Alonzo, je veux bien parler ton langage, et supposer ce que tu crois. N'aimes-tu pas assez les hommes, et n'estimes-tu pas assez les lois de tes aïeux pour souhaiter que l'univers soit rangé sous ces lois paisibles ?

— Sans doute, répondit l'Inca, je le souhaite et je l'espère : c'est la volonté du soleil ; les temps la verront s'accomplir.

— Et alors, poursuit Alonzo, le monde n'aura-t-il qu'un roi comme il n'a qu'un soleil ? La sagesse d'un homme étendra-t-elle ses regards aussi loin que l'astre du jour étend l'éclat de sa lumière ? Tu n'oserais le croire ; ose donc avouer que ta vigilance a des bornes, que ta puissance en doit avoir, et qu'il serait injuste de vouloir envahir ce que l'on ne peut gouverner.

— Étranger, quelle est ton audace, interrompit l'Inca, de venir me marquer les limites de ma puissance ?

— Ce n'est pas moi, lui dit Alonzo, c'est la nature qui les a marquées ; je ne dis que ce qu'elle a fait. Je t'avertis que tu es homme par ta faiblesse, quand tu veux être un dieu par ton ambition.

— Je suis homme, mais je suis roi, reprit l'Inca ; et ce nom seul t'apprend le respect qui m'est dû.

— Sache, lui dit Alonzo, que mes pareils parlent aux rois sans les flatter, et les respectent sans les craindre. Il ne tient qu'à toi de me voir à tes pieds ; mais commence par être juste, et par honorer la mémoire d'un père qui fut roi lui-même ; c'est de sa main que ton frère a reçu le sceptre que tu lui disputes, et, en désavouant le don qu'il lui a fait, tu l'insultes dans son tombeau et tu foules aux pieds sa cendre. »

L'Inca frémit ; mais son orgueil l'emporta sur sa piété. « Mon père, dit-il, a vieilli ; et dans cet état de défaillance l'homme est crédule et facile à tromper. Il a cédé aux artifices d'une femme ambitieuse ; et pour le fils de l'étrangère, il a déshérité celui que les sages lois de Manco lui avaient donné pour successeur.

— Il t'a remis, lui dit Alonzo, tout ce qu'il avait reçu : il n'a disposé que de sa conquête.

— Si, comme lui, chacun de nos rois, dit le prince, eût dissipé ce qu'il avait acquis, où serait leur empire ? L'unité de pouvoir en fait la grandeur et la force ; et mon père, qui sans partage l'avait reçu de ses aïeux, devait le laisser sans partage. On a surpris sa bonne foi ; et sans cesser d'honorer ses vertus, de révérer sa cendre, je puis désavouer un moment de faiblesse qui lui fit oublier mes droits.

— Apprends, lui dit Alonzo, qu'au nord de ces climats un empire aussi vaste, plus puissant que le tien, vient d'être ravagé, détruit, inondé du sang de ses peuples, pour avoir été divisé. Ses princes, à peine échappés au glaive du vainqueur, se sont réfugiés dans la cour de l'Inca ton frère ; et leur malheur atteste ce que je te prédis. Un ennemi terrible va vous trouver tous deux affaiblis, défaits l'un par l'autre. Ah ! songe à sauver ton empire ; et, quand la foudre est sur ta tête et l'abime à tes pieds, tremble, malheureux prince, tremble toi-même au lieu de menacer. »

Toute la cour qui l'entendait parut troublée à ce langage ; l'Inca lui-même en fut ému. Mais dissimulant sa

frayeur sous les dehors de la fierté : « C'est, dit-il, à l'u-
surpateur à prévenir les maux dont il serait la cause; et
à se ranger sous mes lois.

— Ne l'espère pas, dit Alonzo consterné de sa résistance. Ataliba, couronné par un père expirant, ne croira
jamais avoir usurpé ce qu'il a reçu de son père. Il regarde sa volonté comme une inviolable loi. Il faut pour
le chasser du trône, l'en arracher sanglant : je te répète
ses paroles. C'est à toi de voir si tu veux te baigner dans
le sang d'un frère vertueux qui t'aime, qui fait sa gloire
et son bonheur d'être ton allié, ton ami le plus tendre ;
qui te conjure, au nom d'un père, de ne pas révoquer
les dons qu'il lui a faits ; qui te conjure, au nom de son
peuple et du tien, de ne pas le forcer à une guerre impie. Dispose de lui, de ses armes : il ne craint point la
guerre ; il a sous ses drapeaux un peuple fidèle et vaillant ; il a vingt rois autour de lui tous aussi dévoués que
moi. Tout ce qu'il craint, c'est de verser le sang de ses
amis, de sa famille, de ces peuples, qui, sujets de vos pères,
nés sous les mêmes lois, sont ses enfants comme les tiens.
Consulte comme lui ton cœur : il doit être bon, magnanime, sensible au moins à la pitié. Il ne s'agit pas de
régler entre nous tes droits et les siens; de pareils débats n'ont jamais été vidés par les armes. Il s'agit de savoir lequel des deux perd le plus à céder. Il y va, pour
lui d'un royaume ; pour toi, d'une province inutile à ta
gloire, à ta puissance, à ta grandeur. Il défend, avec sa
couronne, l'honneur de son père et le sien ; et à ces intérêts qu'opposes-tu ? l'orgueil de ne point souffrir de
partage ! Vois si cela mérite d'allumer entre vous les
feux d'une guerre civile, au moment où un péril commun
vous presse de vous réunir. »

Le fier Huascar n'en voulut pas entendre davantage ;
mais la franchise courageuse, la noble fermeté d'Alonzo,
laissèrent dans tous les esprits l'étonnement et le respect ;
l'Inca lui-même en fut saisi.

« Je ne sais, disait-il ; mais cette race d'hommes a quelque chose d'imposant et de supérieur à nous. Je veux
gagner la bienveillance et l'estime de celui-ci. Qu'on lui
rende tous les honneurs qui sont dus à son ministère et
à la dignité dont il est revêtu. »

Il l'admit à sa table, et, prenant avec lui le ton de l'a-
mitié : « Castillan, lui dit-il, je veux bien accéder, autant
que je le puis sans honte, à la paix que tu me proposes.
Qu'Ataliba garde son apanage ; qu'il règne à Quito, j'y
consens, mais tributaire de l'empire, et obligé de rendre
hommage à l'aîné des fils du soleil. »

Quoiqu'il y eût peu d'apparence qu'Ataliba subît cette
condition, Alonzo ne crut pas devoir la rejeter sans l'en
instruire ; et, en attendant sa réponse, il eut le temps de
voir tout ce qui décorait, et au dedans et au dehors, la
florissante ville du soleil.

Le temple du soleil, le palais du monarque, ceux des
Incas, celui des vierges ; la forteresse à triple enceinte
qui dominait la ville et qui la protégeait, les canaux qui,
du haut des montagnes voisines, y répandaient en abondance les eaux vives et salutaires, l'étendue et la magnificence des places qui la décoraient, ces monuments,
dont il ne reste plus que de déplorables ruines, le frap-
paient d'admiration. « Sans le fer, disait Alonzo, sans
l'art de la mécanique, la main de l'homme a opéré tous
ces prodiges ! Elle a roulé ces rochers énormes ; elle en
a formé ces murailles dont la structure m'épouvante,
dont la solidité ne cédera jamais qu'aux lentes secousses

du temps et à l'écroulement du globe. On peut donc suppléer à tout par le travail et la constance ? »

Mais il voyait avec effroi cet amas incroyable d'or,
qui, dans le temple et les palais, tenait lieu du fer, du
bois, et de l'argile, et sous mille formes diverses éblouis-
sait partout les yeux [1]. « Ah ! disait-il en soupirant, si jamais l'avarice européenne vient à découvrir ces richesses, avec quelle avide fureur elle va les dévorer ! »

Le culte du soleil avait à Cusco une majesté sans égale.
La magnificence du temple, la splendeur de la cour,
l'affluence des peuples, l'ordre des prêtres du soleil, et
le chœur des vierges choisies, plus nombreux et plus
imposant, donnaient, dans cette ville, à la pompe du
culte un caractère si auguste qu'Alonzo même en fut pénétré de respect, tout en déplorant le triste aveuglement de ces idolâtres qui rendaient à la créature muette
et impuissante les adorations qui n'appartiennent qu'au
Dieu, seul maître de toutes les créations sorties de sa
main puissante.

Il y avait dans toutes les fêtes, des rites, des jeux, des
festins, des sacrifices usités. Alonzo assista à une de ces
fêtes qui réunissent le peuple tout entier sous les yeux
de son roi. C'était le jour où le soleil, terminant sa course
au midi, se repose sur le tropique pour revenir sur ses
pas vers le nord.

On observait l'instant où le flambeau du jour étant sur
son déclin, les colonnes mystérieuses formaient, vers
l'orient, une ombre égale à elles-mêmes ; et alors l'Inca,
prosterné devant le soleil son père : « Dieu bienfaisant,

----

[1] Les historiens ont poussé jusqu'à l'extravagance l'exagération
de ces richesses. Il y avait, dit Garcilasso, des bûchers de lingots d'or
en forme de bûches, des greniers remplis de grains d'or, etc.

lui disait-il, tu vas t'éloigner de nous, et rendre la vie et la joie aux peuples d'un autre hémisphère, que l'hiver, enfant de la nuit, afflige loin de toi ; nous n'en murmurons pas. Tu ne serais pas juste si tu n'aimais que nous, et si, pour tes enfants, tu oubliais le reste du monde. Suis ton penchant ; mais laisse-nous, comme un gage de ta bonté, une émanation de toi-même ; et que le feu de tes rayons, nourri sur tes autels, répandu chez ton peuple, le console de ton absence et l'assure de ton retour. »

Il dit, et présente au soleil la surface creuse et polie d'un cristal [1] enchâssé dans l'or : artifice mystérieux qu'on avait grand soin de cacher au peuple, et qui n'était connu que des Incas. Les rayons croisés en un point tombent sur un bûcher de cèdre et d'aloès, qui tout à coup s'enflamme, et répand dans les airs le plus délicieux parfum.

C'était ainsi que le sage Manco avait fait attester aux Indiens, par le soleil lui-même, qu'il l'envoyait pour leur donner des lois. « O soleil, lui dit-il, si je suis né de toi, que tes rayons, du haut des cieux, allument ce bûcher que ma main te consacre ; » et le bûcher fut allumé.

La multitude, en voyant ce prodige se renouveler tous les ans, fait éclater les transports de sa joie ; chacun s'empresse à recueillir une parcelle du feu céleste ; le monarque le distribue à la famille des Incas ; ceux-ci le font passer au peuple ; et les prêtres veillent au soin de l'entretenir sur l'autel.

---

[1] Ils avaient le cristal de roche. Garcilasso dit que l'on tirait le feu céleste avec une petite coupe d'or, *comme la moitié d'une orange*, que le grand prêtre portait en bracelet.

Au milieu des chants et des danses qui précédaient les sacrifices, un prodige parut dans l'air ; et il attira tous les yeux. On vit un aigle assailli et déchiré par des milans, qui, tour à tour, fondaient sur lui d'un vol rapide. L'aigle, après s'être débattu sous leurs griffes tranchantes, tombe, épuisé de sang, au pied du trône de l'Inca et au milieu de sa famille. Le roi, comme le peuple, en fut d'abord saisi d'étonnement et de frayeur ; mais avec cette fermeté qui ne l'abandonnait jamais : « Pontife, dit-il, immolez sur l'autel du soleil mon père cet oiseau, l'image frappante de l'ennemi qui nous menace, et qui vient tomber sous nos coups.

— Regardez, lui dit le pontife avant d'entrer dans le temple, ces trois cercles empreints sur le front pâlissant de l'épouse du soleil. » La lune se levait alors sur l'horizon, et l'Inca vit distinctement trois cercles marqués sur son disque, l'un couleur de sang, l'autre noir, l'autre nébuleux, et semblable à une trace de fumée.

« Prince, lui dit le prêtre, ne nous dissimulons pas la vérité de ces présages. Ce cercle de sang est la guerre ; le cercle noir annonce les revers et ce trait de fumée, plus effrayant encore, est le présage de la ruine.

— Le soleil, lui dit le monarque, vous a-t-il révélé ce malheureux avenir ? — Je l'entrevois, dit le pontife ; le soleil ne m'a point parlé. — Laissez-moi donc, reprit l'Inca, le dernier bien qui reste à l'homme, l'espérance, qui l'encourage et le soutient dans ses malheurs. Le ciel n'est pas inflexible, il menace quelquefois, mais, au moment de frapper, il se laisse toucher par la prière, et la terre un moment consternée respire à l'ombre de sa clémence. »

CHAPITRE IX

Huascar, loin de laisser paraître le trouble élevé dans
son âme, se montra aux yeux d'Alonzo plus ferme et
plus résolu que jamais : il le mena le lendemain dans
ces jardins éblouissants où l'on voyait, imités en or et
avec assez d'industrie, les plantes, les fleurs et les fruits
qui naissent dans ces climats. Ce qui eût été parmi nous
un exemple inouï de luxe n'annonçait là que l'abondance
et l'inutilité de l'or.

De ces jardins, où l'art s'était joué à copier la nature,
l'Inca fit passer Alonzo dans ceux où la nature même
étalait ses propres richesses. Ils occupaient un vallon
charmant au bord du fleuve Apurimac. Ces jardins
étaient l'abrégé des campagnes du nouveau monde. Des
touffes d'arbres majestueux, associant leurs ombres, ma-
riant leurs rameaux, formäient, par la variété de leur

bois et de leur feuillage, un mélange rare et frappant.
Plus loin, des bosquets composés d'arbustes couronnés
de fleurs attiraient et charmaient la vue. Là, des prairies
odorantes répandaient les plus doux parfums. Ici les
arbres d'un verger, ployant sous le poids de leurs fruits,
étendaient et ployaient leurs branches au-devant de la
main dont ils sollicitaient le choix. Là, des plantes
d'une vertu ou d'une saveur précieuse semblaient présenter à l'envi des secours à la maladie et des plaisirs à
la santé.

Alonzo parcourait ces jardins enchantés d'un œil triste
et compatissant. « Ces beaux lieux, disait-il, ces asiles
sacrés de la paix et de la sagesse seront-ils violés par nos
fiers Castillans? et sous la hache impie les verrai-je tomber, ces arbres dont l'antique ombrage a couvert la tête
des rois? »

Non loin de Cusco est un lac que le peuple indien révère, car ce fut, dit-on, sur ses bords que Manco descendit avec Oello sa compagne; et au milieu du lac est une
île riante où les Incas ont élevé un superbe temple au soleil. Cette île est un lieu de délices; et sa fertilité semble
tenir de l'enchantement. Ni les prairies de Chita où l'on
voyait bondir les troupeaux du soleil, ni les champs de
Colcampara dont la moisson lui était consacrée, ni la
vallée de Youcaï qu'on appelait le jardin de l'empire,
n'égalaient cette île en beauté. Là mûrissaient les fruits
les plus délicieux ; là se recueillait le maïs dont la main
des vierges choisies faisait le pain des sacrifices.

Le roi voulut aussi lui-même y conduire Alonzo. Le
jeune Castillan ne pouvait se lasser d'y admirer à chaque
pas les prodiges de la culture.

Il témoigna le désir de voir les sources de cet or dont

BUDZILOWICZ

l'abondance l'étonnait; et l'Inca voulut bien lui-même l'accompagner sur l'Abitanis, la plus riche des mines que l'on connût encore. Un peuple nombreux, répandu sur la croupe de la montagne, y travaillait à tirer l'or des veines du rocher, mais avec indolence. Alonzo s'aperçut qu'à peine on daignait effleurer la terre, et qu'on abandonnait les veines les plus riches, dès qu'il fallait s'ensevelir pour les suivre dans leurs rameaux. « Ah! dit-il en soupirant, les Castillans pousseront ces travaux avec bien plus d'ardeur! Peuple timide et faible, ils te feront pénétrer dans les entrailles de la terre, en déchirer les flancs, en sonder les abimes. Tes maîtres opulents et superbes deviendront tributaires des talents et des arts de leurs laborieux voisins; ils verseront dans l'Europe les trésors de l'Amérique; et ce sera comme le bitume jeté dans la fournaise ardente : la cupidité, irritée par la richesse et par le luxe, s'étonnera de voir ses besoins renaissants ramener toujours l'indigence : l'or, en s'accumulant, s'avilira bientôt lui-même; le prix du travail, en croissant, suivra le progrès des richesses; leur stérile abondance, dans des mains plus avides, fera moins que leur rareté; et toi, malheureux peuple, tu languiras péniblement au fond de ces mines, épuisées par tes travaux, sans avoir enrichi l'Europe. Hélas! peut-être même en auras-tu accru la misère avec les besoins, et les malheurs avec les crimes! »

Alonzo, de retour à la ville du soleil, y reçut la réponse d'Ataliba; elle était conçue en ces mots : « Si le roi de Cusco a oublié la volonté de son père, celui de Quito s'en souvient. Il désire être l'ami et l'allié de son frère, mais il ne sera jamais au nombre de ses vassaux. »

Le jeune ambassadeur, qui voyait le moment où la guerre allait s'allumer, voulut préparer Huascar au refus de l'Inca son frère ; et l'ayant attiré auprès du temple, à l'endroit où étaient les tombeaux des rois : « Explique-moi, lui dit-il, Inca, par quel privilége ton père est le seul entre tous ces rois qui regarde en face l'image du soleil? — C'est comme son enfant chéri, lui répondit l'Inca, qu'il a seul cette gloire. — *Son enfant chéri?* N'est-ce pas la complaisance et le mensonge qui l'ont décoré de ce titre? — Tout son peuple le lui a donné, et tout un peuple n'est point flatteur. — Crois-moi, fais cesser, dit Alonzo, cette injuste distinction : tu sais bien qu'il n'en est pas digne. — Étranger, dit l'Inca, respecte et ma présence et sa mémoire. — Comment veux-tu, reprit Alonzo, que je respecte un roi que son fils va demain déclarer insensé, parjure et sacrilége? N'a-t-il pas couronné ton frère? n'a-t-il pas violé les lois? Celui dont les derniers soupirs ont allumé les feux de la guerre civile entre les enfants du soleil a-t-il mérité d'avoir place dans le temple du soleil et de le regarder en face? Ou tu es injuste, ou il le fut; la guerre est ton crime, ou le sien. Choisis : car le roi de Quito est résolu de s'en tenir à la volonté de son père. »

Un coursier fougueux et superbe n'est pas plus étonné du frein qu'un maître habile et courageux lui a mis pour la première fois que ne le fut le fier Inca de la raison puissante qu'opposait Alonzo à sa colère impétueuse. « Tu as donc reçu, dit-il au jeune Castillan, la réponse de ce rebelle? — Oui, dit Alonzo; et, grâce au ciel, il est digne par sa constance d'être ton ami et le mien. Je le désavouerais si, légitime roi, il se fût rendu tributaire. »

Huascar, plein de colère, rentra dans son palais. Le ressentiment, la vengeance furent les premiers mouvements qui s'élevèrent dans son cœur. Mais, en y cédant, il fallait déshonorer son père, outrager sa mémoire; c'était, dans les mœurs des Incas, le comble de l'impiété. La nature se soulevait à cette effroyable pensée; et l'âme d'Huascar, tour à tour emportée par deux sentiments opposés, ne savait, dans le trouble où elle était plongée, auquel des deux s'abandonner.

Ce fut dans ce combat pénible que son épouse chérie, la jeune et modeste Idali, le trouva livré à lui-même et si violemment agité qu'elle n'approcha qu'en tremblant. Idali menait par la main le jeune Xaïra, son fils, destiné à l'empire; et ses yeux, tendrement baissés sur cet enfant, versaient des pleurs. Le roi, levant sur elle un regard triste et sombre, la voit pleurer, lui tend la main, et lui demande le sujet de ses larmes. « Hélas! lui dit-elle, il n'y a qu'un moment, j'étais avec mon fils; Ocello, votre auguste mère, arrive pâle et désolée, le trouble et l'effroi dans les yeux. Malheureuse Idali! m'a-t-elle dit, tu te complais dans cet enfant, ton unique espérance; tu t'applaudis de sa destinée; mais, hélas! qu'elle est incertaine, et que le droit qui l'appelle à l'empire est mal assuré désormais! Voilà qu'une paix odieuse met la volonté des Incas à la place de nos lois saintes; et l'exemple une fois donné, tout leur sera permis. Le caprice d'un homme, l'adresse d'une femme, le charme de la nouveauté, la séduction d'un moment suffit pour renverser toutes nos espérances.

« Le fils de l'étrangère, au mépris de tout ce qu'il y a de plus saint, n'est-il pas couronné dans Quito et reconnu roi légitime? Ah! cher enfant, a-t-elle dit encore en pres-

sant mon fils dans ses bras, puisse ton père, après avoir
autorisé le parjure de ton aïeul, ne pas s'en prévaloir lui-
même! Ainsi a parlé votre mère; et elle demande à vous
voir. »

A l'instant Ocello parut; et aux reproches de l'Inca,
qui s'offensait de ses alarmes, elle ne répondit qu'en
l'accablant lui-même des reproches les plus amers.

« Fils indigne! venez-vous, lui dit-elle, de céder à l'orgueil rebelle de l'usurpateur de vos droits? Venez-vous
d'annoncer au monde que les lois du soleil doivent toutes
fléchir devant les volontés d'un homme? qu'un père injuste peut exclure son fils de l'héritage auquel la nature
l'appelle et en disposer à son gré?

— Je suis loin d'applaudir, lui répondit l'Inca, à ces
dangereuses maximes; et, si je dissimule l'iniquité d'un
père, croyez que je m'y vois forcé. » Alors il lui dit les
raisons qui s'opposaient à son ressentiment.

« N'espérez pas, repartit la fière Ocello, me tromper
par ces raisons spécieuses : je connais l'indigne motif de
cette étrange lâcheté; c'est l'indolence et la mollesse, la
peine de prendre les armes, et la frayeur d'être vaincu :
ainsi, du moins, va le penser tout un peuple, témoin de
cette paix infâme, et de vaines raisons ne l'éblouiront
pas. Le règne de tous vos aïeux a été marqué par la
gloire; le vôtre le sera par une honte ineffaçable. Cet
empire qu'ils ont fondé, qu'ils ont étendu, affermi par
leur courage et leur constance, vous, par votre faiblesse,
vous l'aurez dégradé, vous en aurez hâté la décadence
et la ruine; le sang aura perdu ses droits, et le premier
exemple de ce lâche abandon, c'est mon fils qui l'aura
donné! Est-ce là honorer la mémoire d'un père? et pour
lui, et pour vos aïeux, et pour ce dieu lui-même dont

vous êtes issu, le plus coupable des outrages, n'est-ce
pas d'avilir leur sang? Si votre père eut des vertus, imi-
tez-les : s'il eut un moment de faiblesse, c'est à vous de
le réparer noblement. »

L'Inca voulut insister sur les maux qu'entraînait la
guerre civile. « Non, non, dit-elle; allez souscrire à cette
paix déshonorante que l'usurpateur vous impose; et s'il
le faut, pour le fléchir, mettez votre sceptre à ses pieds.
O malheureux enfant! s'écria-t-elle enfin en embrassant
le jeune prince, que je te plains! et qui m'eût dit qu'un
jour tu aurais à rougir de ton père! » A ces mots elle
s'éloigna.

L'Inca, mortellement blessé de ces reproches, sortit
et fit dire à l'instant à l'ambassadeur de Quito que la
guerre était déclarée, et qu'il se hâtât de partir. Alonzo
lui fit demander qu'il voulût bien le voir encore; mais
ses instances furent vaines, et le soir même il fut rem-
mené au delà de l'Abancaï.

Ataliba fut consterné quand il apprit le mauvais succès
de l'entremise d'Alonzo. Il s'enferma seul avec lui, et
après l'avoir entendu : « Roi superbe, s'écria-t-il, rien
ne peut donc te fléchir; tu veux ou ma honte ou ma
perte! Le ciel est plus juste que toi, et il punira ton orgueil. » A ces mots, se précipitant dans les bras du
jeune Espagnol : « O mon ami! dit-il, que de sang tu vas
voir répandre! Nos peuples égorgés l'un par l'autre!...
Il l'aura voulu, il sera satisfait; mais la peine suivra le
crime.

— Dispose de moi, lui dit Alonzo. Avec la même ardeur que j'implorais la paix, laisse-moi repousser la
guerre; et, quel que soit le sort des armes, permets à
ton ami de vaincre ou de mourir à tes côtés.

« — Non, dit le prince en l'embrassant, je ne veux point t'associer aux forfaits d'une guerre impie. Garde ta valeur pour des périls dignes de toi. Tu n'es pas fait, sensible et vertueux jeune homme, pour commander des parricides. C'est bien assez que j'y sois condamné. Toi seul et quelques vrais amis à qui j'ai confié mes peines, vous lisez au fond de mon cœur. Le reste du monde, en voyant la discorde armer les deux frères, confondra l'innocent avec le criminel. Laisse-moi ma honte à moi seul, et ménage tes jours pour ne partager que ma gloire. »

Orozimbo et ses Mexicains, Capana et ses sauvages voulaient aussi s'armer pour sa défense. Mais il les refusa de même; et il ne leur permit, comme au jeune Espagnol, que de l'accompagner jusqu'aux champs d'Alausi sur les confins des deux royaumes.

Cependant, à l'un des sommets du mont Ilinissa, l'Inca de Quito fit arborer l'étendard de la guerre; et ses peuples, à ce signal, se mirent tous en mouvement

C'est dans les fertiles plaines de Riobamba qu'ils s'assemblent; et les premiers qui se présentent sont les peuples de ces campagnes qu'enferment, du nord au midi, deux longues chaînes de montagnes : vallons délicieux, et plus voisins du ciel que la cime des Pyrénées[1].

Du pied du Sanguaï, dont le sommet brûlant fume sans cesse au-dessus des nuages, du mugissant Cotopaxi[2], du

---

[1] Le sol du vallon de Quito est élevé au-dessus du niveau de la mer de quatorze cent soixante toises, c'est-à-dire plus que le Canigou et le Pic du midi, les plus hautes montagnes des Pyrénées. (M. DE LA CONDAMINE.)

[2] Ses éruptions ont été terribles en 1738, 1743, 1744, 1750 et 1753. En 1753, la flamme s'élevait à cinq cents toises au-dessus du

terrible Latacunga[1], du Chimboraço, près duquel l'Hé-
mus, le Caucase, l'Atlas ne seraient que d'humbles collines[2]; du Cayambur, qui, noirci de bitume, le dispute
au Chimboraço, tous ces peuples courent aux armes pour
la défense de leur roi.

Des régions du nord s'avancent ceux d'Ibara et de
Carangué, peuple indigent, fourbe et féroce, avant qu'il
eût été dompté, mais depuis heureux et fidèle. Il avait
jadis égorgé sur l'autel de ses dieux et dévoré dans ses
festins les Incas qu'on lui avait laissés pour l'apprivoiser
et l'instruire. Ce crime fut suivi d'un châtiment épouvantable; et le lac où furent jetés les corps mutilés des perfides[3] s'est appelé le lac de Sang[4].

A ce peuple se joint celui d'Otovalo, pays fertile[5], et
sillonné de mille ruisseaux, qui, sous un ciel brûlant, répandent dans les plaines une salutaire fraîcheur.

Des rivages du couchant, depuis Acatamès jusqu'aux
champs de Sullana, tous les peuples de ces vallées qu'ar-
rosent l'Émeraude, la Saya, le Dolé, et les rameaux du
fleuve dont la rapidité refoule les flots du golfe de Tumbès, viennent, le carquois sur l'épaule et la lance à la

sommet de la montagne. En 1743, le bruit de l'éruption se fit entendre à cent vingt lieues. Le volcan a lancé à trois lieues dans la
plaine des éclats de rocher de douze à quinze toises cubes. (M. DE
LA CONDAMINE.)

[1] En 1738, le tremblement de cette montagne renversa le bourg
de son nom et celui de Hambato. Les habitants furent presque tous
ensevelis sous les ruines.

[2] La hauteur du Chimboraço est de trois mille deux cent vingt toises au-dessus du niveau de la mer.

[3] Au nombre de deux mille selon Garcilasso, et de vingt mille selon Pedro de Cieça.

[4] *Yahuar-Cocha.*

[5] La terre y produit cent cinquante pour un.

main, se rendre où l'Inca les appelle; et dès qu'il les voit assemblés [1] il leur parle en ces mots :

« Peuples que mon père a soumis par ses bienfaits autant que par ses armes, vous souvient-il de l'avoir vu, avec ses cheveux blancs et son air vénérable, s'asseoir au milieu de vous, et vous dire : Soyez heureux; c'est tout le prix de ma victoire. Il est mort ce bon roi; il a laissé deux fils, et il leur a dit en mourant : Régnez en paix, l'un au midi, et l'autre au nord de mon empire. Mon frère, alors content de ce partage, a dit à ce père expirant : Ta volonté sera pour nous une loi sainte. Il l'a dit, et il se dément, et il prétend me dépouiller de l'héritage de mon père. Peuples, je vous prends pour mes juges. Abandonnez-moi, si j'ai tort; si j'ai raison, défendez-moi. — Tu as raison, s'écrièrent-ils d'une commune voix; et nous embrassons ta défense. — Voilà mon fils, reprit l'Inca, celui qui me doit succéder, et me surpasser en sagesse, car il a, comme moi, l'exemple des rois nos aïeux, et de plus il aura le mien. — Qu'il vive, répondent ces peuples; et, quand tu ne seras plus, qu'il nous rappelle son père ! — Venez donc, poursuivit l'Inca, défendre mes droits et les siens. Mon frère, plus puissant que moi, me dédaigne, et fait à loisir les apprêts d'une guerre dont sans doute il se flatte que le signal me fait trembler; je veux le prévenir avant qu'il ait pu rassembler ses forces. Demain nous marchons à Cusco. »

Dès le jour suivant, il s'avance, par les champs d'Alausi, vers les murs de Cannare, ville célèbre encore par sa magnificence et par ses trésors enfouis. Les Incas, en

---

[1] Ils étaient au nombre de trente mille.

la décorant de murs, de palais et de temples, en avaient
fait une forteresse pour dominer sur les Chancas.

Cette nation des Chancas, nombreuse, aguerrie et puissante, embrasse une foule de peuples. Les uns, comme
ceux de Curampa, de Quinvala et de Tacmar, fiers de se
croire issus du lion qu'adoraient leurs pères, se présentent, encore vêtus de la dépouille de leur dieu, le front
couvert de sa crinière, et portant dans les yeux son orgueil menaçant. D'autres, comme ceux de Sulla, de
Vilca, d'Hanco, d'Urimarca, se vantent d'être nés, ceux-
là d'une montagne, ceux-ci d'une caverne, ou d'un lac,
ou d'un fleuve, à qui leurs pères immolaient les pre-
miers-nés de leurs enfants. Ce culte horrible est aboli;
mais on n'a pu les détromper encore de leur fabuleuse
origine, et cette erreur soutient leur courage guerrier.

A l'approche d'Ataliba, ces peuples, surpris et sans
défense, lui firent demander pourquoi, les armes à la
main, il pénétrait dans leur pays? « Je vais, leur répondit l'Inca, supplier le roi de Cusco de m'accorder son
alliance, et lui jurer s'il y consent, sur le tombeau de
notre père, une inviolable amitié. »

Rien ne ressemblait moins à un roi suppliant que ce
prince à la tête d'une puissante armée; mais on fit sem-
blant de le croire; et, trompé par les apparences, il allait passer plus avant, lorsqu'il vit entrer dans sa tente
l'un des caciques du pays. Ce cacique, qu'avait blessé
l'orgueil de l'Inca de Cusco, salue Ataliba, et lui tient
ce langage : « Tu crois passer en sûreté chez un peuple
à qui tu défends qu'on fasse injure et violence; apprends
que dans un conseil où je viens d'assister on a conspiré
contre toi. Je t'aime, parce qu'on m'assure que tu es
affable et bon; et je hais ton rival, parce qu'il est dur et

superbe. Il m'a humilié. Je suis fils du lion; je ne veux pas qu'on m'humilie. »

Ataliba rendit grâce au cacique, et consulta ses lieutenants sur l'avis qu'il avait reçu. Ses lieutenants étaient Palmore et Corambé, tous deux nourris dans les combats, sous les drapeaux du roi son père, et révérés des troupes, qu'ils avaient aguerries dans la conquête de Quito. « Prince, lui dit l'un d'eux, voyez ces plaines où s'élèvent des monceaux d'ossements ensevelis sous l'herbe; ce sont les restes honorables de vingt mille Chancas, morts dans une bataille [1] en défendant leur liberté. Leurs enfants ne sont point des hommes sans courage. Vainqueurs, nous leur imposerons, je le crois; mais le sort des combats est trompeur; et celui-là est insensé qui n'en prévoit pas l'inconstance. J'ose espérer de vaincre, sans me dissimuler que nous pouvons être vaincus; et alors je les vois, ces peuples, enhardis par notre défaite, tomber sur une armée éparse et fugitive, et achever de l'accabler. Ne négligez donc pas l'avis de ce cacique. La forteresse de Cannare est un point d'appui, de défense, et de ralliement au besoin. Ce poste, auquel le salut de l'armée est attaché, ne peut être remis en des mains trop fidèles; et, si j'ose le dire, Inca, c'est à vous-même à le garder. »

L'Inca ne vit, dans ce conseil prudent, que l'intention de le laisser en un lieu sûr; et il le prit pour une offense. « Si ma présence vous fait ombrage, dit-il à Corambé, vous me connaissez mal. Votre âge, vos exploits, l'es-

---

[1] Sous le règne de l'Inca Roca : il resta sur la place trente mille hommes, huit mille du côté des Incas. La plaine Sascahuana, où se donna cette bataille, fut appelée *Yahuar-Pampa*, *Campagne de sang*.

time de mon père, vous ont acquis ma confiance; et je
n'ai jamais su la donner à demi. Vous commanderez; je
serai votre premier soldat : on apprendra de moi à vous
obéir avec zèle; et si la victoire est à nous, n'ayez pas
peur que votre roi vous en dérobe le mérite. Quant au
soin de mes jours, ce n'est pas le moment de nous en
occuper. Ce sont mes droits qu'on va défendre; il serait
honteux que sans moi l'on combattît pour moi. Ne me
parlez donc plus de me tenir loin des combats.

— Non, prince, lui dit Corambé, je vous servirais mal
si je vous croyais lâche; mais moi, vous me croyez jaloux
et envieux de votre gloire. Vous vous reprocherez d'a-
voir fait cette injure au zèle d'un ami, que votre père a
mieux connu.

— Ah! généreux vieillard, pardonne, lui dit l'Inca en
l'embrassant. J'ai été un moment injuste; mais pourquoi
vouloir me laisser oisif à l'ombre de ces murs?

— J'y resterai, lui dit Corambé. Laissez-moi trois mille
hommes, et ces vaillants caciques, et cet étranger qui,
comme eux, ne demande qu'à vous servir. » L'Inca n'hésita point. Alonzo, Capana, le vaillant Orozimbo, les sauvages, les Mexicains applaudirent tous avec joie, résolus
de verser leur sang pour la défense de l'Inca. Ayant donc
laissé avec eux trois mille hommes d'élite dans les murs
de Cannare, il fit avancer son armée vers les champs de
Tumibamba.

Cependant le roi de Cusco se hâtait d'assembler ses
troupes; et tous les peuples d'alentour quittaient leurs
champs, volaient aux armes et se rendaient auprès de lui.

Des bords de ce lac célèbre [1], où Manco descendit, les

[1] Le lac de Collao.

peuples d'Assilo, d'Avancani, d'Uma, d'Urco, de Cayavir, de Mullama, d'Assan, de Cancola et d'Ilillavi, compris sous le nom de Collas, quittent leurs riants pâturages, où ils adoraient autrefois un bélier blanc, comme le dieu de leurs troupeaux et la source de leurs richesses.

De son côté s'avance la fière et courageuse nation des Charcas. C'est la raison qui l'a soumise, et non pas la force des armes. Lorsque les Incas lui annoncèrent qu'ils venaient lui donner des lois, ses jeunes guerriers, pleins d'ardeur, demandèrent tous à combattre et à mourir, s'il le fallait, pour la défense de leur liberté. Les vieillards leur firent l'éloge de la sagesse des Incas et de leur bonté généreuse; les armes leur tombèrent des mains, et ils allèrent tous en foule se prosterner aux pieds de ce fils du soleil qui voulait bien régner sur eux.

Plus sage encore avait été le vaillant peuple de Chayanta. Le prince qui l'allait soumettre lui fit dire qu'il lui apportait des lois, des mœurs, une police, un culte, une façon de vivre enfin plus raisonnable et plus heureuse. « S'il est vrai, répondirent les Chayantas aux députés, votre roi n'a pas besoin d'une armée pour nous réduire. Qu'il la laisse sur nos frontières; qu'il vienne et qu'il nous persuade, nous lui serons soumis; c'est au plus sage à commander. Mais qu'il promette aussi de nous laisser en paix, si, après l'avoir entendu, nous ne voyons pas comme lui, à changer de culte et de mœurs, l'avantage qu'il nous annonce. » A des conditions si justes, l'Inca vint presque sans escorte; il parla, il fut écouté; et, quand ce peuple eut bien compris qu'il était utile pour lui de se ranger sous les lois des Incas, il se soumit et rendit grâces.

En plus petit nombre s'avancent les peuples qui, vers

l'orient, cultivent le pied des montagnes inaccessibles des Antis. Leurs aïeux adoraient d'énormes couleuvres [1], dont ce pays sauvage abonde. Ils adoraient aussi le tigre à cause de sa cruauté. Ils en ont abjuré le culte, mais ils font toujours gloire d'en porter la dépouille, et leur cœur n'en a point encore oublié la férocité. Chez les Antis, dont ils descendent, la mère, avant de présenter le sein à son nourrisson, le trempe dans le sang humain, afin qu'ayant sucé le sang avec le lait, les enfants en soient plus avides.

Du côté du nord, se replient vers les bords de l'Apurimac, les peuples de Tumibamba, de Cassamarca, de Zamore, et cette nation farouche, dont les murs ont gardé le nom du Contour [2], le dieu de ses pères. Un panache des plumes de cet oiseau terrible [3] distingue ces peuples guerriers, et flotte sur leur tête altière.

Après eux vient l'élite des peuples de Sura, pays fertile, où germe l'or; de Rucana, où la beauté semble être un des dons du climat, tant la nature en est prodigue! et des champs de Pumalacta [4], autrefois repaire sauvage des lions que l'homme adorait.

Des plaines du couchant se rassemblent en foule les vaillants peuples d'Imata, de Collapampa, de Quéva, par qui l'empire fut sauvé de la révolte des Chancas [5], et

[1] Elles ont jusqu'à vingt-cinq et trente pieds de longueur.

[2] Cuntur-Marca..

[3] Il est noir et blanc comme la pie. La nature lui a refusé des serres; mais il a le bec si dur et si fort, que d'un seul coup il perce le cuir d'un taureau. Les ailes déployés, il a plus de vingt pieds d'envergure. Deux de ces oiseaux suffisent pour tuer un taureau et pour le dévorer.

[4] Dépôt du lion.

[5] Sous l'inca Roca.

qui portent encore les marques de leur gloire. Ces marques sont pour eux les mêmes que pour les enfants du soleil [1].

Enfin venaient les habitants des riches vallées d'Yca, de Pisco, d'Acari, de Nasca, de Rimac, docilement soumis; et ceux d'Huaman, plus rebelles, mais enfin réduits à leur tour. Lorsqu'on leur avait proposé de recevoir le culte et les lois des Incas, ils avaient répondu qu'ils adoraient la mer, divinité féconde et libérale; qu'ils ne défendaient point aux peuples des montagnes d'adorer le soleil qui leur faisait du bien, et dont la chaleur tempérait l'âpreté de leurs froids climats; mais que pour eux qu'il consumait, et dont il brûlait les campagnes, ils n'en feraient jamais leur dieu; qu'ils étaient contents de leur roi comme de leur divinité, et qu'au prix de leur sang ils étaient résolus à les défendre l'un et l'autre. La guerre fut longue et terrible; mais l'ennemi, pour les réduire, ayant fait couper les canaux qui arrosaient leurs sillons arides, la nécessité fit la loi; et la douce équité du règne des Incas fit oublier leur violence.

Ces nations à peine étaient rendues sous les murailles de Cusco, lorsqu'on apprit que le roi de Quito s'avançait vers Tumibamba. Huascar voulait aller l'attendre au passage du fleuve qui baigne ces campagnes. Mais la fortune le servit mieux que la prudence et le conseil.

Ataliba avait passé le fleuve, et voulait établir son camp sur la colline opposée. Le jour penchait vers son déclin. L'armée de Quito avait fait une longue marche,

---

[1] Les cheveux coupés, les oreilles percées, et la frange *lautu* sur le front.

et le soldat, excédé de fatigue, n'eût demandé que le
repos. Mais, ranimé par la voix de l'Inca, il montait la
colline avec sécurité. Tout à coup, sur la cime, se présente en colonne l'armée du roi de Cusco. A la vue de
l'ennemi, elle se déploie ; à l'instant le signal du combat se donne. L'avantage du lieu, du nombre, sur des
troupes déjà vaincues par l'épuisement de leurs forces,
rendit leur courage inutile. Ceux de Quito, vingt fois
ralliés et rompus, ne durent leur salut qu'aux ombres
de la nuit, qui favorisa leur retraite. Il fallut repasser le
fleuve ; et le roi, qui voulut en personne protéger ce
passage, s'étant laissé envelopper, fut pris et enlevé par
l'ennemi.

Huascar dédaigna de le voir. « Il aura le sort d'un
rebelle, dit-il ; qu'on le garde avec soin dans le fort de
Tumibamba ! »

Ce désastre porta la désolation dans l'armée du roi
captif. Tout le camp était en tumulte. Le fils d'Ataliba
y courait éperdu, et criait à ces peuples en leur tendant
les bras : « Mes amis ! rendez-moi mon père. » Sa douleur, son égarement redoublaient encore la tristesse dont
les esprits étaient frappés.

Palmore affligé, mais tranquille, va à la rencontre de
Zoraï, et, le ramenant dans sa tente, lui dit : « Prince,
modérez-vous ; rien n'est désespéré. Vos peuples sont
fidèles. Votre père est vivant. Il vous sera rendu. —
Vous me flattez, dit le jeune homme tremblant de frayeur
et de joie. — Je ne vous flatte point ; il vous sera rendu,
dit le vieillard. Allez, et donnez à vos peuples l'exemple
de la fermeté. »

La nuit vint ; un silence morne, répandu dans toute
l'armée, marquait la consternation. Palmore seul, en-

fermé dans sa tente, veillant et méditant, se disait à lui-même : « Que ferai-je? Si par la force je tente de délivrer mon roi, je connais bien son ennemi, il le fera périr plutôt que de le rendre ; et si je laisse voir de l'irrésolution, de la faiblesse et de la crainte, le découragement s'empare de l'armée : elle va tout abandonner. »

Comme il était plongé dans ces tristes pensées, un vieux soldat se présente à lui : « Me reconnais-tu? lui dit-il. J'ai combattu sous tes enseignes dans la conquête de Quito. Tu vois encore mes cicatrices. Quand le cacique de Tacmar fut vaincu, pris et enfermé dans le fort de Tumibamba, je fus l'un de ses gardes. On vint pour l'enlever ; et par une longue caverne on allait percer sa prison. L'entreprise fut découverte ; et Tacmar, réduit à se rendre, obtint que son cacique fût mis en liberté. La paix fit oublier la guerre, et l'on négligea de combler le chemin creusé sous le fort : seulement d'épais mangliers en dérobent l'entrée ; mais elle m'est connue ; et si la prison de l'Inca est, comme je le crois, la prison du cacique, je ne veux que dix hommes d'un courage éprouvé pour le délivrer cette nuit. »

Palmore applaudit à son zèle, lui dit de se choisir lui-même des compagnons dignes de lui, et, dans le plus profond silence, il les voit s'éloigner du camp ; mais il passe la nuit dans les plus cruelles alarmes. Il craint, il espère. Il y va de la liberté et de la vie de son roi. Il l'aura sauvé ou perdu. Ce moment fatal en décide.

Cependant le roi de Quito gémit sous le poids de ses chaines, plus tourmenté par la pensée de ses peuples et de son fils, que par le sentiment de son propre malheur.

Tout à coup, au milieu de ces réflexions où son âme

était abîmée, il entend un bruit souterrain. Il écoute; ce
bruit approche. Il sent frémir la terre sous ses pas. Il
recule. Il la voit s'écrouler. A l'instant s'élève comme
d'un tombeau un homme qui, sans lui parler, lui fait le
geste du silence, et l'ayant saisi par la main, l'entraîne
dans l'abîme qui vient de s'ouvrir devant lui. Ataliba,
sans résistance, se livre à son guide; il le suit, et, à
l'issue de la caverne, il se voit entouré de soldats qui lui

disent : « Venez, prince, vous êtes libre. Venez, vos
peuples vous attendent. Rendez-leur la vie et l'espoir.
— Je suis libre, et par vous! O mes libérateurs, leur
dit-il en les embrassant, que ne vous dois-je pas! Serai-
je assez puissant pour vous récompenser jamais? Ache-

vez. Il s'agit de frapper les esprits par l'apparence d'un prodige. Cachez-leur que c'est vous qui m'avez délivré. » Ils lui promettent le silence; et, à la faveur de la nuit, Ataliba passe le fleuve, arrive dans son camp, et pénètre sans bruit jusqu'à la tente de Palmore.

Le vieillard qu'avait épuisé le tourment de l'inquiétude, en revoyant son maître, se jette à ses genoux. L'Inca se relève et l'embrasse. « Soldats, que l'un de vous, sans bruit, coure annoncer au prince le retour de son père! » dit Palmore; et l'instant d'après arrive, dans l'égarement de la surprise et de la joie, ce fils si tendre et si chéri. Les transports mutuels du jeune Inca et de son père furent interrompus, au réveil de l'armée, par les cris d'une multitude empressée à revoir son roi. Il parut; les cris redoublèrent : « Le voilà, c'est lui, c'est lui-même. Il est libre. Il nous est rendu.

— Oui, peuple, dit Ataliba, le soleil mon père a trompé la vigilance de mes ennemis. Il m'a fait échapper des murs qui m'enfermaient. Ma délivrance est son ouvrage. »

A ce récit, la multitude ajoute, (car elle aime à exagérer l'objet de son étonnement) qu'Ataliba, pour s'échapper de sa prison, a été changé en serpent[1]. Ce bruit vole de bouche en bouche. On le croit et on le publie comme un signe éclatant de la faveur du ciel.

« Palmore, dit le roi, voilà bien le moment de surprendre mes ennemis, et de réparer ma disgrâce.

— Non, prince, non, lui dit Palmore, vous ne vous exposerez plus. C'est assez des frayeurs que cette nuit nous a causées. Allez vous joindre à ceux qui défendent Can-

----

[1] Ce trait-là est d'après l'histoire.

nare, et me renvoyez Corambé. « Le roi céda à ses instances, et il fit appeler son fils.

« Prince, lui dit-il, je vous laisse sous la conduite de
mes amis et sous la garde de mes peuples. Souvenez-
vous de vos aïeux. Ils portèrent dans les combats une
sage intrépidité. Imitez leur prudence, ou plutôt consul-
tez celle des chefs qui vous commandent. Une sage docilité pour les conseils de ceux que les ans ont instruits,
est la prudence de votre âge. Mes amis, dit-il à Palmore et aux guerriers qui l'entouraient, je vous le confie, et sur lui je vous donne les droits d'un père. Adieu,
mon fils, reviens digne de toute ma tendresse. » A ces
mots, pressant dans ses bras ce jeune homme, dont la
beauté noble avec modestie et fière avec douceur était
l'image de la vertu dans l'ingénue adolescence, le roi
laissa échapper quelques larmes : et fixant sur Palmore
et sur les caciques un regard qui leur exprimait toute
l'émotion de son cœur paternel, il leur remit son fils et
détourna les yeux.

Tandis qu'Ataliba, pour retourner à Cannare, traversait les champs de Loxa, la révolte des Cannarins venait d'éclater. Tout un peuple environnait la citadelle,
et menaçait de couper les canaux des fontaines qui l'a-
breuvaient. L'extrémité était pressante. Pour forcer ce
peuple aguerri à lever le siége, il fallait sortir des murs,
et l'attaquer, au risque d'être enveloppé et d'être accablé sous le nombre.

Alors parut le plus étonnant des phénomènes de la
nature. L'astre adoré dans ces climats s'obscurcit tout à
coup au milieu d'un ciel sans nuages. Une nuit soudaine
et profonde investit la terre. L'ombre ne venait point
de l'orient; elle tomba du haut des cieux, et enveloppa

l'horizon. Un froid humide a saisi l'atmosphère. Les animaux, subitement privés de la chaleur qui les anime, de la lumière qui les conduit, dans une immobilité morne, semblent se demander la cause de cette nuit inopinée. Leur instinct qui compte les heures, leur dit que ce n'est pas encore celle de leur repos. Dans les bois, ils s'appellent d'une voix frémissante, étonnés de ne pas se voir : dans les vallons, ils se rassemblent et se pressent en frissonnant. Les oiseaux, qui, sur la foi du jour, ont pris leur essor dans les airs, surpris par les ténèbres, ne savent où voler. La tourterelle se précipite au-devant du vautour, qui s'épouvante à sa rencontre. Tout ce qui respire est saisi d'effroi. Les végétaux eux-mêmes se ressentent de cette crise universelle.

Et l'homme !… ah ! c'est pour lui que la réflexion ajoute aux frayeurs de l'instinct le trouble et les perplexités d'une prévoyance impuissante. Aveugle et curieux, il se fait des fantômes de tout ce qu'il ne conçoit pas, et se remplit de noirs présages, aimant mieux craindre qu'ignorer. Heureux, dans ce moment, le peuple à qui des sages ont révélé les mystères de la nature ! Ils ont vu sans inquiétude l'astre du jour, à son midi ! dérober sa lumière au monde ; sans inquiétude ils attendent l'instant marqué où notre globe sortira de l'obscurité. Mais comment exprimer la terreur et l'épouvante dont ce phénomène a frappé les adorateurs du soleil ! Dans une pleine sérénité, au moment où leur dieu, dans toute sa splendeur, s'élève au plus haut de sa sphère, il s'évanouit ! et la cause de ce prodige, et sa durée, ils l'ignorent profondément. La ville de Quito, la ville du soleil, Cusco, les camps des deux Incas, tout gémit, tout est consterné.

À Cannare, une horreur subite avait glacé tous les esprits. Les assiégés, les assiégeants avaient le front dans la poussière. Alonzo, tranquille au milieu de ces Indiens éperdus, observait avec un étonnement mêlé de compassion ce que peuvent sur l'homme l'ignorance et la peur. Il voyait pâlir et trembler les guerriers les plus intrépides. « Amis, dit-il, écoutez-moi. Le temps presse ; il est important que votre erreur soit dissipée. Ce qui se passe dans le ciel n'est point un prodige funeste. Rien de plus naturel : vous l'allez concevoir, vous allez cesser de le craindre. » Les Indiens, que ce langage commence à rassurer, prêtent un oreille attentive ; et Alonzo poursuit : « Lorsqu'à l'ombre d'une montagne, vous ne voyez point le soleil, sans vous en effrayer, vous dites : La montagne me le dérobe ; ce n'est pas lui ; c'est moi qui suis dans l'ombre ; il est le même dans le ciel. Eh bien ! au lieu d'une montagne, c'est un globe épais et solide, un monde semblable à la terre, qui dans ce moment passe au-dessous du soleil. Mais ce monde, qui suit sa route dans l'espace, va s'éloigner ; et le soleil va reparaître plus beau, plus brillant que jamais. N'ayez donc plus de peur d'une ombre passagère, et profitez de l'épouvante dont vos ennemis sont frappés. »

Le caractère de l'erreur, chez les peuples du Nouveau-Monde, est de n'avoir point de racines. Elle tient si peu aux esprits, que le premier souffle de la vérité l'en détache. Ils l'ont prise sans examen, ils l'abandonnent sans résistance. Alonzo, par le seul moyen d'une image claire et sensible, a détrompé tous les esprits, et a ranimé tous les cœurs. On vit en effet le soleil qui, comme un cercle d'or brillant au bord de l'ombre, commençait à se dégager « Quoi ! ce n'est donc ni défaillance, ni colère dans notre dieu? » s'écrièrent-ils. A ces mots. Corambé achevant de dissiper leur crainte . « Soldats, dit-il, j'ai déjà vu arriver ce qu'il nous annonce. Il est plus éclairé que nous. Hâtez-vous donc, prenez vos armes, sortons, et chassons ces rebelles que la frayeur a déjà vaincus. »

Aux cris des assiégés, qui, dès le crépuscule du jour renaissant, s'élançaient hors des murs de la citadelle, les Cannarins s'abandonnèrent à une terreur insensée. On fit main basse sur leur camp ; un instant le mit en déroute ; et le soleil, éclairant ses campagnes, les vit jonchées de mourants et de morts.

Alonzo, dans cette sortie, n'avait point quitté Capana ; et, à la tête des sauvages, ils achevaient de dissiper les bataillons qu'ils avaient rompus, lorsqu'ils virent de loin un autre combat s'engager. « Voilà, je crois, dit Alonzo, une troupe de nos amis sur qui les Cannarins se vengent. Volons à leur secours. » Ils traversent la plaine avec la rapidité d'un vent orageux ; et un tourbillon de poussière marque la trace de leurs pas. Ils arrivent. C'était le roi, c'était l'Inca lui-même, qu'une vaillante escorte environnait, et défendait contre une foule d'ennemis.

Au bandeau qui lui ceint la tête à l'éclat de son bouclier, et plus encore à son courage, Alonzo reconnaît le roi de Quito. L'éclair fend le nuage avec moins de vitesse que le glaive du Castillan n'entr'ouvre l'épais bataillon qui presse Ataliba. Celui-ci voit Alonzo, et croit voir la victoire. Il ne se trompait pas. Leurs efforts réunis enfoncent, repoussent, renversent tout ce qui s'oppose à leurs coups.

Dès que les Cannarins, dispersés devant eux, ont pris

la fuite, Ataliba, se jetant dans les bras d'Alonzo :
« Qu'il m'est doux, lui dit-il, ô mon ami, de te devoir
ma délivrance! Mais je suis blessé. Je te laisse le soin de
rallier mes troupes. Fais grâce aux vaincus désarmés. »
A ces mots, pâle et chancelant, il se fit porter dans le
fort.

Sa blessure était douloureuse, mais elle ne fut pas
mortelle. La gomme du mulli, ce baume précieux dont
la nature a fait présent à ces climats, comme pour expier
le crime d'y avoir fait germer l'or, ce baume, versé
dans la plaie, en fut la guérison, et rendit ce malheureux prince à la vie et à la douleur.

Corambé porta dans le camp la nouvelle de la victoire de l'Inca sur les Cannarins. Mais Palmore voulut
attendre qu'elle fut répandue dans le camp ennemi, et
qu'elle y eût jeté l'alarme. Alors il s'y rendit lui-même;
et parlant au roi de Cusco : « L'Inca ton frère, lui dit-
il, t'a demandé la paix; et tu lui as déclaré la guerre.
Il est venu au-devant de la guerre, et il demande encore la paix. Un moment d'imprudence, que t'a donné
sur nous l'avantage d'une surprise, ne nous a point découragés, et ne doit point t'enorgueillir. Nous souhai-
tons la paix, uniquement par amour de la paix, et par
la juste horreur que nous inspire la guerre civile. Inca,
pèse bien ta réponse. Nos lances sont baissées, nos arcs
sont détendus, la flèche de la mort repose dans le carquois; songe, avant qu'elle soit tirée, aux malheurs
qu'un mot de ta bouche peut prévenir, ou peut causer.
C'est ici surtout que la parole est meurtrière, et que la
langue d'un roi est un dard à cent mille pointes. Tu réponds au soleil ton père du sang de ses enfants et de
celui de tes sujets. L'égalité, l'indépendance, mais la

concorde et l'union, voilà ce que le roi ton frère me charge de t'offrir et de te demander. »

Le monarque lui répondit, que les Incas ses aïeux n'avaient jamais reçu la loi. Palmore, en gémissant, lui dit : « Eh bien, tu le veux!... A demain. » Et il retourna dans son camp.

L'aube du jour vit les deux armées se déployer dans la campagne. C'était la première fois, depuis onze règnes, qu'on voyait arborer dans les deux camps l'étendard de Manco. C'est le gage de la victoire; et le centre où il est placé est le point le plus important de l'attaque et de la défense.

Loin de ce centre périlleux, et sur une éminence, du côté de Cusco, étincelle aux rayons du jour le trône d'Huascar porté par vingt caciques, et ombragé d'un pavillon de plumes de mille couleurs. Huascar du haut de ce trône domine sur la campagne, et semble présider au sort du combat qui va se donner.

Les deux armées, d'un pas égal, marchent l'une à l'autre; et soudain le cri de guerre de ces peuples, ce mot formidable, *Illapa*[1], répété par cent mille voix, fait retentir les bois et les montagnes. A ce cri redoublé se joint le sifflement des flèches qui vont se tremper dans le sang.

Mais bientôt les carquois s'épuisent; et la flèche, dès ce moment, fait place au javelot, qui, lancé de plus près, porte des coups plus assurés. Bientôt on voit les bataillons flottants s'éclaircir et se resserrer pour remplir et cacher leurs vides. La douleur étouffe ses

[1] On a déjà dit que ce mot signifiait *l'éclair, le tonnerre et la foudre*.

cris, la mort est farouche et muette; et pour ne pas
donner à l'ennemi la joie d'entendre de honteuses plain-
-tes, l'Indien renferme en lui-même jusqu'à ses derniers
soupirs.

Au javelot succèdent la hache et la massue, armes
terribles chez des peuples à qui le fer et le salpêtre
sont encore inconnus. Jusque-là une égale intrépidité
avait rendu le combat douteux : la victoire, incertaine
entre les deux armées, planant sur le champ de bataille, trempait des deux côtés ses ailes dans le sang.
Mais le moment de la mêlée fit voir quel avantage
avaient des peuples aguerris sur des peuples longtemps
paisibles. Ce que l'armée de Cusco avait de plus vaillant défendait la colline. Le reste, composé de pasteurs
amollis dans une douce oisiveté, avait l'avantage du
nombre, qui ne peut balancer longtemps celui de la valeur. De nouveaux bataillons se présentaient en foule
à la place de ceux qui, rompus et défaits, tournaient le
dos à l'ennemi; mais ils succombaient à leur tour.
Pas à pas ceux de Quito s'avancent, et menacent d'envelopper le corps qui défend l'étendard. Le roi de
Cusco voit de loin fléchir le centre de son armée; il détache de la colline l'élite des peuples guerriers qui gardaient sa personne. C'est ce qu'attendait Corambé; et
tandis que ce corps détaché vole au centre, lui-même,
avec des bataillons qu'il a choisis et réservés, il marche
droit à la colline, enfonce l'enceinte affaiblie du trône
de l'Inca, s'ouvre par le carnage un chemin sanglant
jusqu'à lui, le fait prendre vivant, le fait charger de
liens, et l'entraîne.

Aussitôt mille cris funestes avertissent de ce malheur.
Le bruit s'en répand dans l'armée, et y porte le déses=

poir. Tout s'épouvante et se disperse. On ne voit que des peuples désolés, éperdus, jeter leurs armes et s'enfuir. La douleur, le trouble, l'effroi leur interdit même la fuite : ils tombent épars dans la plaine, et vaincus, ils n'ont plus d'espoir qu'en la clémence des vainqueurs; mais c'est vainement qu'ils l'implorent. Plus de pitié : l'aveugle rage transporte ceux d'Ataliba. Les deux vieillards qui les commandent ont beau leur crier de cesser, d'épargner le sang, le sang coule et ne peut les rassasier. Jamais ils ne croiront avoir assez vengé la perte qui les rend furieux et barbares. Leur prince, le fils de leur roi, Zoraï ne vit plus. O père infortuné! que tu vas pleurer ta victoire!

A l'attaque de l'étendard, Zoraï s'avançait à la tête des siens, qu'il animait par son exemple. A sa jeunesse, à sa beauté, au feu de son courage, tous les cœurs se sentaient émus. L'ennemi, le voyant s'exposer à ses coups, l'admirait, le plaignait, oubliait de le craindre, et aucun n'osait le frapper. Un seul, et ce fut l'un des féroces Antis, au moment que le jeune prince, au fort de la mêlée, venait de saisir l'étendard, lui lance une flèche homicide. Le caillou dont elle est armée lui perce le sein. Il chancelle : ses Indiens s'empressent de le soutenir, mais, hélas! inutilement. Le feu de ses regards s'éteint, l'éclat de sa beauté s'efface, le frisson de la mort commence à se répandre dans ses veines. Tel, sur le bord d'une forêt, un jeune cèdre, déraciné par un coup de vent furieux, ne fait que se pencher sur les cèdres voisins, qui le soutiennent dans sa chute. On le croirait encore vivant; mais la langueur de ses rameaux et la pâleur de son feuillage annoncent qu'il est détaché de la terre qui l'a nourri. Tel, appuyé sur ses soldats, parut le jeune Inca mortellement blessé. « O mon père ! dit-il d'une voix défaillante, ô quelle sera la douleur ! Amis, achevez. Que mon sang lui ait au moins acquis la victoire. Vous envelopperez mon corps dans ce drapeau qui m'a coûté la vie, pour dérober aux yeux d'un père une image trop affligeante, et pour le consoler, en l'assurant que je suis mort digne de lui. »

Le cri de la douleur, le cri de la vengeance retentissaient autour du jeune prince. « Non, dit-il, c'est assez de vaincre ; je ne veux point être vengé. Je suis Inca, et je pardonne. » On l'emporte loin du combat, dont la fureur se renouvelle ; peu d'instants après, soulevant sa paupière vers la montagne de Quito, il prononce encore une fois le nom, le tendre nom de père, et il rend le dernier soupir. C'est dans ce moment même que des cris lamentables annoncent à ceux de Cusco que leur roi vient d'être énlevé.

D'un côté l'épouvante, de l'autre côté la fureur, ne présentèrent dès lors, dans les camps de Tumibamba, que la déroute et le carnage. Cusco fut prise et saccagée ; l'aîné des frères de son roi, le vaillant et sage Mango, qui la défendait, vit enfin qu'il fallait périr ou céder : il fit sa retraite en combattant, et se sauva vers les montagnes. A peine la fière Ocello, la modeste et touchante Idali, avec cet enfant précieux[1] que sa naissance avait destiné à l'empire, eurent le temps de s'échapper ; et les généraux d'Ataliba, après des efforts inouïs pour faire cesser le ravage, rallièrent enfin leurs troupes sur le bord de l'Apurimac.

[1] Xaïra.

C'est là que frémissait Huascar, sous une garde inexorable. Palmore et Corambé, en entrant dans sa tente, se prosternent, selon l'usage, et par des paroles de paix tâchent de l'adoucir. Il soulève à peine sa tête; et d'un œil indigné regardant ses vainqueurs : « Traîtres, dit-il, rompez mes chaînes ou trempez vos mains dans mon sang. C'est insulter à mon malheur que de mêler ainsi le respect à l'outrage. Si je suis roi, rendez-moi libre; alors vous vous prosternerez. Mais si je ne suis qu'un esclave, que ne me foulez-vous aux pieds? »

A peine il achevait ces mots, que son oreille fut frappée de cris et de gémissements. « Tu n'es pas le seul malheureux, lui dit Palmore. Ataliba vient de perdre son fils. — Ah! je le verrai donc pleurer, s'écria Huascar avec une joie inhumaine. Puisse le ciel lui rendre tous les maux qu'il m'a faits! »

Les peuples de Quito, rassemblés dans leur camp, ont demandé à voir le corps du jeune prince, que l'on dérobait à leurs yeux; et ce sont leurs cris de douleur et rage qu'on vient d'entendre. On les apaise, on les retient, on les engage à repasser le fleuve; et la marche de cette armée victorieuse et conquérante ressemble à la pompe funèbre d'un jeune homme que sa famille, dont il aurait été l'espoir, accompagnerait au tombeau. La consternation, le deuil et le silence environnaient le pavois où le prince était étendu, enveloppé dans cette enseigne, triste et glorieux monument de sa valeur. Après lui, le roi de Cusco, porté sur un siége pareil, jouissait au fond de son cœur de la calamité publique.

Les deux généraux d'Ataliba accompagnaient le lit funèbre, l'œil morne, le front abattu, oubliant qu'ils venaient de conquérir un empire, et ne pensant qu'à la douleur dont ce malheureux père allait être frappé.

« Hélas ! disait Palmore, il nous l'a confié ; il l'attend ; ses bras paternels seront ouverts pour l'embrasser ; et ce n'est plus qu'un corps glacé que nous allons lui rendre ! Comment paraître devant lui ?

— Il est homme, dit Corambé : son fils était mortel : je le plains ; mais, au lieu de flatter sa faiblesse, je veux lui donner le courage de résister à son malheur. Laissez-moi devancer l'armée et le voir avant que le bruit de cette mort soit répandu. »

Ataliba, guéri de sa blessure, mais faible encore et languissant, avait eu le chagrin d'apprendre que la défaite des Chancas ne l'avait que trop bien vengé. Il gémissait sur sa victoire, pensant, avec inquiétude, aux dangers qu'affrontaient pour lui son fils, ses amis et ses peuples, lorsqu'on vint lui annoncer l'arrivée de Corambé. Surpris, impatient d'apprendre quel sujet peut le ramener, il ordonne qu'on l'introduise. Corambé paraît devant lui. « Inca, lui dit-il, c'en est fait ; l'empire est à toi sans partage : tes ennemis sont tous détruits ou désarmés : Huascar est le seul qui te reste ; il est captif, on te l'amène. »

A peine il achevait ces mots, Ataliba, transporté de joie, se lève, l'embrasse et lui dit : « Invincible guerrier, j'attendais tout de toi et de celui qui te seconde ; mais ce prodige a passé mon attente et les vœux que j'osais former. Achève de mettre le comble au bonheur de ton roi. Il est père, il ressent les alarmes d'un père. Où est mon fils ? où l'as-tu laissé ? pourquoi n'est-il pas avec toi ? — Ton fils... il a vu les dangers dont le plus courageux s'étonne. — Et sans doute il les a bravés ?

Réponds. Ce silence est terrible. — Que te dirai-je, hélas! pour la première fois il voyait l'horreur des batailles. La nature a des mouvements que la vertu ne peut dompter. — Ciel! qu'entends-je! Il a fui? il s'est couvert de honte! il a déshonoré son père! — Eût-il mieux valu qu'exposé à une mort inévitable, il s'y fût livré? — Plût au ciel! — Eh bien, console-toi. Il s'est comblé de gloire, et il est mort digne de toi. — Il est mort! — Ton armée te l'apporte en pleurant : il en fut l'amour et l'exemple. Jamais, dans un âge si tendre, on n'a montré tant de valeur. »

Ce coup terrible pénétra jusqu'au fond de l'âme d'un père, mais il la soulagea, même en la déchirant. Il tombe accablé de douleur; et alors deux sources de larmes coulent de ses yeux. « Ah! cruel, par quelle épreuve, disait-il, vous avez préparé mon cœur à la constance! Vous avez pu calomnier mon fils! et moi j'ai pu vous croire! Ah! cher enfant! pardonne : des larmes éternelles expieront mon erreur. La gloire même de ta mort ne me la rend que plus cruelle. Jour désastreux! combat funeste! ah! c'est ainsi que le ciel venge le crime d'une guerre impie : les vaincus, les vainqueurs en partagent la peine horrible; et sa colère les confond. »

Il fallut prendre pour ce père affligé le soin de son nouvel empire. Cette riche et vaste conquête, fruit des travaux de onze règnes, et qu'il avait faite en un jour, Cusco, réduite sous ses lois, son rival même prisonnier et mis en son pouvoir, rien ne le touche. Il demande son fils. Le cortége s'avance. Le corps enveloppé dans l'enseigne fatale est déposé sous ses yeux. L'Inca le regarde en silence. Il fait signe au cortége et à sa cour de s'éloigner. On lui obéit; et seul, au fond de son palais, avec l'objet de sa douleur, il s'enferme; il approche, et d'une main tremblante il soulève le voile, il découvre ce corps sanglant; il jette un cri et est renversé comme frappé du coup mortel. Immobile et glacé lui-même, il est sans couleur et sans voix; et quand il a repris ses sens et que sa douleur se ranime, il s'y abandonne tout entier. Cent fois il embrasse son fils, cent fois, collant sa bouche sur ses lèvres éteintes, et de son sein pressant ce cœur qui ne bat plus contre le sien, il demande au ciel de pouvoir le ranimer en expirant lui-même. Tantôt, contemplant la blessure, il lave de ses pleurs le sang qui s'en est épanché; tantôt ses regards immobiles, fixés sur les yeux de son fils, semblent y rechercher la vie. Ah! dit-il, si ce corps glacé pouvait revivre! si ces yeux pouvaient me revoir! Hélas! plus d'espérance! Ils sont fermés ces yeux; ils le sont pour jamais. Ses grâces, sa beauté, ses vertus, rien n'a pu prolonger ses jours; et d'un fils qui faisait ma gloire et ma félicité, voilà ce qui me reste! » C'est ainsi qu'oubliant ses prospérités, son triomphe, il s'abîmait dans sa douleur.

Après qu'elle fut épuisée, et que la nature affaiblie fut tombée de cet accès dans un stupide abattement, ce père malheureux se laissa détacher des tristes restes de son fils. Ses amis, et surtout Alonzo, essayaient de le consoler. « Ah! laissez-moi, disait-il, payer à la nature le tribut d'une âme sensible. J'ai bu la coupe du bonheur, j'en ai épuisé les délices; l'amertume est au fond, je veux m'en abreuver. Mon fils, mon cher fils m'a donné tant de douces illusions, tant de flatteuses espérances! La douleur suit la joie; hélas! elle sera plus longue. C'est sans retour, c'est pour jamais que la joie a quitté mon cœur. »

12.

On lui parla de sa puissance, du soin de l'affermir, des moyens de la conserver. « Qu'en ferais-je, dit-il, de cette puissance accablante? Suis-je un dieu pour veiller sur un empire immense, pour être sans cesse et partout présent à ses besoins? Qu'on m'amène mon frère. Oui, je veux l'apaiser; je veux que, témoin de mes larmes, il en soit touché, qu'il me plaigne, et qu'il me trouve encore plus malheureux que lui! »

Huascar, chargé de liens, parut devant Ataliba. « Vois, lui dit ce père affligé, vois, cruel, ce que tu me coûtes. — Il te sied bien, répond le farouche Huascar, de me reprocher une mort, quand dix mille Incas égorgés sont les victimes de ta rage! Tu pleures, tigre, tu le dois; mais est-ce là ce que tu pleures? Va voir le meurtre qu'on a fait des peuples sujets de tes pères; Cusco, ses palais et ses temples regorger du sang des vieillards, et des femmes, et des enfants, ses murs saccagés, ses campagnes, qui ne sont plus que des tombeaux, et pleure ton fils, si tu l'oses. »

Ces terribles mots étouffèrent dans le cœur d'Ataliba le sentiment de son propre malheur : le roi prit la place du père. Il regarde ses lieutenants, et les interroge des yeux. Leur silence même est l'aveu de ce qu'il vient d'entendre. « Il est donc vrai, dit-il, et par une aveugle fureur on m'a rendu exécrable à la terre! Cela seul manquait à mes maux. » Alors, renversé sur son trône, et détournant les yeux pour ne pas voir la lumière, il reste dans l'accablement, et ne respire que par de longs sanglots. « Jusqu'à l'instant où ton fils a péri, lui dit Palmore avec tristesse, j'ai pu commander à tes peuples; mais du moment qu'ils l'ont vu tomber, leur douleur, transformée en rage, n'a plus connu de frein. Punis-les,.

si tu veux, de l'avoir trop aimé, ou pardonne à leur désespoir, dont la cause n'est que trop juste, et dont l'ex-
cuse est dans ton cœur. Ils ont vengé ton fils comme
l'aurait vengé son père.

— Huascar, reprit Ataliba après un long et douloureux silence, voilà les excès effroyables où se portent
les nations, lorsqu'une fois la discorde et la guerre ont
rompu les nœuds les plus saints, et étouffé au fond des
cœurs les plus doux sentiments de la nature. Étouffons
ces fureurs dans nos embrassements. Reprends ton sceptre et ton empire, et pardonne-moi tes malheurs. »

Huascar indigné, le repousse, et lui dit : « Va, meurtrier de ma famille, va régner sur des morts, t'asseoir
sur des ruines, et t'applaudir, en contemplant des mas-
sacres et des débris. Tel est l'empire que tu m'offres.
Je ne veux de toi que la mort. Garde tes présents, ta
pitié ; garde les fruits de tes forfaits ; qu'ils en éternisent
la honte ; et que, pour mieux te détester, les malheureux que je te laisse soient condamnés à t'obéir !

— Tu sais, lui dit Ataliba, que les crimes que tu m'im-
putes ne sont pas les miens, tu le sais ; mais ta douleur
te rend injuste. Je laisse au temps à la calmer. Un jour
tu te ressouviendras que j'ai détesté la guerre, que je
t'ai demandé la paix, que je te la demande encore, plus
pénétré, plus accablé que toi des maux que nous nous
sommes faits. Alors tu retrouveras ton frère tel que tu le
vois aujourd'hui, humain, sensible et juste. Adieu. Je te
laisse en ces murs, captif, il est vrai ; mais n'ayant qu'à
vouloir pour cesser de l'être. Le jour même que, sur
l'autel du soleil notre père, tu consentiras avec moi à
nous jurer une alliance et une paix inviolable, ton trône,
ton empire, tout te sera rendu. »

La citadelle de Cannare fut la prison du roi captif. Le vainqueur y laissa une garde fidèle sous le commandement du sévère Corambé. Il envoya Palmore gouverner en son nom les États de Cusco; et lui, rendant, sur son passage, aux vallons de Riobamba, de Muliambo, d'Illiniça, les laboureurs qu'il en avait tirés, il retourne à Quito sans pompe, accompagné du lit funèbre qui portait son malheureux fils.

L'arrivée d'Ataliba fut le tableau le plus touchant d'une désolation publique. Sa famille éplorée vient au-devant de lui; un peuple nombreux l'accompagne : mais aucune voix ne s'élève pour féliciter le vainqueur, on n'est occupé que du père; et si la nuit dérobait à ses yeux tout ce peuple qui l'environne, aux gémissements échappés à travers un vaste silence, il se croirait dans un désert, où quelques malheureux égarés et plaintifs implorent le secours du ciel.

Dans cette foule, et au milieu de la famille de l'Inca, paraît une femme éperdue. Ses voiles déchirés, sa tête échevelée, son sein meurtri, ses yeux égarés, sa pâleur, les convulsions de la douleur dans tous les traits de son visage, ses mains qu'elle tend vers le ciel, tout annonce une mère, et une mère au désespoir.

Du plus loin que l'Inca la voit, il descend de son siége, il va au-devant d'elle, et la recevant dans ses bras : « Ma bien-aimée, lui dit-il, le soleil notre père a rappelé ton fils; il dispose de ses enfants. Heureux celui que l'innocence, la vertu, la gloire, accompagnent jusqu'au tombeau! Il a fait la moisson, il quitte le champ de la vie. Ton fils a peu vécu pour nous, mais assez pour lui-même : il emporte avec lui ce que les ans donnent à peine, et ce qu'un instant peut ravir, les regrets et l'amour du monde.

Affligeons-nous de lui survivre : l'homme à plaindre est celui qui pleure, et non pas celui qui est pleuré. Mais, par un excès de douleur, n'accusons pas le ciel; ne reprochons pas au soleil d'avoir repris un de ses dons. » Vérités consolantes pour de moindres douleurs, mais trop faible soulagement pour le cœur d'une mère! Elle demande à voir son fils; on apporte à ses pieds ce que la mort lui en a laissé; et à l'instant, avec un cri qui part du fond de ses entrailles, elle se jette sur ce corps inanimé, elle l'embrasse, elle le serre étroitement, elle l'inonde de ses larmes, jusqu'à ce qu'elle-même, étouffée, expirante, elle ait perdu le sentiment de la vie et de la douleur.

L'Inca, dans les bras d'Alonzo, sentait rouvrir, à cette vue, toutes les plaies de son cœur; le jeune homme mêlait ses larmes aux larmes de son ami; et les neveux de Montezume, témoins de la désolation d'une auguste famille, pensaient à leurs propres malheurs.

Aciloé (c'était le nom de cette mère infortunée) fut portée dans son palais; et l'Inca se rendit au temple, où le corps de son fils, arrosé de parfums, fut déposé, en attendant le jour destiné à ses funérailles.

Après un humble sacrifice pour rendre grâces au soleil, l'Inca sortit du temple; et, sous le portique, où son peuple l'environnait, il éleva la voix et demanda silence. « Ma cause était juste, dit-il, et notre dieu l'a protégée; mais l'aveugle ardeur de mes troupes à nous venger, mon fils et moi, a déshonoré ma victoire; et c'est moi qui porte la peine des excès commis en mon nom. Peuple, je veux bien expier ce qu'on a fait d'injuste et d'inhumain. Mais c'est assez pour votre roi d'être malheureux; n'achevez pas de l'accabler en le croyant coupable.

Il ne l'est point. J'étais expirant à Cannarc lorsqu'on y a versé tant de sang; j'étais éloigné de Cusco lorsqu'on l'a saccagée; et j'ai détesté ces fureurs. Je vous conjure, au nom du dieu qui m'en punit, de m'en épargner le reproche. Puisse mon nom être effacé de la mémoire des hommes avant qu'on y ajoute le surnom de *cruel!* Le roi mon frère, que le sort a mis entre mes mains, sera malgré lui-même un exemple de ma clémence. Cependant si le cri de la calamité retentit jusqu'à vous, et s'il vous fait entendre qu'Ataliba fut violent et sanguinaire; ô mon peuple! élevez la voix, et répondez qu'Ataliba fut malheureux. »

Le soir même, avec Alonzo, soulageant son âme oppressée : « Mon ami, lui dit-il, tu sais toute l'horreur que nos discordes m'inspiraient, l'événement a passé mes craintes; et dans cet abîme de maux, je vois trop s'accomplir mes funestes pressentiments. Vouloir la guerre, c'est vouloir tous les crimes et tous les malheurs à la fois. Dire à des meurtriers, qu'on assemble pour l'être, d'user de modération, c'est dire aux torrents des montagnes de suspendre leur chute et de régler leur cours. Aucun roi ne sera jamais plus résolu que je l'étais à réprimer l'emportement et les abus de la victoire; et voilà cependant que des millions d'hommes me regardent comme un fléau.

— Hélas! prince, lui dit Alonzo, l'homme, en proie à ses passions, est si faible contre lui-même et si peu sûr de se dompter! comment pourrait-il s'assurer d'une multitude effrénée, à qui lui-même il a donné l'affreuse liberté du mal! Mais tout cet empire est témoin que l'inflexible roi de Cusco vous a forcé de tirer le glaive. Ne vous accablez point vous-même d'un injuste reproche;

et si les malheureux que la guerre a faits vous accusent, laissez à vos vertus de répondre de votre innocence, et repoussez l'injure par la clémence et les bienfaits. »

Ces mots consolants relevèrent le courage d'Ataliba; et sa douleur fut suspendue jusqu'au jour qu'il avait marqué pour les funérailles de son fils. C'était la fête du soleil, lorsque, repassant l'équateur, il rentre dans notre hémisphère, et revient donner le printemps et l'été aux climats du nord. C'était aussi la fête de la paternité.

Après les cantiques, les vœux et les offrandes accoutumés, le monarque, assis sur son trône, au milieu d'un parvis [1] immense, ayant à ses pieds les caciques, et les vieillards, juges des mœurs [2], voit s'avancer les pères de famille, qui mènent, chacun devant soi, leurs enfants parvenus à l'âge de l'adolescence. Ils s'inclinent devant l'Inca, et après l'avoir salué avec un profond respect, le père, qui porte en ses mains un faisceau de palmes, les distribue à ceux de ses enfants qui ont fidèlement rempli les saints devoirs de l'obéissance et du dévouement. Ces palmes sont les monuments de la piété filiale. Tous les ans, chacun des enfants, dont la soumission et l'amour ont obtenu ce prix, l'ajoute à son trophée; et de ces palmes réunies, qu'il recueille dans sa jeunesse, il compose le dais du siége paternel, d'où lui-même il dominera un jour sa postérité. Ce siége est dans chaque famille comme un autel inviolable : le chef a seul le droit de s'y asseoir; et les palmes qui le couronnent, appelant ses vertus, disent à ses enfants : Obéissez à

---

[1] Cette place s'appelait *Cuci-pata*, lieu de réjouissance.
[2] *Lacta-camayu* était le nom de ces magistrats.

celui qui sut obéir; révérez celui qui révéra son père.
Dès qu'il sent la mort s'approcher, il se fait placer expirant sous ce vénérable trophée, il y rend le dernier
soupir; et, au moment de sa sépulture, ses enfants dé-
tachent ses palmes pour en ombrager son tombeau. La
menace la plus terrible d'un père à son fils qui s'oublie,
c'est de lui dire : — Que fais-tu, malheureux? si tu es
indigne de mon amour, tu n'auras point de palmes sur
ta tombe. — C'est donc là le signe et le gage que chaque
père vient donner au monarque, père du peuple de l'o-
béissance, du zèle, et de l'amour de ses enfants.

Si quelqu'un d'eux a manqué de remplir ces pieux devoirs, la palme lui est refusée. Le père, en soupirant,
obéit à la loi qui l'oblige de l'accuser. Une plainte sincère et tendre échappe à regret de sa bouche; et si le
sujet en est grave, l'enfant rebelle est exilé de la maison
de son père. Condamné, durant son exil, à la honte d'être
inutile, attaché à l'oisiveté, il n'est admis à la culture
ni du domaine du soleil, ni des champs de l'Inca, ni de
celui des veuves, des orphelins et des infirmes, le champ
même qui nourrit son père est interdit à ses profanes
mains. Ce temps d'expiation est prescrit par la loi. Le
malheureux jeune homme en compte les moments; et
on le voit, seul, étranger à ses amis, à sa famille, errer
sans cesse autour de la demeure paternelle, dont il n'ose
toucher le seuil. Celui dont l'exil finissait avec l'année
révolue, rentrait ce jour-là même en grâce; les décu-
rions [1] le ramenaient devant le trône du monarque, le
père lui tendait les bras en signe de réconciliation; à
l'instant il s'y précipitait avec la même ardeur qu'un

---

[1] *Chinca-camayu,* qui a charge de dix.

malheureux, longtemps agité sur les mers par les vents et par les tempêtes, embrasse le rivage où le jettent les flots. Dès lors il était rétabli dans tous les droits de l'innocence. La faute une fois expiée, il n'en restait aucune tache; tout, jusqu'au souvenir, en était effacé.

Après que la clémence et la sévérité ont donné d'utiles leçons, le monarque prend la parole. « Pères, dit-il, écoutez-moi. Comme vous, je suis père; je le suis encore avec vous : vos enfants sont les miens. Et la royauté est-elle autre chose qu'une grande paternité? C'est là le titre le plus auguste que le soleil, père de la nature, ait pu donner à ses enfants. Je viens donc, comme le garant de vos droits, vous les confirmer; mais je viens, comme le modèle de vos devoirs, vous en instruire. La vie est un présent du ciel, qui seul la dispense à son gré. Gardez-vous donc de vous prévaloir, à l'égard de vos enfants, d'un don qui ne leur vient pas de vous, et sachez où vous commencez à mériter le nom de pères : c'est lorsque, ayant reçu de la bonté du ciel votre nouveau-né, et l'ayant remis dans les bras de celle qui doit le nourrir, vous veillez sur les jours et de l'enfant et de la mère, chargé du soin d'assurer leur repos et de pourvoir à leurs besoins. Jusque-là même encore vous ne faites pour eux que ce que font pour leurs petits le vautour, le serpent, le tigre, les plus cruels des animaux. Ce qui, dans l'homme, distingue et consacre la paternité, c'est l'éducation, c'est le soin de semer, de cultiver dans ses enfants ce qu'on a recueilli soi-même, l'amour de la sagesse et de la vertu. Former, dès l'âge le plus tendre, par votre exemple et vos leçons, une âme honnête, un cœur sensible et religieux, un citoyen docile aux lois, un époux, un ami fidèle, un père à son tour révéré, chéri de ses enfants : ce sont là vos devoirs et vos titres au respect de vos enfants et à la reconnaissance de la société.

« Et vous, enfants, souvenez-vous que la nature n'a prolongé la faiblesse et l'imbécillité de l'homme que pour le lier plus étroitement à ceux dont il a reçu la naissance, et lui faire, par le besoin, une longue et douce habitude d'en dépendre et de les aimer ; il a besoin longtemps de la tendresse et des soins de ses parents, comme pour apprendre mieux encore à les chérir et à les révérer, et se faire une douce habitude de l'amour et de la reconnaissance. Rappelez-vous donc votre enfance ; et tout ce qui vous a manqué dans ce long état de faiblesse, pour vous dérober aux besoins, aux périls qui vous assiégeaient ; songez que c'est de vos parents que vous l'avez reçu ; que la nature, en vous jetant parmi les écueils de la vie, s'est reposée sur leur amour du soin de vous en garantir. Mais ce que vous devez surtout à leur tendresse vigilante, c'est de vous avoir éclairés sur les moyens de vivre heureux ; c'est de vous avoir adoucis, apprivoisés, soumis aux lois de la sagesse et de la religion. Sans les soins qu'ils ont pris de vous, vous seriez sauvages, stupides, féroces comme vos aïeux. Aimez donc vos parents pour avoir appris l'usage du don de la vie, dont l'innocence fait le charme, et dont la vertu fait le prix. »

A ces mots, des larmes de joie et d'amour coulent de tous les yeux. Les enfants, aux genoux des pères, s'attendrissent et rendent grâces ; les pères, en les embrassant, s'applaudissent de leurs bienfaits. L'Inca, témoin de ce spectacle, sent plus vivement que jamais la perte de son fils. « Guerre impitoyable, dit-il, sans toi, sans tes fu-

reurs, je partagerais l'allégresse et la gloire de ces bons
pères. Il serait là, il aurait reçu de ma main la première
palme. Qui la méritait mieux que lui? » Il n'en put dire
davantage : les sanglots étouffaient sa voix. Il fut quelques instants muet et baigné dans ses larmes. « Non,
reprit-il enfin, qu'on m'apporte mon fils, je ne veux pas
qu'il soit frustré de ce dernier tribut d'amour et de
louanges. Du haut du ciel il entendra la voix gémissante
d'un père ; il me plaindra d'être privé de lui. »

On lui obéit ; et au pied de son trône fut apporté le
lit funèbre où reposait le corps de Zoraï. « Peuple, s'é-
cria le monarque en se précipitant sur lui, le voilà ce
modèle de l'amour filial ; le voilà le plus tendre, le plus
respectueux, le plus aimable des enfants. Oui, depuis
sa naissance, il l'a été pour moi, il l'a été jusqu'à sa
mort. Des jouissances délicieuses, des espérances encore
plus douces, et tout ce que l'âme d'un père peut éprouver
de joie et de consolation, tel était le prix de mes soins,
et le présage du bonheur qui vous attendait sous son règne. Il était impossible qu'un si bon fils ne fût pas un
bon roi. Il n'estimait dans la gloire que la compagne de
la vertu ; il détestait le mensonge, il honorait la vérité.
Magnanime sans faste et modeste avec dignité, il était
simple, et il aimait tout ce qui était comme lui. Il ne
voyait dans sa naissance qu'une dette sacrée qui l'obli-
geait à dévouer sa vie au bonheur du monde ; et le nom
de *fils du soleil*, loin de l'enorgueillir, l'humiliait sans
cesse, en lui faisant sentir le poids des devoirs qu'il lui
imposait. « Si quelqu'un des jeunes Incas se montre plus
digne que moi de régir cet empire auguste, c'est à lui,
me disait-il souvent, de vous remplacer sur le trône ;
c'est à moi de le lui céder. » Jugez s'il eût fait des heu-

reux. Vous l'auriez été sous son règne ; et son père, encore plus heureux, serait mort sans inquiétude dans les bras d'un tel successeur. Un Dieu juste n'a pas voulu que cette âme sensible ait vu les crimes et les ravages d'une guerre, hélas! trop funeste. Mon fils eût arrosé de larmes ce trophée de ma victoire, cet étendard qu'on a trempé dans un déluge de sang. Il n'est plus. Nous avons perdu, moi, le plus vertueux fils, et vous, le plus vertueux prince. Résignons-nous, et allons lui rendre les tristes honneurs du tombeau. »

Alors le monarque, à la tête de sa famille et de son peuple, accompagna le corps de son fils jusqu'au temple où, sur un trône d'or, il fut placé en face de l'image du soleil, ayant à ses pieds l'étendard qui lui avait coûté la vie, et dans sa main la palme de l'amour filial.

Le monarque au retour du temple fit appeler Alonzo. « Mon ami, lui dit-il, mes tristes devoirs sont remplis. Il est temps que le père cède la place au roi, et que je me mette en défense contre cet ennemi terrible dont tu nous as menacés. C'est à toi que je me confie. Ton zèle, ton expérience, ta valeur, voilà mon espoir. — Je le remplirai, dit Alonzo ; et plût au ciel que la défense et le salut de cet empire ne dussent te coûter que mon sang! je le verserais avec joie. — O mon ami! qu'ai-je donc fait, lui dit l'Inca en l'embrassant, pour avoir mérité de toi un zèle si noble et si tendre?... » A ces mots, on vient dire au roi que le grand prêtre du soleil demande à lui parler. Alonzo se retire pour ne pas troubler leur entretien.

CHAPITRE X

Cependant le vaisseau de Pizarre, ayant franchi les vastes mers, était entré dans ce golfe célèbre[1], par où l'Océan s'est ouvert un passage jusqu'aux bords de l'É-gypte et de la Scythie.

Ce grand homme, tout occupé de l'importance de ses desseins, en méditait profondément les difficultés effrayantes. L'une de ces difficultés était l'état de sa fortune. Le peu d'or qu'il avait recueilli de sa première course s'était perdu et dissipé dans les mains de ses compagnons. Son entreprise, qui d'abord avait passé pour insensée, n'avait plus aucun partisan. La confiance était perdue, et les secours en dépendaient. Il fallait pour la ranimer l'éclat de la faveur du prince. Mais

[1] Le golfe de Cadix.

quelle horreur la cour d'Espagne ne devait-elle pas avoir
des ravages, des cruautés qui s'exerçaient en Amérique !
Ces hommes avides et cruels, ces fléaux de l'Inde n'é-
taient-ils pas en exécration à leur patrie, épouvantée des
excès qu'ils avaient commis? Un jeune roi surtout que
la cupidité n'avait pas corrompu devait les détester; il
allait confondre celui qui solliciterait le droit d'imiter leur
exemple, et de rendre odieux son règne aux peuples d'un
autre hémisphère. Le cri plaintif de la nature, le cri de
la religion, ses ministres tonnant et lançant l'anathème
contre les guerriers qui déshonoraient leur foi par l'avarice et la cruauté; c'est là ce que Pizarre roulait dans
sa pensée, lorsqu'un vent favorable, l'amenant vers les
bords de la fertile Andalousie, le fit entrer dans le port
de Palos, dans ce port d'où était parti l'intrépide Colomb, quand, sur la foi d'un nautonier que les tempêtes avaient instruit[1], il était allé découvrir un nouveau
monde.

Pizarre en abordant prit soin de mander à Truxillo
(c'était le lieu de sa naissance) la nouvelle de son retour, et il se rendit à Séville. Le jeune roi y tenait sa
cour; et Pizarre, pour observer les mœurs et le génie
de cette cour nouvelle, arrivait inconnu. Tout lui parut
changé dans sa triste patrie. En la revoyant, il gémit.

Le premier objet de son étonnement fut la solitude des

---

[1] En 1484, Alonzo Sanchès de Huelua, en allant des Canaries à
Madère, avait été, dit-on, poussé sur la côte de Saint-Domingue.
Il revint à Tercera, n'ayant plus avec lui que quatre de ses compagnons. Dans cette île, un fameux pilote, Génois de naissance,
appelé Christophe Colomb, leur donna l'asile. Ils moururent tous
dans sa maison; et ce fut, dit-on, sur leurs mémoires qu'il entreprit
la découverte de l'Amérique.

villes et l'abandon des campagnes, où la contagion semblait avoir passé. « Eh quoi! se disait-il à lui-même, est-ce pour se jeter dans les déserts du nouveau monde qu'on a quitté des champs si fertiles, si fortunés? » Il ne fut pas moins interdit de la réserve austère et de la gravité mystérieuse et taciturne de ce peuple, autrefois brillant, ingénieux, plein de candeur et de franchise, noble dans ses plaisirs, et magnifique dans ses fêtes. La tristesse, l'abattement étaient peints sur tous les visages; la défiance était dans tous les yeux; la crainte avait resserré tous les cœurs.

Pizarre, trop préoccupé de ses vastes et ambitieux projets pour rechercher la cause de ce changement qui l'affligeait, se hâte de demander une audience. On le présente à l'empereur, et, au milieu du conseil assemblé, ce jeune prince ayant daigné l'entendre, le guerrier lui parle en ces mots :

« Puissant et glorieux monarque, vous voyez l'un des premiers soldats qui, sous le règne de Ferdinand, ont porté les armes de la Castille dans le nouveau monde. Je m'appelle Pizarre; Truxillo m'a vu naître le plus obscur de vos sujets, mais j'ai l'ambition, peut-être le moyen de faire oublier ma naissance. Sur la côte de Carthagène et vers les bords du Darien, je suivis Alphonse Ojéda, l'homme le plus déterminé qui fut jamais. J'appris à son école qu'il n'est point de dangers que le courage ne surmonte; et je puis dire qu'il m'a mis à l'épreuve de tous les maux. Après lui, ce fut sous Vasco de Balboa que je servis, et que je conçus l'espérance d'égaler Colomb et Cortès.

« On vous a vanté les richesses de l'Amérique; et moi, je vous annonce qu'on ne les connaît pas. Les îles dont la découverte a fait la gloire de Colomb, le royaume dont la conquête a rendu Cortès si fameux, ne sont rien en comparaison des pays que j'ai découverts, et dont je viens vous faire hommage. C'est le royaume des Incas, peuple adorateur du soleil, dont ces rois se disent les enfants.

« C'est une chaîne de montagnes d'or, qui s'étend depuis l'équateur jusqu'au tropique du midi, et parmi ces montagnes, les plus riants coteaux et les vallons les plus fertiles. Le même jour y présente toutes les saisons réunies, la même terre y produit à la fois les fleurs, les fruits et les moissons.

« Les peuples de ces contrées sont vaillants, mais presque sans armes. Il est facile de les vaincre, plus facile de les gagner par la clémence et la douceur. J'avais abordé sur leurs côtes, je pénétrais dans leur pays ; et avec un vaisseau et moins de deux cents hommes, j'aurais mis sous vos lois un empire florissant, et à vos pieds des monceaux d'or. Le vice-roi de Panama, jaloux d'une entreprise commencée avant lui, et dont il n'avait pas la gloire, a rappelé mes compagnons ; il ne m'en est resté que douze ; et avec eux j'ai soutenu, dans une île déserte, au milieu des tempêtes, les plus rudes épreuves de la nécessité. J'attendais un faible secours ; on me l'a refusé, et on m'a rappelé moi-même. J'ai obéi sans renoncer à ma glorieuse entreprise ; et, pour vous soumettre un pays le plus riche de l'univers, je ne demande que l'honneur dont jouit Cortès au Mexique, l'honneur de commander pour vous, et de n'obéir qu'à vous seul. »

Pizarre fit alors devant le conseil le récit de ses aventures, attesté par ses compagnons ; et ce récit, quoique très-simple, ne fut pas écouté sans étonnement. Mais, soit que le jeune empereur voulût encore éprouver Pizarre, soit que, par sa naissance, il ne le crût pas digne du titre auquel il aspirait : « L'audace de ton entreprise, lui dit-il, semble autoriser celle de ton ambition; mais sois content de partager les richesses que tu m'annonces, et ne demande rien de plus. — Des richesses! lui dit Pizarre d'un air chagrin et dédaigneux; mes matelots et mes soldats en reviendront chargés. Il me faut de la gloire. Le reste est au-dessous de moi. Si je ne suis pas digne de gouverner, je ne suis pas digne de vaincre. Nommez le vice-roi qui me doit remplacer; je l'instruirai : mon plan, mes projets, mes découvertes, je lui communiquerai tout, excepté mon courage... dont j'ai besoin pour dévorer l'humiliation d'un refus. »

Cette franchise brusque et fière ne déplut point au jeune monarque. « Il me servira bien, dit-il, puisqu'il ne sait pas me flatter. » Il lui accorda sa demande; et Pizarre, dès ce moment, vit une foule de courtisans l'entourer, le féliciter, briguer l'honneur de protéger son audacieuse entreprise, et mendier le prix de l'appui qu'ils lui promettaient. Il vit une jeunesse ardente, ambitieuse, se disputer la gloire de le suivre et de partager ses travaux; il vit l'avarice elle-même s'empresser, à l'appât du gain, de lui équiper une flotte, et risquer, en tremblant, les frais d'une expédition dont elle attendait des trésors.

Pizarre prodigua à tous des espérances, se ménagea l'appui des grands, s'attira la faveur du peuple, fit un choix de bons matelots et de soldats déterminés, et, parmi les plus braves, prit vingt hommes d'élite pour commander sous lui. Ses frères furent de ce nombre[1].

[1] Fernand, Jean et Gonzale Pizarre.

Le jeune Gonsalve Davila ne fut point oublié : Charles daigna recommander à Pizarre de l'emmener avec lui en passant à l'île Espagnole.

Ainsi, tout secondant ses vœux, Pizarre, dans le même temple[1] et sur le même autel où Magellan avait fait le serment d'obéissance et de fidélité à la couronne de Castille, Pizarre, dans les mains de Charles, prononça le même serment.

« Guerrier, lui dit le jeune prince, je te recommande deux choses; l'une, de faire à ton pays tout le bien que tu croiras juste et qui dépendra de toi; l'autre, de faire aux Indiens le moins de mal possible : car, si je veux en être obéi, je désire encore plus d'en être aimé. » A ces mots, il lui ceignit l'épée, cette épée qui devait être la marque de sa dignité[2], et qui ne fut pour lui qu'une trop faible défense contre de lâches assassins.

Cependant sa flotte à la rade, et ses compagnons rassemblés dans le port de Palos, n'attendent que lui et les vents. Il arrive; les vents l'invitent à partir; il s'embarque, il fait lever l'ancre, et part aux acclamations de tout un peuple qui l'exhorte à revenir, chargé des richesses de l'Amérique, déposer les dépouilles des temples du soleil au pied des autels du vrai Dieu.

En abordant l'île Espagnole, Pizarre apprit que Las-Casas, attaqué d'une maladie que l'on croyait mortelle, languissait au bord du tombeau. Il l'alla voir. Gonsalve Davila était auprès de lui, et le servait avec ce zèle tendre qu'un fils aurait eu pour son père.

Le solitaire, en revoyant Pizarre, se sentit vivement

---

[1] Dans l'église de Notre-Dame de la Victoire.
[2] Marquis, gouverneur et adelantade, ou lieutenant général.

ému. Sur son visage, où étaient peintes la douleur, la faiblesse et la sérénité, se répandit un rayon de joie. « Mon ami, dit-il à Pizarre en lui tendant la main, je vais le voir (je l'espère de son infinie miséricorde) ce Dieu qui nous a fait le doux précepte de nous aimer mutuellement, de vivre en paix, de nous secourir et nous

soulager dans nos peines. Mes yeux, avant de se fermer pour toujours, se lèvent avec bonheur vers le ciel, l'image de la mort ne m'effraye pas, et je me jette avec confiance dans les bras d'un bon père. Hélas! sans doute, je me sens humilié au souvenir de mes misères; confus et repentant, j'implore de la bonté de mon divin Sauveur le pardon de mes fragilités. Chrétien et prêtre, je devais

offrir à mon Dieu une vie plus pure et plus sainte. Mais
je me repose sur sa tendre charité et sur son amour
paternel. Il me jugera dans sa clémence, j'en emporte-
rai dans ma tombe le doux et consolant espoir. Pizarre,
ô mon ami, j'ai tâché d'aimer mes frères ; à l'exemple
de Jésus-Christ, notre maître, je les ai défendus de ma
voix et de mon zèle ; j'ai prié pour eux, j'ai partagé leur
douleur et leurs larmes. Autant que je l'ai pu, j'ai adouci
leurs souffrances ; vous savez vous-même qu'il n'a pas
tenu à moi que les pauvres Indiens ne fussent traités
avec plus d'humanité ; j'ai défendu leur cause ; j'ai rappelé à ceux qui voulaient les opprimer les saintes et
immuables maximes d'une religion de paix et d'amour ;
pour eux, pour leur bonheur, pour leur salut, j'aurais
donné ma joie, ma vie, comme je leur ai donné mes
travaux, mes prières et mes larmes... Je meurs, sans
avoir fait le bien que je désirais ; Dieu me tiendra compte
de mon désir ; et cette pensée console mes derniers moments.... oh ! croyez-moi, mon ami, et ne rejetez pas la
dernière prière d'un mourant. Soyez humain, soyez bon ;
regardez et aimez comme vos frères *mes pauvres Indiens*,
et au jour de votre mort, la paix sera dans votre âme,
et Dieu vous récompensera du bien que vous aurez fait
à ses enfants. »

A cette voix faible et touchante, à ce langage qu'animait une piété vive et tendre, à ces regards où semblait
éclater la dernière étincelle du feu de la charité, Pizarre
fut ému ; il pressa dans ses mains la main de l'homme
juste. « O mon père, dit-il, vivez, pour me voir prati-
quer ce que votre exemple m'enseigne, ce que m'inspirent vos vertus. Pour vous répondre de moi, j'avais besoin d'être revêtu d'une autorité imposante : je le suis ;

et j'espère apprendre à ma patrie à conquérir sans opprimer. »

Tandis que Las-Casas s'entretenait ainsi avec le généreux Pizarre, la nuit avait enveloppé l'île Espagnole de ses ombres; le silence y régnait; tout reposait, jusqu'aux esclaves; on n'entendait que le bruit des flots qui se brisaient contre le rivage avec un murmure plaintif.

Alors on entendit frapper à la porte du solitaire. Le jeune Davila se lève, va, et revient avec inquiétude; puis, se penchant sur le lit de Las-Casas, il le consulte en secret. « Oui, qu'il entre, dit Las-Casas, Pizarre est magnanime; et ce serait lui faire injure que de nous méfier de lui. Vous allez voir, lui dit-il, un cacique, qui, s'étant retiré depuis plus de dix ans dans les montagnes de l'île[1], s'y conduit avec une valeur et une bonté sans exemple. Par lui sa retraite sauvage est devenue inaccessible; et c'est le refuge assuré de tous les insulaires qui échappent à leurs tyrans. Il a discipliné trois cents hommes pleins de courage, et il les contient dans les bornes d'une défense légitime. Vigilant, actif, plein d'ardeur, et aussi prudent qu'intrépide, il se tient sur ses gardes, et il n'attaque jamais. Il a vu massacrer ses amis, sa famille entière; il a vu périr son père et son aïeul; et s'il lui tombe entre les mains un des guerriers qui ont opprimé sa patrie, il le désarme et le renvoie : son ennemi le plus cruel, dès qu'il est pris vivant, est assuré de son salut : il ne voit plus en lui qu'un homme. Heureusement, et pour la gloire de la religion, il est chrétien. J'ai eu le bonheur de l'instruire; il s'en souvient; il m'aime tendrement. Il a su que j'étais malade; et

______

[1] Les montagnes de Baornco.

vous voyez à quels dangers il s'est exposé pour me voir. »

Barthélemi achevait à peine, lorsque le jeune Davila revint, suivi du cacique, qu'une Indienne accompagnait. Henri (c'était le nom de ce héros sauvage) se précipite avec transport sur le lit de Las-Casas, en lui baisant mille fois les mains avec un attendrissement inexprimable : « O mon père, dit-il, mon père! je te revois. Qu'il me tardait! mais je te revois souffrant; et ta main brûle sous mes lèvres! Mes frères, tes enfants, alarmés de ton mal, sont venus affliger mon âme. Je n'ai pu résister à l'impatience de te voir. Si j'étais pris, je sais ce qui m'attend; mais, pour venir embrasser mon père, il n'est pas dè danger que je n'affronte avec joie. Écoute, ajouta le sauvage en soulevant sa tête, ils disent qu'ils connaissent des plantes dont la vertu salutaire peut te rendre à la santé, et prolonger tes jours précieux. Je t'amène ici ma compagne, elle apporte avec elle ces plantes salutaires; de sa main elle en exprimera le suc, et te préparera un doux breuvage qui calmera tes souffrances, et ranimera tes forces défaillantes. Tous mes guerriers la béniront, et à moi-même elle sera plus chère encore, puisque nous lui devrons d'avoir sauvé notre père. La voilà. Viens, ma femme. »

Barthélemi, les yeux attachés sur Pizarre, jouissait de l'impression que faisait sur le cœur du Castillan la bonté du cacique; le jeune Davila, présent, versait de douces larmes, et l'Indienne, regardant Las-Casas d'un œil respectueux, n'attendait qu'un mot de sa bouche pour préparer le doux breuvage.

Las-Casas, pénétré jusqu'au fond de l'âme, remercia le cacique de son généreux dévouement; mais, persuadé que sa dernière heure était venue, et qu'il ne pouvait

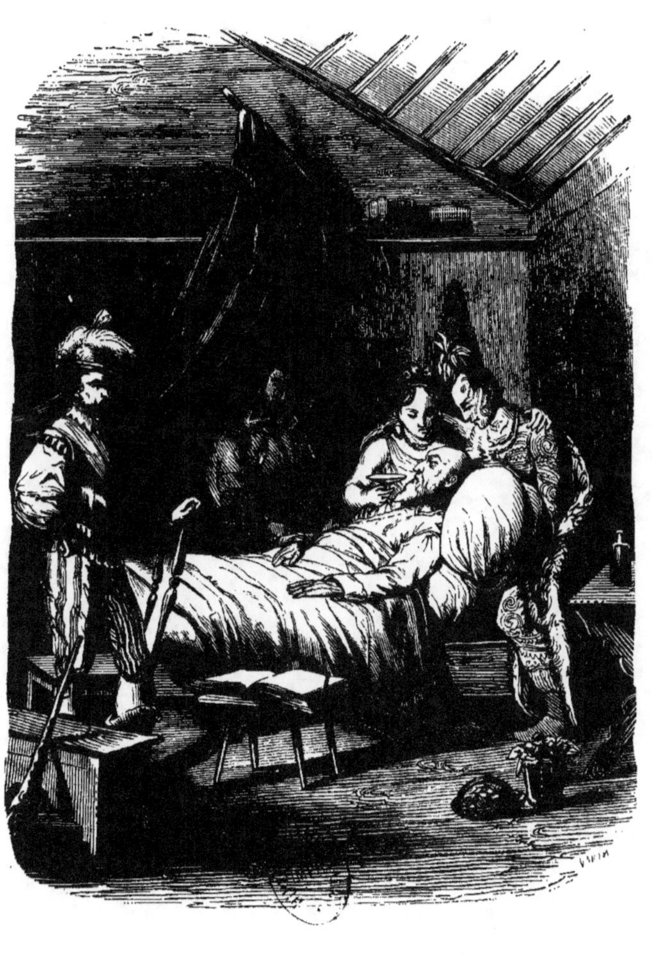

sans crime exposer inutilement les jours de son fidèle
ami, il le pria de retourner sans délai au milieu des
siens.

« Ah ! cruel, s'écria le cacique, dis-nous donc, si tu
veux mourir, quel est l'ami que tu nous laisses. Tu le
sais, nous n'avons que toi pour consolation, pour espoir ;
si tu nous aimes, si tu nous plains, et si je te suis cher
moi-même, accorde-moi ce que je viens te demander au
péril de ma tête, au milieu de mes ennemis. Chère compagne, ne perds pas un moment : veille sur mon père
et sur le tien, et que tes soins attentifs le conservent à
l'amour de ses enfants. Adieu, mon père, lui dit-il, je
laisse auprès de toi la moitié de moi-même, et je ne veux
la revoir que lorsqu'elle t'aura rendu à la vie et à notre
amour. »

Le vertueux Las-Casas, attendri jusqu'aux larmes, ne
résista plus ; la jeune et modeste Indienne, qui avait appris de sa mère la vertu des simples qui croissent sur les
montagnes et au fond des vallées solitaires, prépara le
doux breuvage qui devait ranimer les forces abattues du
vénérable ministre de Jésus-Christ ; et ce fut à la piété
de Henri et de sa compagne que la terre dut le bonheur
de posséder encore longtemps cet homme juste.

« Ange tutélaire de ce nouveau monde, lui dit Pizarre,
que vous êtes heureux d'y régner ainsi sur les cœurs !
D'autres auront subjugué l'Inde ; mais vous seul vous
l'aurez soumise par l'ascendant de la vertu. »

L'attendrissement du jeune Davila le fit remarquer de
Pizarre ; et Las-Casas le lui nomma. « Jeune homme, lui
dit Pizarre, vous voyez des exemples bien différents de
ceux que vous avez eus trop longtemps sous les yeux. »
Il lui apprit que l'empereur l'avait recommandé à lui,

et qu'il était destiné à le suivre. Mais Gonsalve, dans ce moment, ne pouvait se résoudre à se séparer de Las-Casas.

« Mon ami, lui dit le solitaire, votre devoir est d'obéir. J'aimerais mieux vous voir obscur que de vous savoir coupable. Mais la confiance que Pizarre m'inspire adoucit mes regrets et modère mes craintes. Je vous conseille de le suivre, et vous invite à l'imiter. Venez me voir encore demain : j'écrirai à mon cher Alonzo ; je vous chargerai de ma lettre ; et si Pizarre peut savoir où ce bon jeune homme respire, il la lui fera parvenir. »

En écrivant cette lettre fatale, qui lui eût dit qu'il allait signer la ruine des Indiens?

Impatient de se rendre sur l'isthme, Pizarre, au premier souffle d'un vent favorable, mit à la voile et partit de l'île Espagnole. Son arrivée à Panama rendit l'espérance et la joie à ses amis. On s'empressa de lui armer une flotte, et, dès qu'elle fut équipée, il s'embarqua avec la résolution d'aller descendre aux bords qu'il avait reconnus. Mais il fut forcé par les vents d'aborder au port de Coaque, non loin du promontoire de Palmar ; et de là, pour ne plus dépendre de l'inconstance des flots, il marcha le long du rivage, ayant commandé à sa flotte de le joindre au port de Tumbès.

Des sables, des vallons remplis de bois hérissés et touffus, dont la ronce et le manglier font un tissu impénétrable, des torrents, des fleuves rapides, un air embrasé, les horreurs d'une solitude profonde, tout ce que la nature a de plus effrayant s'oppose à son passage, et ne peut arrêter ses pas. Il marche sous un ciel de feu, il foule une terre brûlante. Ses compagnons, qu'il encourage au nom de la gloire, s'enfoncent avec lui dans ces

bois où jamais les serpents venimeux dont ils étaient
jonchés n'avaient vu les traces de l'homme. Il s'élance
dans les torrents, il enseigne à ses compagnons à les traverser à la nage, et ceux que le danger rebute, ou que
les forces abandonnent, il les anime, il les soutient, il
les dispute aux flots qui les entraînent, et, luttant d'une
main, les soulevant de l'autre, il les amène au bord. Intrépide et infatigable, il s'avance, il découvre enfin des
champs cultivés, des cabanes, des hameaux peuplés d'Indiens; et la terreur qu'il y répand fait bientôt passer à
Quito la nouvelle de son retour. Mais le cruel état des
choses dans le royaume des Incas n'avait pas permis de
veiller à la défense des vallées.

Huascar était captif dans les murs de Cannare; mais
l'un de ses frères, Mango, réfugié dans les détroits des
montagnes de l'orient avec les restes de sa famille et les
débris de son armée, méditait le hardi dessein de rentrer
dans Cusco et d'en chasser Palmore. Il voyait même tous
les jours son camp se grossir de nouveaux transfuges,
qu'effrayait la domination de l'usurpateur de l'empire et
de l'oppresseur de leur roi.

Tels, lorsqu'un vaste incendie se répand dans une forêt, les animaux qui l'habitaient, chassés de leur retraite
par la rapidité des flammes que pousse un vent impétueux, se retirent en mugissant sur des rochers inaccessibles, et de là, fixant un œil morne sur la forêt que le
feu dévore, ils semblent murmurer entre eux leur épouvante et leur douleur.

Bientôt l'intrépide Mango descend, à la tête des siens,
des montagnes de l'orient. La renommée qui le précède
a semé le bruit de sa marche. Le courage se ranime dans
tous les cœurs en même temps que l'espérance; dans

Cusco le peuple commence à s'émouvoir, et le bruit sourd et menaçant de la révolte se fait entendre.

Au signal d'un soulèvement et à l'approche d'une armée, Palmore abandonne la ville. Il fait pourvoir abondamment la citadelle qui la domine [1], et s'y enferme avec les siens.

Mango trouve la ville ouverte; il y entre comme en triomphe; et, fier d'une nombreuse armée qu'il fait camper autour des murs, il envoie à la citadelle sommer Palmore de se rendre. Celui-ci répond que la paix ou la mort le désarmera. On le presse, on lui fait entendre que tout l'empire est soulevé, qu'Ataliba est perdu sans ressource, et que lui-même il n'a d'espoir qu'en la clémence de Mango. « Je ne sais point ce qui se passe hors des remparts que je défends, répond ce généreux guerrier. Ataliba est homme, il peut éprouver des revers; mais puisqu'il lui reste avec moi deux mille sujets fidèles, il n'a pas tout perdu. S'il n'était plus lui-même, peut-être alors prendrais-je conseil de la nécessité; mais, tant qu'il est vivant, je ne dépends que de lui seul, et je laisse Mango exercer sa clémence sur des malheureux, s'il en est d'assez lâches pour l'implorer. »

Cependant comme il s'aperçut que quelques-uns des siens étaient troublés de ces menaces : « Quand il serait vrai, leur dit-il, qu'Ataliba fût malheureux, lui en serions-nous moins fidèles? Ressemblerions-nous aux oiseaux qui s'envolent d'un arbre, dès qu'il est ébranlé par quelque tourbillon rapide? L'arbre est courbé; il se relèvera : laissons passer l'orage. » Alors, choisissant

---

[1] Tupac Yupangué, dixième Inca, avait fait construire cette citadelle avec les matériaux amassés par son père Yupangué.

parmi eux un messager intelligent et sûr : « Cherche
Ataliba, lui dit-il; apprends-lui que la forteresse de
Cusco est à nous encore; que c'est moi qui la garde,
et que j'ai avec moi deux mille hommes déterminés à
verser pour lui tout leur sang. Voilà, dit-il en se tournant vers ses soldats qui l'écoutaient, voilà comme il
faut que l'on parle à ses amis dans le malheur: et le
meilleur ami d'un bon peuple, c'est un bon roi. »

Sur les premiers avis qu'on avait reçus du soulèvement
de Cusco, le roi de Quito s'avançait au secours de Palmore; et Alonzo avait voulu le suivre. Ils avaient passé
les plaines de Loxa, vu les sources de l'Amazone, et du
haut des monts qui dominent le fleuve Abancaï, ils dé-
couvraient les campagnes que ce beau fleuve arrose,
quand le messager de Palmore vint au-devant d'Ataliba,
l'avertit que Mango venait à lui, que Palmore, avec deux
mille hommes, gardait encore la citadelle, et que le chef
et les soldats lui étaient dévoués. Alonzo l'entendit, et
dans le moment même il prit sa résolution. « Laisse-moi,
dit-il à l'Inca, te choisir, non loin de ce fleuve, un camp
facile à retrancher, où ton armée se repose; et profitons
de l'avantage que le sort nous a ménagé. » Il fit donc
avancer l'armée sur le coteau qui dominait la plaine, lui
traça lui-même son camp; et vers la nuit il appela le
messager de Palmore, l'instruisit, et le renvoya.

Mango passe l'Abancaï, s'avance, et voyant l'ennemi
retranché dans son camp, l'insulte et l'appelle au combat.

Ataliba, vivement offensé, s'indignait de ne pas sortir;
il se croyait couvert de honte, et s'en plaignait à son
ami. « Ne vois-tu pas, lui dit Alonzo, que ces désirs et
ces menaces n'annoncent dans tes ennemis qu'impru-

dence et légèreté? Laisse venir le jour que j'ai marqué pour leur défaite; alors nous répondrons en hommes à ces témérités d'enfants. »

Deux jours après, l'aurore ayant éclairé l'horizon, le roi de Quito vit paraître, au delà du camp ennemi, sur une colline opposée, le drapeau flottant de Palmore. « Voici le moment, prince, dit le jeune Espagnol; et si Palmore fait son devoir, l'empire est à toi sans partage. » Il dit, et, le signal donné, l'armée abandonne son camp, et va se ranger dans la plaine.

Alonzo se réserve deux mille combattants armés de haches et de massues, pour charger lui-même à leur tête. C'est la troupe de Capana; et ce cacique anime ses sauvages à mériter l'honneur de combattre sous Alonzo. Cependant la flèche et la fronde engagent le combat. On s'approche; et bientôt une horrible mêlée confond les coups, et fait couler ensemble des flots du sang des deux partis.

Alors, du haut de l'éminence où Palmore s'est reposé, il fond sur l'armée ennemie; et d'une ardeur égale, l'impétueux Alonzo marche à la tête du corps terrible qu'il réservait pour ce moment.

Entre ces deux attaques soudaines et rapides, Mango, surpris, épouvanté, dissimule en vain son effroi. Le trouble a gagné son armée. Tout se disperse, tout s'enfuit. La légion des Incas résiste seule et se tient immobile, comme un rocher au milieu des vagues qui le couvrent de leur écume. En vain ses pertes l'affaiblissent, en vain elle se voit accablée sous le nombre : trois fois on l'invite à se rendre, trois fois, avec un fier mépris, elle rejette son salut. Sa résistance, et le carnage qu'elle fait en se défendant, achèvent d'étouffer un reste de compassion dans les bataillons qui la pressent. Elle succombe enfin; aucun de ses guerriers ne quitte son rang; ils périssent à la place où ils combattaient; et ce qui reste des vaincus, cherchant leur salut dans la fuite, laisse sur le champ de bataille Ataliba, vainqueur et consterné, parcourir ces plaines de sang et se reprocher sa victoire.

Hélas! cette victoire, qui lui arrachait des larmes, était pour lui le terme de la prospérité, et comme le dernier sourire, le sourire cruel et traître, de la fortune qui l'abandonnait.

Ce même jour, ce jour funeste vit arriver Pizarre sur la rive du fleuve qui baigne les champs de Tumbès.

Vers l'embouchure de ce fleuve est une ile sauvage [1] où Pizarre avait résolu de se ménager un refuge. Il y passa sur des canots, car il avait devancé sa flotte; mais cette ile était la demeure d'un peuple indomptable et féroce. Pizarre, dédaignant de perdre à réduire ce peuple un temps qui lui était précieux, n'attendit que sa flotte pour revenir camper sur le rivage et devant le fort de Tumbès.

Dans ce fort étaient enfermés mille Indiens détachés de l'armée d'Ataliba. Orozimbo était à leur tête. Sous lui commandait Télasco. Amazili, l'arc à la main, le carquois sur l'épaule, telle et plus fière en son maintien et plus légère dans sa course qu'on ne peint Diane elle même, avait suivi son frère et son époux, digne par son courage de partager leur gloire.

Pizarre se souvint du peuple de Tumbès, de l'accueil plein d'humanité, de candeur et de bienveillance qu'il y

[1] L'ile de Puna

avait trouvé ; il résolut de bonne foi d'achever de gagner l'estime et l'amitié de ce bon peuple. Il assembla donc ses guerriers, et leur tint ce discours :

« Castillans, je vous ai promis des richesses et de la gloire. De ces deux biens, l'un vous est assuré, l'autre dépend de vous. Ceux de vous qui veulent de l'or s'en retourneront chargés d'or, je vous en suis garant : ne vous abaissez pas jusqu'au soin vil d'en amasser. Pour la gloire, celui-là seul l'obtient qui la mérite : jamais le crime ne la donne. Il s'agit de ranger sous la puissance de l'Espagne la plus riche moitié de ce nouveau monde ; et il en est deux moyens, la douceur et la violence. La violence est inutile, et chez des nations guerrières, où nous sommes en petit nombre, elle serait aussi dangereuse qu'injuste. Le danger n'est rien, je le sais ; mais la gloire, la gloire est tout ; et quand nous aurions opprimé, dévasté, changé ces contrées en des déserts sanglants, en de vastes tombeaux, oserions-nous repasser les mers chargés de trésors et de crimes, poursuivis par les remords et les malédictions d'un peuple justement opprimé ? Ni les grandeurs ni les richesses ne consolent d'être odieux : c'est un courage qui me manque ; vous ne l'avez pas plus que moi. Faisons-nous des prospérités dont nous n'ayons point à rougir, ou un malheur qui nous honore. Rien n'est si beau que ce qui est juste, rien n'est si juste sur la terre que l'empire de la vertu. Tâchons de dominer par elle. Quelle conquête, mes amis, que celle qui n'aurait coûté ni larmes ni sang ! Quel triomphe que celui qui ne serait dû qu'au pouvoir des bienfaits ! La reconnaissance et l'amour nous livreraient tous les biens de ces peuples : pour les vaincre et les captiver, nos armes seraient inutiles ; et c'est alors qu'elles seraient dignes d'orner les temples de ce Dieu que nous venons faire adorer. »

Toute la jeunesse applaudit; mais ceux des guerriers castillans qui avaient servi sous Davila tirèrent un mauvais présage de ce qu'ils appelaient mollesse dans leur général. Le fougueux Requelme surtout fut indigné de reconnaître dans le langage de Pizarre les sentiments de Las-Casas, et, fronçant le sourcil : « Ils fléchiront, disait-il en lui-même, ils fléchiront sous le joug, ou ils seront exterminés. »

Sans écouter cet odieux murmure, Pizarre marcha vers Tumbès, et fit demander au cacique de le recevoir en ami. Mais le cacique, enfermé dans sa ville, répondit qu'elle dépendait d'Ataliba, roi de Quito, qui l'avait prise sous sa garde, et que le fort la protégeait.

Il fallait attaquer ce fort. Pizarre s'approche; il l'observe; et quel est son étonnement, lorsqu'à cette enceinte, à ces angles, à ces murs de gazon, faits pour être à l'épreuve de ses plus foudroyantes armes, il reconnaît l'art des Européens! « C'est Alonzo, c'est lui qui enseigne aux Indiens à se retrancher devant nous, dit Pizarre : il a fait construire ces remparts, peut-être il les défend lui-même. » Impatient de s'en instruire, il demande à parler au commandant du fort, et Orozimbo se présente. « Espagnol, je suis Mexicain, je suis neveu de Montezume. Juge si je dois te connaître, si je puis me fier à toi. C'est ici mon dernier asile; ce sera mon tombeau si ce n'est pas le tien. »

Des Mexicains dans le fort de Tumbès! rien n'était plus inconcevable : Pizarre ne pouvait le croire. Cependant il fallut céder aux instances des Castillans. Indignés d'une résistance qu'ils regardaient comme une insulte, ils murmuraient, ils demandaient l'assaut. Pizarre le promit. Mais, afin qu'il fût moins sanglant, il voulut agir de surprise et à la faveur de la nuit. On se plaignit de sa prudence; elle faisait injure à ceux qu'elle paraissait ménager : ses guerriers, ses soldats eux-mêmes se seraient crus déshonorés par ces précautions timides : ce n'était pas devant ces troupeaux d'Indiens qu'il fallait craindre le grand jour, si favorable à la valeur. Le héros gémit et céda.

L'attaque fut vive et rapide. Les foudres de l'Europe volaient sur les remparts; les Indiens épouvantés n'osaient paraître; et la fascine amoncelée allait aplanir le fossé. Orozimbo, qui voit la terreur dont tous les esprits sont frappés, les ranime et les encourage. « Eh quoi! mes amis, leur dit-il, qu'a donc ce bruit qui vous effraye? Est-ce le bruit qui tue? et faut-il tant d'efforts *pour* rompre le fil de la vie? Ces bouches brûlantes sans doute vomissent la mort; mais la mort est aussi au bout d'une flèche; et l'arc, dans la main d'un brave homme, est terrible comme le feu. Chacun de vous n'a qu'une mort à craindre, et il en a mille à donner : vos carquois en sont pleins. Paraissez donc, et repoussez une troupe d'hommes hardis, mais faibles, vulnérables et mortels comme vous. »

Il dit, et à l'instant une grêle de traits répond au feu des Castillans. L'approche du fossé, la route du soldat qui vient y jeter sa fascine, commence à être périlleuse. Plus d'une flèche, mais surtout celle des Mexicains, se trempent dans le sang. Un œil vengeur les guide, et choisit ses victimes. Pennates, Mendès et Salcédo se retirent blessés : l'intrépide Lerma entend siffler à travers son panache le trait qui lui était destiné. Le vaillant Péralte s'étonne de voir une flèche rapide percer son épais bouclier, et venir effleurer son sein. Le bras nerveux de Télasco l'avait lancée; mais l'airain s'émoussa : elle tomba sans force aux pieds du superbe Espagnol.

Bénalcazar, du haut de son coursier fougueux, pressait les travaux des soldats. Une flèche, qui part de la main d'Orozimbo, atteint le coursier dans le flanc. L'animal indompté se dresse, frappe l'air de ses pieds, se renverse, et sous lui foule son guide étendu sur le sable. Orozimbo, qui le voit tomber en pousse un cri de joie. « Ombres de Montezume et de Guatimozin ! ombre de mon père ! dit-il, ombres de mes amis ! recevez ce tribut, ce faible tribut de vengeance ! Je ne mourrai donc pas sans avoir fait vomir le sang et l'âme à l'un de nos tyrans ! » Il se trompait : la molle arène céda sous le poids du coursier; le Castillan y fut enseveli, mais se releva de sa chute plus furieux, plus implacable, plus altéré de vengeance,

Le plomb mortel qui portait sur les murs les plus inévitables coups ne vengeait que trop bien Pizarre, mais ne le consolait pas. Pour lui la plus légère perte était funeste. Il s'affligeait surtout de voir les Indiens s'aguerrir et s'accoutumer à ce bruit, à ce feu des armes qui partout avaient répandu tant d'effroi dans ce nouveau monde. Il fallait, ou les rendre encore plus intrépides, en cédant à leur résistance, ou faire tout dépendre du hasard d'un moment. Le fossé, dans sa profondeur, était comblé de l'un à l'autre bord, et l'escalade était possible. Pizarre s'y résout, et l'ordonne. A l'instant le feu redouble et la protége.

Orozimbo ne perd point courage. Il défend à ses Indiens de s'exposer au feu : « Imitez-nous, dit-il : Télasco, mes amis et moi, nous allons vous donner l'exemple. » Il eut seulement soin d'écarter du lieu de l'assaut sa sœur, qui lui tendait les bras, et le conjurait par ses larmes de la souffrir auprès de lui.

Alors, s'armant de haches et de lourdes massues, ils attendent, tête baissée, les plus hardis des assaillants.

Il en parut trois à la fois, Moscose, Alvare et Fernand, le jeune frère de Pizarre. Ils s'élèvent, tenant le glaive d'une main, le bouclier de l'autre, et portant dans les yeux un courage déterminé.

Télasco s'adresse à Moscose, et d'un coup de massue lui brisant sur la tête l'écu qui lui sert de défense, le renverse du haut des murs. Il tombe comme foudroyé sur ses soldats qui allaient le suivre, et roule sur leurs boucliers.

Fernand Pizarre va s'élancer de l'échelle sur le rempart; mais encore chancelant sur un appui fragile, il ne peut ni parer ni porter des coups assurés. Orozimbo, l'ayant saisi au bras dont il tenait le glaive, le désarme et l'entraine à lui. Il se débat; mais il est terrassé. Son vainqueur lui laisse la vie; et le soldat qui prend sa place reçoit pour lui le coup mortel.

Alvare, dans l'instant qu'il s'attache au bord du mur pour le franchir, sent tomber sur son casque la hache meurtrière; et le coup, en glissant, le blesse au bras qui lui servait d'appui. Il est précipité sanglant; et ses soldats, voyant sur leur tête la massue levée pour les frapper, n'osent s'exposer après lui à une mort inévitable.

Pizarre croit avoir perdu le plus tendre, le plus aimable, le plus vertueux de ses frères; mais il dévore sa douleur. Il voit la consternation de ceux qu'il a trop écoutés; et sans y ajouter le reproche, il fit interrompre l'assaut.

Le premier soin d'Orozimbo, après que l'ennemi se fut retiré dans son camp, fut de faire réduire en cendres ce vaste monceau de fascines dont on avait comblé le fossé du rempart; et tandis que des tourbillons de fumée et de flammes s'élevaient au-dessus des murs : « Viens, dit-il au jeune Pizarre, et vois ce bûcher allumé. Quand je t'y jetterais vivant, quand j'y ferais brûler avec toi tous tes compagnons, et avec eux leurs pères, leurs enfants et leurs femmes, je ne vous rendrais pas les maux que ta nation nous a faits... Va-t'en, va dire à ces barbares que les neveux de Montezume ayant à leurs pieds un brasier, et dans leurs mains un Castillan... Va-t'en, te dis-je, et ne tarde pas; car je crois entendre les plaintes de l'ombre de Guatimozin. »

Fernand Pizarre s'en allait le cœur flétri, l'âme abattue, n'osant s'avouer à lui-même qu'il respirait par la clémence d'un Indien, d'un Indien neveu de Montezume! Dans la plaine qui séparait le camp des Espagnols du fort de Tumbès, il rencontre un vieillard étendu sur le sable et baigné dans son sang. Ce vieillard respirait encore, et tendant les bras au jeune homme, il l'appelait à son secours. Pizarre approche. L'Indien lève sur lui un œil mourant, lui montre son flanc déchiré, et fait un signe vers le rivage, un autre signe vers le ciel, comme pour indiquer le crime et le vengeur.

Le guerrier attendri lui donne tous les soins de l'humanité; il étanche le sang de sa blessure; et, l'aidant à se soulever et à se soutenir, il paraît vouloir le mener au camp. Le vieillard, frissonnant d'horreur, le conjurait, en lui baisant les mains, de prendre une route opposée:

« Non, disait-il ; c'est de ce côté-là qu'ils sont allés. — Qui donc? lui demanda Pizarre. — Les meurtriers, dit le vieillard. Ils étaient vêtus comme toi ; ils te ressemblaient... Non, pardonne, je ne veux pas te faire injure ; tu es aussi bon qu'ils sont méchants. Ils venaient du fort, ils allaient vers le rivage de la mer ; et moi, je traversais la plaine. Un des guerriers, tirant son glaive, me l'a plongé dans le flanc.

— Ah ! barbares ! s'écria le jeune homme saisi d'horreur. Et moi, et moi, dans le moment qu'ils t'assassinaient !... » Il n'en put dire davantage, les sanglots lui étouffaient la voix. Il embrasse, il baigne de pleurs le vieillard indien. « Ah ! si tu savais, reprit-il, combien je déteste leur crime ! Bon vieillard, tes jours me sont chers : je ne t'abandonnerai pas. Dis-moi, où faut-il te conduire ? — A ce village que tu vois, dis l'Indien. C'est là que mes enfants m'attendent. Au nom de ton père, aide-moi à me traîner dans ma cabane : je ne demande au ciel que de voir encore une fois mes enfants, et de mourir entre leurs bras. » Il n'eut pas même cette joie. A quelques pas de là, ses genoux s'affaiblirent ; il sentit son corps se défaillir ; et, se laissant tomber dans le sein de Pizarre, il fixa ses yeux sur les siens, lui serra la main tendrement, regarda le ciel, et, tournant sa vue attendrie et mourante vers son village, il expira.

Fernand, accablé de tristesse, retourne au camp des Espagnols. Le conseil était assemblé dans la tente du général ; et quel fut le ravissement de ce héros en revoyant son frère, un frère tendrement chéri, qu'il croyait perdu pour jamais ! Il se lève, il l'embrasse. Les deux autres guerriers du même sang témoignent les mêmes transports, et tout le conseil s'intéresse à leur joie et à

son retour. On l'interroge. Il dit ce qu'il a vu, et la valeur des Mexicains, et la clémence de leur chef, et la rencontre du vieillard. Son âme se répand dans ce récit qui
la soulage ; son attendrissement s'exprime par des larmes, et il en fait couler. « O mon frère ! dit-il enfin en
s'adressant au général, nous apprendrons donc aux sauvages à être cruels, et ils ne pourraient nous apprendre
à être bons et généreux ! Quelle honte pour nous ! Je demande vengeance du meurtre de cet Indien ; je la demande au nom du ciel, au nom de l'humanité. Découvrez
quel est parmi nous l'homme assez lâche pour avoir
plongé son épée dans le sein d'un homme paisible, d'un
faible et timide vieillard. »

Il y avait dans ce conseil des hommes durs, qui disaient tout bas que le jeune Pizarre mettait un grand
prix à la vie, puisqu'en daignant la lui laisser, on l'avait
si fort attendri. Il entendit ce reproche injurieux à son
honneur, et il en était indigné ; mais le général, imposant à son impatience, lui dit de prendre place dans l'assemblée.

Le grand intérêt des Castillans était de ménager leurs
forces. Ils étaient en trop petit nombre pour hasarder
encore de s'affaiblir par un nouvel assaut. Il fallait donc
ou laisser en arrière la ville et le fort de Tumbès, ou
chercher une plage d'un abord plus facile, ou réduire
par un long siége, les défenseurs de celle-ci aux plus
dures extrémités.

Le parti de former le siége parut le plus sage et le
plus glorieux : il réunit toutes les voix. Le général lui
seul, recueilli en lui-même et profondément occupé,
semblait encore irrésolu. Sa tête, longtemps appuyée
sur ses deux mains, se relève avec majesté, et des yeux

parcourant lentement l'assemblée : « Castillans, dit-il, j'ai voulu vous donner par ma déférence une marque de mon estime. J'ai permis l'attaque du fort; l'événement a démontré l'imprudence de l'entreprise. Vous voulez assiéger ces murs, vous le voulez, et j'y consens encore. Mais chez des peuples qui, sans nous et loin de nous, vivaient paisibles sur ces bords, ne vous attendez pas que je fasse éprouver à une ville entière les dernières extrémités de la disette et de la faim. Je veux bien les leur faire craindre; mais si ce peuple a le courage de les attendre, je n'aurai pas la barbarie de les lui laisser endurer. Dans un combat je risque et je défends sans honte et sans crime mes jours et ceux de mes amis. Mais sans péril être inhumain! mais voir languir devant ses yeux une multitude affamée, l'enfant sur le sein de sa mère, le vieillard dans les bras de son fils expirant! les voir se déchirer, les voir se dévorer entre eux dans les accès de la douleur, de la rage et du désespoir! je ne m'y résoudrai jamais. »

CHAPITRE XI

Ce que Pizarre avait prévu ne tarda point à arriver.
Le trésor des moissons était déposé dans les villages ; la
disette fut dans les murs. Il fallait, pour faciliter les secours du dehors, attaquer et forcer les lignes. Orozimbo.
voulut commander ces sorties ; et ni sa sœur ni son ami
ne voulurent l'abandonner.

Les Espagnols, trop affaiblis par l'étendue de leur enceinte, attaqués dans la nuit, avaient d'abord cédé au
nombre. La première sortie avait, pour quelques jours,
rendu la vie aux assiégés ; mais la seconde fut fatale aux
héros mexicains : l'un et l'autre y perdirent ce qu'ils
avaient de plus cher au monde.

L'attaque avait été si vive, que les lignes forcées, le
secours introduit, les Indiens se retiraient sans être poursuivis. Ce fut dans ce moment qu'Amazili crut voir, à
l'incertaine clarté de l'astre de la nuit, un jeune Indien

se débattre entre deux soldats espagnols. Ils l'avaient pris; ils l'entraînaient. Télasco n'est pas avec elle, et ce jeune homme lui ressemble. Elle approche. C'est lui. Éperdue, elle crie au secours; on ne l'entend point. Il n'a qu'elle pour sa défense. Il faut le sauver ou périr. Elle tend son arc. Mais va-t-elle percer le sein d'un ennemi? percer le cœur de son époux? Son œil est sûr, mais sa main tremble; et la crainte ajoute au danger. Deux fois elle vise, et deux fois Télasco se présente devant la flèche qui va partir. Un frisson mortel la saisit; ses genoux chancelants fléchissent; son arc va lui tomber des mains; il ne lui reste plus que la force de le détendre. La nature et la tendresse font pour elle un de ces efforts réservés aux périls extrêmes. Elle saisit l'instant où l'un des deux Espagnols sert de bouclier au Mexicain; le trait part; le soldat blessé tombe; le bras de Télasco, le bras qui tient la hache est dégagé; l'autre ennemi en éprouve l'effort terrible; et délivré comme par un prodige, Télasco va rejoindre ses compagnons qui rentrent dans les murs... Que fais-tu, malheureux? tu laisses ton épouse au pouvoir de tes ennemis.

A peine la flèche est partie, à peine Amazili a pu voir Télasco se dégager et s'enfuir, elle n'a plus la force de le suivre. Cette frayeur de réflexion qui suit les grands périls et qui reste dans l'âme lorsque le péril est passé, s'est emparée de son cœur épuisé de courage, et l'a saisie si violemment, qu'une défaillance mortelle l'a fait tomber évanouie. Elle ne se ranime, elle n'ouvre les yeux que pour se voir environnée de soldats castillans que le bruit de l'attaque a fait accourir dans ce lieu. Ils la trouvent sans mouvement; ils s'empressent de la rappeler à la vie.

Le jeune et valeureux Mendoce, monté sur un coursier superbe, rencontre, au milieu de soldats, cette jeune guerrière. Le panache de plumes dont elle est couronnée, son carquois d'or suspendu à une chaine d'émeraudes, riche présent d'Ataliba, le précieux tissu dont sa taille est ceinte, mais surtout la noble fierté de son air et de son maintien la trahit, et annonce une illustre origine.

« Jeune guerrière, lui dit Mendoce, quel malheur, ou quelle imprudence vous fait tomber entre nos mains? — Êtes-vous la fille, ou l'épouse du roi de Tumbès? — Non, dit-elle : je suis née en d'autres climats. Ces murs ont été mon refuge. La liberté, qui m'est ravie, était mon unique bien. — Il vous sera rendu, lui dit Mendoce; daignez vous confier à moi; » et, l'ayant fait asseoir sur la croupe de son coursier, il la mène au camp de Pizarre.

Le jour répandait sa lumière; et Pizarre, au milieu du camp, se faisait instruire des événements de la nuit, Mendoce arrive, et lui présente la jeune Indienne captive. Le héros la reçoit avec cette bonté noble, modeste, et consolante qu'on doit à l'infortune, à la faiblesse de l'innocence.

Mais le malheur qui poursuivait Amazili voulut qu'elle fût reconnue par le jeune Fernand Pizarre, qu'elle avait vu dans le fort de Tumbès. « Ah! mon frère! s'écriat-il, c'est elle-même, c'est la sœur de ce vaillant cacique, de ce généreux Mexicain qui m'a sauvé la vie et m'a rendu la liberté. Acquittez-moi, je vous conjure. » Pizarre allait la renvoyer, mais le plus grand nombre des Espagnols firent éclater leurs plaintes. Il avait dans ses mains, disaient-ils, le sûr moyen, le seul peut-être d'o-

bliger les ennemis à se rendre ; et il le laissait échapper !
Aimait-il mieux voir deux cents hommes qui s'étaient
confiés à lui, manquant de tout sur ce rivage, et n'ayant
pas même un asile, périr autour de ces remparts, ou de
fatigue, ou de misère, ou par les flèches des sauvages?
Voulait-il les sacrifier?

Le général eût méprisé ces plaintes, si l'échange des
deux captifs ne l'eût pas touché de si près. Mais un intérêt personnel eût rendu odieux ce qui n'était que juste;
et il voulut se mettre au-dessus du soupçon. Il fit donc
appeler Requelme, lui confia Amazili, et lui remit le
soin de la mener sur le vaisseau. Le même jour il fit
savoir au commandant du fort que sa sœur était prison-
nière; qu'il lui avait donné son vaisseau pour asile; que
tous les égards, tous les soins qui pouvaient adoucir le
sort d'une captive, il les aurait pour elle; mais que,
malgré le vif désir qu'il en avait, il ne pouvait la lui
renvoyer libre, à moins que, renonçant lui-même à une
résistance inutilement obstinée, il ne le reçût dans le
fort.

Dès que les héros mexicains s'étaient aperçus de l'absence d'Amazili, ils en avaient poussé des cris de douleur et de rage. Ils la cherchaient des yeux; ils l'appelaient; ils parcouraient toute l'enceinte du rempart qui
les séparait d'elle, prêts à s'élancer à travers mille morts,
s'ils avaient entendu ses cris. L'un d'eux, et c'était Télasco, osa même sortir du fort, et la chercher dans la
campagne. Enfin, désespéré, et la croyant perdue, ils la
pleuraient ensemble, lorsque l'envoyé de Pizarre leur
annonça qu'elle vivait. Leur premier mouvement fut
donné à la joie; mais cette joie était trompeuse : la douleur la suivit de près.

Amazili dans l'esclavage et au pouvoir des Espagnols sans qu'il fût possible de la délivrer, à moins de leur rendre les armes! C'était un genre de malheur aussi cruel que celui de sa mort. Mais l'indignation, dans le cœur d'Orozimbo, ayant ranimé le courage, il répondit avec fierté que sa sœur lui était bien chère, mais que pour elle il ne trahirait pas un roi son bienfaiteur, son hôte et son ami; qu'il rendait grâce au chef des Castillans, des ménagements qu'il avait pour une princesse captive; mais qu'en lui renvoyant son frère, il croyait lui avoir donné un exemple plus généreux.

Lorsque Pizarre entendit la réponse d'Orozimbo, il regarda d'un œil sévère les Castillans qui l'entouraient. « Voyez-vous, leur dit-il, combien ces hommes-là sont au-dessus de nous? Apprenons à rougir et à les imiter. » Dès ce moment, il résolut de renvoyer Amazili, et de charger Fernand lui-même de la ramener à son frère. Le jour baissait; il crut pouvoir différer jusqu'au lendemain.

Abandonnée à elle-même, la malheureuse se plongea dans l'abîme de sa douleur. Se voir séparée à jamais de son frère et de son époux, ou les voir se livrer eux-mêmes aux meurtriers de leurs parents, aux destructeurs de leur patrie! Ils ne s'y résoudraient jamais; et quand ils pourraient s'y résoudre, en seraient-ils plus épargnés? On avait appris à les craindre; on n'aurait garde de laisser au Mexique de si redoutables vengeurs.

Dans le silence de la nuit, ces réflexions, animées par l'image de sa patrie qui s'offrait sanglante à ses yeux, l'agitèrent si violemment, qu'il n'était rien de plus affreux pour elle que de penser que pour sa délivrance on pût vouloir subir la loi des Castillans.

15

Mais non, ce n'étaient pas ainsi qu'Orozimbo et Télasco méditaient de la délivrer. Choisir une nuit sombre, sortir de leurs remparts, attaquer le camp ennemi, périr ensemble, ou pénétrer jusqu'au vaisseau où Amazili était captive, et l'enlever : tel était le digne conseil qu'ils avaient pris du désespoir.

Tous deux brûlaient d'impatience que le jour éclairât le port. Ils espéraient qu'Amazili paraîtrait sur la poupe, où, du haut des remparts, ils auraient pu la reconnaître. Leur espoir ne fut pas trompé.

Amazili, l'âme encore pleine du trouble de la nuit, attendait sur la poupe que la clarté, qui commençait à se répandre, fût plus vive; et cependant ses yeux, à travers le mélange des ombres et de la lumière, se fatiguaient à découvrir le fort qui dominait la mer. D'abord elle croit l'entrevoir; elle le voit enfin; et sur le mur elle découvre deux hommes que son cœur lui assure être son frère et Télasco. « Ils me cherchent des yeux, dit-elle; ils ne peuvent vivre sans moi. Je les rendrai faibles et lâches, perfides envers leur patrie, infidèles envers un roi, leur bienfaiteur et leur ami. Non, non, je ne mets point ce funeste prix à ma vie; et si elle est pour eux une honteuse chaîne, je saurai les en délivrer. » Alors, pour fixer leurs regards, elle détache sa ceinture et la fait voltiger dans l'air. L'un des deux, c'est son cher Télasco, répond à ce signal, en faisant voltiger de même le panache de plumes dont il ornait sa tête, et, lorsqu'elle est bien assurée que leurs yeux, attachés sur elle, observent tous ses mouvements, elle tire une flèche de son carquois, lève le bras, et dit, mais sans espoir d'être entendue : « Adieu, mon frère, adieu, malheureux Télasco. Pleurez-moi, surtout véngez-moi, vengez

le Mexique. » A ces mots, se perçant le sein, elle s'é-
lance dans la mer.

« O ciel! ma sœur! Amazili!... C'en est fait. Je l'ai
vue se frapper et tomber. J'ai vu, s'écrie Orozimbo, les
flots s'ouvrir, se refermer sur elle. Ma sœur, ma chère
Amazili n'est plus. Elle n'est plus! et nous vivons! et
les monstres qui l'ont réduite à se donner la mort!...
Ah! nous la vengerons. Mon frère! mon ami! oui, nous
la vengerons; c'est notre dernière espérance. » A ces
mots, pâles, frémissants, étouffés de sanglots et inondés
de larmes, ils s'embrassent l'un l'autre, et se laissent
tomber; ils se roulent sur la poussière, et leur douleur
s'exhale par des frémissements qu'interrompt un affreux
silence. Revenus à eux-mêmes, ils forment le projet de
sortir dès la nuit suivante, et de porter dans le camp ennemi l'effroi, le carnage et la mort. Hélas! vain projet!
La fortune, avant la fin du jour, eut tout changé sur ce
rivage.

On vit les peuples des vallées d'Ica, de Pisco, d'Acari,
accourir en foule au-devant des Espagnols, leur rendre
hommage, et les engager à venir descendre au port de
Rimac, sur ces bords où, dans peu, s'éleva la ville des
rois [1]. Cette révolution soudaine était l'ouvrage de Mango.
Pizarre en profite avec joie : il se rembarque avec les
siens; et les Mexicains, désolés de voir les Castillans
se dérober à leur vengeance, reprennent tristement le
chemin des hautes montagnes par les champs de Tumibamba.

Ataliba, qui, depuis sa victoire, avait appris l'arrivée
des Espagnols, laissait reposer son armée sur les bords

[1] Lima.

du fleuve Zamore; et alors le soleil, au tropique du nord,
ayant atteint cette limite qu'une loi éternelle a marquée
à sa course et que jamais il ne franchit, ce fut dans une
vaste plaine et au milieu d'un camp nombreux que sa
fête fut célébrée. Les peuples y vinrent en foule; la cour
de l'Inca s'y rendit du palais de Riobamba, où ce prince
l'avait laissée; son épouse bien-aimée, l'inconsolable
Aciloë, y vint, les yeux encore baignés des larmes que
le souvenir de son fils lui faisait répandre, et que le
temps ne pouvait tarir.

Toutes les fêtes du soleil avaient pour ces peuples qui
ne connaissaient point encore le vrai Dieu un grand objet
de morale publique. Celle-ci, la plus sérieuse et la plus
imposante, était la fête de la mort. Ce qui distinguait
cette fête de celles que l'on a décrites, c'était l'hymne
que l'on y chantait. Le pontife, d'un air serein, et portant sur le front une majestueuse tranquillité, entonnait
cette hymne funèbre; les Incas répondaient; le peuple
écoutait en silence, et méditait la mort.

« Homme destiné au travail, à la peine et à la douleur,
console-toi, car tu es mortel. Le matin, tu te lèves pour
sentir le besoin; tu te couches le soir, lassé, abattu de
fatigue. Console-toi; car la mort t'attend, et dans son
sein est le repos.

« Tu vois une barque agitée par la tempête gagner la
rade paisible et se sauver dans le port. Cette mer sans
cesse battue par la tourmente, c'est la vie; ce port tranquille et sûr, d'où jamais les orages n'ont approché, c'est
le tombeau.

« Tu vois le timide enfant que sa mère a laissé loin
d'elle pour lui faire essayer ses forces. Il court à elle
d'un pas chancelant en lui tendant ses faibles bras; il

arrive, il se précipite dans son sein; et il ne sent plus sa faiblesse. Cet enfant, c'est l'homme; et cette mère tendre, c'est la mort.

« Homme fragile, pendant ta vie tu es l'esclave de la nécessité, le jouet des événements. La mort brisera tes liens : tu seras libre; et il n'existera pour toi, dans l'immensité, que toi-même et le Dieu qui t'a fait.

« Que ce Dieu qui anime le monde laisse échapper un souffle, c'est la vie. Qu'il le retire; c'est la mort. Qu'a d'étonnant la vitesse d'un souffle qui passe dans ton sein, comme le vent à travers le feuillage? Le feuillage est-il étonné de n'avoir pu fixer le vent?

« Ne trouves-tu pas que le temps est lent à s'écouler? C'est que le temps amène la mort, et que la mort est le premier jour de notre immortalité. Quel homme ne désire pas d'être à demain? C'est qu'aujourd'hui c'est la vie, et que demain c'est la mort.

« Homme, d'où te vient donc cette répugnance pour un bien vers lequel tu es entraîné par une pente invincible? C'est que tu te crois plus sage que la nature, meilleur que le Dieu qui t'a fait; c'est que tu prends pour un abime les ténèbres mystérieuses d'un avenir éternel.

« S'il était un Dieu assez inexorable pour vouloir désespérer l'homme, il le condamnerait à ne jamais mourir. Le dégoût, la tristesse affligeraient son âme, et la nécessité de vivre, semblable à un rocher hérissé de pointes aiguës, l'écraserait incessamment. Le signe de la réconciliation entre le ciel et l'homme, c'est la mort qui l'introduit dans un monde meilleur.

« Il n'est qu'un seul moyen de rendre la vie aussi précieuse que la mort même : c'est de vivre pour la vertu, pour sa patrie, fidèle à son culte, à ses lois, utile à sa prospérité, digne de sa reconnaissance, et de pouvoir dire en mourant : Je n'ai respiré que pour elle ; elle aura mon dernier soupir. »

Ainsi chantaient les enfants du soleil ; et ces chants, qui retentissaient dans l'âme des jeunes guerriers, les élevaient au-dessus d'eux-mêmes. Mais les femmes et les enfants, regardant leurs époux, leurs pères, avec des yeux où la tendresse et la frayeur étaient peintes, semblaient les conjurer d'aimer, ou du moins de souffrir la vie, et opposaient les mouvements les plus naïfs de la nature à cet enthousiasme qui défiait la mort.

Le monarque, après ce cantique, ayant fait par tribus l'éloge des courageux Indiens qui avaient péri pour sa défense : « Nous avons pleuré sur les morts ; tout est consommé, reprit-il. Laissons le passé, qui n'est plus ; et ne pensons qu'à l'avenir, qui pour nous est un nouvel être. Des guerriers farouches, les fléaux des bords où ils descendent, viennent d'arriver à Tumbès. Je crois avoir mis cette ville en état de les occuper. Des héros la défendent ; mais ce n'est point assez, demain je vole à son secours. Peuples, c'est là que nous appellent les dangers dignes d'éprouver le plus intrépide courage. Vous allez voir des animaux rapides porter l'homme dans les combats ; vous allez voir l'image du terrible Illapa[1] dans les armes de ces redoutables étrangers. Ils ont su donner à la mort un appareil épouvantable. Mais ce n'est jamais que la mort ; et vous venez d'entendre si la mort est à craindre. Du reste, ces fiers guerriers sont périssables comme nous ; et ils sont en si petit nombre, que, si vous les enveloppez, ils seront au milieu de vous comme les

[1] La foudre.

feuilles agitées par le tourbillon des tempêtes. Voilà, poursuivit-il en leur montrant Alonzo, celui qui sait comment on peut les vaincre : c'est à lui de vous commander. »

Ainsi parlait Ataliba, et il inspirait son courage. Mais sur la fin du jour il voit arriver dans son camp les guerriers mexicains qui lui racontent leur disgrâce. Ils lui apprennent que Mango, réduit au désespoir, suppose et fait répandre parmi les Indiens un oracle du roi son père [1], lequel, en mourant, a prédit l'arrivée des Castillans, et recommandé à ses peuples d'aller au-devant d'eux et de les recevoir avec respect ; que Mango, à l'appui de cette opinion, a lui-même donné l'exemple, et envoyé une embassade au général des Castillans, pour implorer son assistance en faveur du roi de Cusco contre l'usurpateur du trône des Incas, l'exterminateur de leur race, l'oppresseur de l'Inca son frère, captif dans les murs de Cannare.

Les mêmes nouvelles arrivaient de tous côtés en même temps, et se répandaient dans l'armée ; l'inquiétude et la frayeur s'emparaient de tous les esprits, quand le cacique de Rimac vint remettre à l'Inca des lettres dont le général espagnol l'avait chargé pour Alonzo. Pizarre, en lui envoyant la lettre de Las-Casas, lui écrivit en ces mots :

« Mon cher Molina, si vous aimez votre patrie, voici le moment de lui épargner des crimes. Si vous aimez les Indiens, voici le moment de leur épargner des malheurs. Vous n'avez pas connu l'ami que vous avez abandonné. Ce qui vous affligeait m'affligeait encore plus moi-même

[1] Huaïna Capac.

Mais sans titre et sans pouvoir pour me faire obéir et craindre, je dissimulais malgré moi ce que je ne pouvais punir. J'ai fait depuis un voyage en Espagne. J'en arrive enfin revêtu de toute la puissance de notre invincible monarque. Ce jeune prince aime les hommes. Il veut qu'on use d'indulgence et de ménagements envers les Indiens. Il m'a recommandé pour eux les soins et la bonté d'un père. Heureux, si je remplis ses vues! Soyez bien sûr que mon penchant est d'accord avec mon devoir. Mais vous savez combien l'autorité commise s'affaiblit dans l'éloignement, et avec quelle précaution je dois en user sur des hommes violents et déterminés. Dans le nombre il en est dont l'âme est désintéressée, le cœur sensible et généreux; il est aisé de les conduire. Mais la foule est aveugle, inquiète, et surtout avide; et c'est elle, je vous l'avoue, que je crains de voir m'échapper. Mon ami, je n'en réponds plus si les hostilités l'irritent. Un doux accueil de la part de vos peuples est le seul moyen d'établir la concorde et l'intelligence. C'est à vous de me seconder, en y disposant les esprits. Je vois la moitié de l'empire empressée à s'unir à moi. J'ai plus de force qu'il n'en fallait pour répandre ici le ravage; mais, sans vos bons offices, je n'en ai pas assez pour maintenir l'ordre et la paix. Je marche vers Cassamalca, où l'Inca de Quito a, dit-on, rassemblé ses forces. On lui impute bien des crimes; mais seriez-vous l'ami d'un tyran? Je ne le puis penser; et votre estime est son apologie. Venez au-devant de moi. Nous nous concerterons ensemble pour conquérir sans opprimer.

« Las-Casas, votre ami, et je puis dire aussi le mien, le vertueux Las-Casas, que j'ai laissé mourant à l'île Espagnole, a voulu vous écrire. Je vous envoie sa lettre.

Je crains bien, mon cher Alonzo, que ce ne soit un dernier adieu. »

La douleur dont Alonzo avait été saisi en lisant ces mots redoubla lorsqu'il jeta les yeux sur la lettre de Las-Casas.

« Si vous vivez, mon cher Alonzo, si vous êtes encore parmi nos Indiens, et si Pizarre vous retrouve sur les bords où il va descendre, recevez de sa main ce tendre et dernier gage d'une sainte amitié. Je suis mourant. Je n'ai vécu que pour gémir. Dieu a permis que, dans le court espace de ma vie, j'aie vu sous mes yeux bien des crimes et bien des malheurs. Quel regret puis-je avoir au monde?

« Je vous ai confié mes craintes sur l'entreprise de Pizarre ; elles viennent d'être calmées par les vertus de ce héros. Oui, mon ami, le ciel a touché sa grande âme. Pizarre pense comme nous. Il sent qu'il est plus beau d'être le protecteur et le père des Indiens que leur vainqueur et leur tyran. Unissez-vous à lui, pour lui concilier leur estime et leur bienveillance : il en est digne comme vous. Adieu. Je crois sentir que mon heure approche. Demain peut-être je serai devant le trône de mon juge ; et s'il m'est permis d'implorer sa bonté, ce sera pour ces Espagnols qui l'affligent, en n'aimant pas, comme ils le doivent, leurs frères du Nouveau-Monde ; ce sera pour ces Indiens égarés dans l'erreur, mais simples, doux et bienfaisants, qu'il a créés, qu'il aime comme ses enfants, et que sa miséricorde veut sauver par l'Évangile et la croix de son divin Fils. Protégez-les, voyez en eux mes plus chers amis après vous, que j'aimerai au delà du tombeau. »

Cette lettre fut arrosée des larmes de l'amitié. Alonzo

la baisa cent fois avec un saint respect. Ataliba ne put
l'entendre sans partager l'émotion, l'attendrissement du
jeune homme. « Quel est donc, lui demanda-t-il, ce Las-
Casas, cet homme juste? — Ah! dit Alonzo, demandez à
ce cacique et à son peuple. » Ce cacique était Capana. Il
avait entendu la lecture de la lettre de Las-Casas; et appuyé sur sa massue, les yeux baissés, il fondait en pleurs.
« Ce n'est pas un homme, dit-il; c'est un être céleste
envoyé de son Dieu pour adoucir les hommes cruels et
pour consoler les malheureux. Nous l'aurions adoré, s'il
nous l'avait permis. »

Ce témoignage, mais surtout celui d'Alonzo, l'emporta
sur les impressions terribles que l'exemple de Montezume
et tous les malheurs du Mexique avaient pu faire sur
l'âme d'Ataliba. « Je m'abandonne à vous, dit-il à son
fidèle Alonzo. Allez au-devant de Pizarre; assurez-vous
de ses intentions; et, s'il est tel qu'on vous l'annonce,
répondez-lui de la droiture et de la bonne foi d'un prince
votre ami, qui désire être le sien. »

La conférence de Pizarre avec Alonzo fut l'épanche-
ment de deux cœurs pleins de noblesse et de franchise.
Des deux côtés l'état des choses fut exposé avec candeur.
Pizarre ne vit dans l'Inca de Cusco qu'un excès d'orgueil sans prudence, et dans Ataliba, que la noble fierté
d'un cœur sensible et généreux. Il fut réglé que Molina
précéderait Pizarre dans les champs de Cassamalca;
que le général espagnol s'avancerait avec ses deux cents
hommes, et qu'il laisserait en arrière les Indiens de son
parti. Également sûrs l'un et l'autre de leur bonne foi
mutuelle, ils s'embrassèrent, et Alonzo retourna au camp
indien.

Le roi de Quito l'attendait dans le trouble et l'impatience. Mais il fut bientôt rassuré; et il assembla ses guerriers pour leur faire part de sa joie. Les Péruviens se réjouirent; mais les Mexicains, d'un air sombre et l'œil attaché à la terre, écoutaient en silence les paroles de paix qu'apportait Alonzo. Leur chef, qui croyait voir tomber l'Inca dans un piége funeste, voulut l'en garantir. « Eh quoi, prince! lui dit-il, as-tu donc oublié le sort de Montezume et celui du Mexique? Tu abandonnes ton pays à ces mêmes guerriers qui ont désolé le nôtre et qui l'ont inondé de sang! Tu te livres aux mains qui ont enchaîné nos rois. Ah! plutôt, instruis-toi par notre triste expérience. Ne vois-tu pas ici de simples rapproche- ments entre ton état et le nôtre, au moment de nos mal- heurs. Notre empire était divisé; celui-ci l'est de même. Un oracle menteur nous faisait une loi honteuse de flé- chir devant nos tyrans; un même oracle vous l'ordonne. Notre roi, séduit et trompé par des apparences de paix, de bienveillance, se perdit et perdit ses peuples; et toi, malheureux prince, tu veux te livrer comme lui! Ah! si Montezume avait eu cette âme ferme et courageuse que tu nous as fait voir, il aurait sauvé le Mexique. Pour- quoi donc te laisser abattre et te courber volontairement sous le joug? Es-tu sans espoir, sans ressource? Éloi- gne-toi. Laisse Palmore à la tête de ton armée, qu'il fasse tête aux Indiens. Ces caciques et moi, avec nos deux mille hommes, nous chargerons les Castillans, et nous prendrons le chemin le plus court de la vengeance ou de la mort.

— Inca, répondit Alonzo, le caractère de ma nation est d'être fière et brave. Ce n'est un mal que pour ses ennemis. Mais, crois-le bien, tous ses enfants ne sont pas tels qu'on vient de te les peindre. Si elle gémit sur les excès de quelques-uns de ses fils qu'elle désavoue, elle est fière aussi des belles et nobles vertus de ceux que son sein a nourris et qui portent au loin la gloire de son nom. Cortès, il est vrai, a détruit sa conquête et déshonoré ses exploits. Pizarre plus humain, plus sincère, plus généreux, peut vouloir ménager, rendre heureux et paisible le monde qu'il aura soumis, et se faire une renommée sans reproches et sans remords. Pizarre est Espagnol; mais ne le suis-je pas moi-même? Me connais-tu fourbe, avide et cruel? Non, tu me crois sincère et bienfaisant. Pourquoi donc ne croirais-tu pas qu'au moins Pizarre me ressemble? Tu répondrais de moi : je réponds de lui, et j'en réponds sur la foi de Las-Casas, sur la foi de ce saint et vénérable ministre de notre Dieu, le plus vrai, le plus vertueux, le plus charitable des mortels, et le meilleur ami que les Indiens aient au monde. Celui-là ne peut me tromper; mais il peut se tromper lui-même; on peut lui en avoir imposé. Sois donc prudent sans être injuste. Tends les mains à la paix, sans toutefois quitter les armes; et, au milieu d'un camp nombreux, ose recevoir deux cents hommes qui se présentent en amis. »

L'Inca, plein de la confiance que lui inspirait Alonzo, n'eût pas même voulu songer à sa défense. Alonzo prit soin d'y pourvoir. Il lui fit un cortége de huit mille Indiens d'une valeur reconnue. A l'aile droite et en avant des tentes de l'Inca, il établit les Mexicains avec la même troupe qu'ils avaient commandée. Les sauvages de Capana formaient l'aile opposée; et Palmore avec son armée occupait le centre, et formait une enceinte autour du trône de son roi. « Prince, je fais des vœux au ciel, dit le jeune homme, pour que la bonne foi préside à cette

conférence et forme entre Pizarre et toi des nœuds d'une
solide paix. Si je suis trompé dans mes vœux, si je le
suis dans mon attente, je verserai pour toi mon sang.
C'est tout ce que je puis. Je n'ai rien donné au hasard ;
je ne me reprocherai rien. »

La nuit vint ; elle suspendit ce flux et ce reflux de
craintes et d'espérances qu'une incertitude pénible et
des pressentiments confus faisaient naître dans les esprits. Mais ces sentiments, apaisés par le sommeil, se
renouvelèrent lorsqu'aux premiers rayons du jour on vit
de loin la troupe de Pizarre qui s'avançait, et qu'il était
aisé de reconnaître au brillant éclat de ses armes. Elle
approche ; le roi l'attend, élevé sur son trône d'or que
soutiennent douze caciques. Les Espagnols, déployés sur
deux lignes dont la cavalerie occupe les ailes, ayant à
leur tête Pizarre et vingt guerriers qui, comme lui, mon-
tent des coursiers belliqueux, s'avancent d'un pas fier et
grave à la portée du javelot. Pizarre alors commande
qu'on s'arrête ; et, accompagné de Requelme et de six de
ses lieutenants, il se présente avec une noble assurance
devant le trône de l'Inca.

On fait silence ; et, du haut d'un coursier qui l'élève
au niveau du trône, le héros castillan parle au roi en ces
mots : « Grand prince, tu sais qui nous sommes. Et plût
au ciel que le nom espagnol fût moins fameux dans ce
nouveau monde, puisqu'il ne doit sa renommée qu'à
d'horribles malheurs que je déplore comme toi ! Mais
le reproche et la honte du crime ne doivent tomber que
sur le criminel ; et si la renommée les a étendus sur l'innocent, elle est injuste, et tu ne dois pas l'être. Si j'en
croyais tes ennemis, je te regarderais comme le plus
barbare des tyrans. Mais tes amis m'ont répondu de ton

équité : je les crois. Traite-nous de même ; ou du moins, avant de nous juger, commence à nous connaître, et ne fais pas retomber sur nous les maux que nous n'avons pas faits.

« Lorsque les Incas, tes aïeux, ont fondé cet empire et rangé sous leurs lois les peuples de ce continent, ils leur ont dit : Nous vous apportons un culte, des arts et des lois qui vous rendront meilleurs et plus heureux. Voilà le titre de leur conquête. Ce titre est le mien ; et comme eux je m'annonce par des bienfaits. Je n'aurai pas de peine à te persuader que nous sommes supérieurs, par l'industrie et les lumières, à tous les peuples de ce monde. Ce sont les fruits de trois mille ans de travaux et d'expérience dont nous venons vous enrichir. Dans vos lois je ne changerai que ce que tu croiras toi-même utile d'y changer pour le bien de tes peuples ; et ces lois et l'autorité qui en est l'appui resteront dans tes mains : tes peuples n'auront pas le malheur de perdre un bon roi. Protégé par le mien, tu seras son ami, son allié, son tributaire ; et ce tribut, léger pour toi, n'est que le partage d'un bien que vous prodigue la nature et qu'elle nous a refusé. En échange de l'or, nous vous apportons le fer, présent inestimable et pour vous mille fois plus utile et plus précieux. Nos fruits, nos moissons, nos troupeaux, ces richesses de nos climats ; des animaux, les uns servant de nourriture à l'homme, les autres à la fois robustes et dociles, faits pour partager ses travaux ; les riches productions de nos arts ; des secrets pour guérir ou pour soulager nos maux ; mille larcins que l'homme industrieux a faits à la nature, mille découvertes nouvelles pour subvenir à ses besoins : voilà ce que je te promets en échange de ce métal, de cette poussière brillante dont vous êtes assez heureux pour ne pas sentir le besoin. Inca, tel est l'accord paisible et le commerce mutuel que mon maître Charles d'Autriche, puissant monarque d'Orient, m'a chargé de t'offrir. »

Ataliba, le cœur rempli de joie et de reconnaissance, répondit à Pizarre qu'il justifiait bien l'opinion qu'on lui avait donnée de sa droiture et de sa générosité; qu'à tout ce qu'il lui proposait il ne voyait rien que de juste; que les montagnes où germait l'or seraient ouvertes aux Castillans, et qu'il ne croirait pas assez payer encore l'amitié d'un peuple éclairé qui lui apportait ses lumières et l'alliance d'un grand roi.

« La plus sublime de nos lumières, reprit le héros castillan, c'est la connaissance d'un Dieu dont la terre, le ciel, le soleil même sont l'ouvrage. Inca, ne t'en offense point : ce bel astre, dont tes aïeux se disaient les enfants, est sans doute la plus frappante des merveilles de la nature; mais il est lui-même sorti des mains de l'être créateur; et il ne fait que lui obéir en donnant sa lumière au monde. C'est donc ce Dieu qui d'un coup d'œil a prescrit au soleil sa course, à la mer ses limites, son repos à la terre, aux cieux leurs révolutions, à la nature entière ses mouvements divers, son ordre, ses lois éternelles; c'est lui seul qu'il faut adorer.

— Le Dieu que tu m'annonces, lui répondit l'Inca, ne nous était pas inconnu : il a un temple parmi nous : ce temple est dédié à celui qui anime le monde[1]. Mais pourquoi cet être sublime ne serait-il pas le soleil? Cet éclat, cette majesté sont, je crois, bien dignes de lui.

[1] Pacha Camac.

« — Inca, lui demanda Pizarre, si d'une extrémité de ton empire à l'autre je voyais tous les ans un voyageur aller et revenir sans jamais ralentir sa course, sans se reposer un moment, sans jamais s'écarter d'un pas, le prendrais-je pour le roi du pays, ou pour un de ses messagers? Le Dieu de l'univers n'a point d'heure prescrite ni d'espace déterminé; il est sans cesse et partout présent. Celui qu'obscurcit un nuage, et qui ne saurait éclairer une moitié du globe sans laisser l'autre dans la nuit, n'est point le Dieu de l'univers. Autrefois, m'a-t-on dit, tes peuples adoraient la mer, les fleuves, les montagnes. Tout cela, comme le soleil, tient sa place dans la nature; mais tout cela ne fait qu'obéir et servir. Adorons celui qui commande.

— Tu me confonds, mais tu m'éclaires, dit l'Inca. Je commence à croire qu'on avait trompé mes aïeux. Dis-moi seulement si ton Dieu est juste et bon, et si sa loi fait à l'homme un devoir de l'être? — Il est, lui répondit Pizarre, la justice et la bonté même; il est venu sur la terre souffrir et mourir par amour pour les hommes, et il leur a fait un précepte de lui ressembler. — Je ne te demande plus rien, reprit l'Inca. Viens nous instruire, nous éclairer de ta raison, nous enrichir de ta sagesse; et sois sûr de trouver des cœurs dociles et reconnaissants. »

Ainsi tout semblait s'aplanir; mais à l'insu du généreux Pizarre, quelques Castillans indignes de ce nom avaient résolu, sous la maligne influence de l'infâme Requelme, de ne pas souffrir qu'on traitât avec les Indiens, et ils étaient convenus qu'à un signal donné, ils se précipiteraient sur eux et en feraient un horrible carnage. Le fatal signal est donné.

A l'instant, par un feu rapide et meurtrier, l'arquebuse annonce la guerre. Le bataillon s'ouvre, et du centre l'airain gronde et vomit la mort. Au bruit de ces volcans d'airain qui s'embrasent et qui mugissent, au massacre imprévu que d'invisibles coups font devant le trône du roi, il se trouble; il voit à ses pieds sa garde éperdue et tremblante, se serrer pour toute défense, et périr sous ses yeux, comme un troupeau timide, au milieu duquel le feu dévorant de la foudre serait tombé. L'Inca leur avait défendu toute espèce d'hostilité, et ils observaient sa défense. Alonzo, furieux, les presse de le suivre, et de fondre en désespérés sur cette troupe d'assassins. « Vengez-vous, vengez-moi des traîtres qui déshonorent ma patrie. Défendez, sauvez votre roi. » Le vaillant jeune homme, à ces mots, se sent blessé; il tombe. L'Inca le voit tomber, et pousse des cris lamentables.

« C'est à nous, dit Orozimbo, d'exterminer ces monstres. Suivez-moi, mes amis, et emparons-nous de leurs foudres. » Il dit, et à la tête des princes de son sang et de ses deux mille Indiens, il marche sans détour vers ces bouches brûlantes qui tonnent devant lui; il ne les entend point. Ses amis écrasés l'inondent de leur sang; les lambeaux de leur chair, les débris de leurs os tombent sur lui de toutes parts; sa fureur l'aveugle et l'emporte. Télasco lui reste, et le suit. Amis infortunés! Ils vont tête baissée se jeter sur la batterie : une explosion formidable les met en poudre; ils disparaissent dans un tourbillon de fumée; et de leur brave et malheureuse troupe le glaive castillan moissonne ce que le feu n'a pas détruit.

Ce désastre épouvantable, et aussi prompt que la pen-

sée, ne décourage ni Palmore ni Capana : tous deux s'a-
vancent pour envelopper l'ennemi. Mais c'est dans ce
moment que partent, avec une fougue indomptable, les
deux escadrons castillans. Les chefs ne pouvant retenir
la fureur du soldat, s'y laissent emporter. Ils volent à
travers un nuage de flèches. Les chevaux en sont hérissés ; mais, furieux comme leurs guides, ils enfoncent
les bataillons, bondissent à travers les lances, écrasent
une foule d'Indiens terrassés ; et le fer, trempé dans le
sang, redouble cet affreux carnage.

De la garde d'Ataliba six mille hommes sont massa-
crés ; tout le reste va l'être. Ceux qui portent le trône
ont à peine le temps de se succéder ; tous périssent, et
le mourant tombe soudain sur le mort qu'il a remplacé.
Pizarre, qui, pour retenir une rage effrénée, s'était jeté
à travers ses soldats, sans pouvoir ni se faire entendre
ni se faire obéir, ne voit plus qu'un moyen de sauver la
vie à l'Inca. Il se met lui-même à la tête des meurtriers,
il les devance, pénètre, arrive jusqu'au trône, écarte
d'une main le fer qui va frapper Ataliba, et dont il est
blessé lui-même, de l'autre main saisit ce prince, l'entraîne, le jette à ses pieds, et, en le gardant, il s'écrie :
« Qu'on le prenne vivant pour avoir ses trésors. » Ce
mot en impose à la rage.

Pâle, troublé, hors de lui-même, le roi tombe, et se
voit baigné dans des flots de sang indien. Il reconnaît les
corps de ses amis, brisés, meurtris, percés de coups ; il
les embrasse avec des cris si douloureux que leurs bour-
reaux en sont émus. Dans la foule il découvre Alonzo.
« Cher et funeste ami ! tu m'as perdu, dit-il ; mais on
t'a trompé : ton malheur est d'avoir eu l'âme simple et
naïve d'un Indien. » A ces mots, s'étant aperçu qu'Alonzo

respirait encore : « Ah! cruel, dit-il à Pizarre, sauve du moins celui qui m'a livré à toi. »

Pizarre les fait enlever l'un et l'autre, il charge Fernand de les garder, d'en prendre soin, et lui, s'élançant dans la plaine, il vole et va sauver les déplorables restes de la légion de Palmore sur laquelle on est acharné. « Arrêtez, cruels! arrêtez, crie Pizarre aux soldats, ou tournez contre moi vos armes. »

Soit respect, soit épuisement de leur force et de leur fureur, ils obéissent, et Pizarre les fait retourner sur leurs pas.

Dans ce jour d'horreurs et de crimes, l'humanité eut un beau moment. Capana, voyant le combat désespéré, prenait la fuite avec un petit nombre de ses sauvages. Un escadron qui le poursuit va l'atteindre et l'envelopper. Le cacique désespéré se tourne, tend son arc, et choisit d'un œil étincelant le chef de la troupe ennemie. C'était Gonsalve Davila. La flèche part ; et le jeune homme tombe mortellement blessé. On environne le cacique, on le saisit, et on le traîne aux pieds de Davila, pour le déchirer devant lui. Gonsalve entr'ouvre un œil mourant, et reconnaît celui qui l'a tenu en son pouvoir, celui qui lui a laissé la vie, et lui a rendu la liberté. « Est-ce toi, généreux Capana? lui dit-il en tendant ses bras tremblants; est-ce de ta main que je meurs? Tu m'avais fait grâce une fois; je respirais par ta clémence; j'étais libre par ta bonté, et j'ai combattu contre toi! Le ciel est juste : il t'a choisi pour m'arracher tes propres dons. Castillans, écoutez-moi, et redoutez, à mon exemple, la main du Dieu qui m'a frappé. Je dois tout à cet Indien, laissez-moi m'acquitter. Qu'il vive, et qu'il soit libre avec les siens. Viens, mon frère, mon bienfaiteur, mon meurtrier et

mon ami ; viens, qu'en expirant je t'embrasse, et que je
te pardonne ma mort : tu m'as appris la justice et l'humanité. » Ces mots furent bientôt suivis de son dernier
soupir, et Capana et ses sauvages allèrent chercher un
asile au delà des montagnes de l'orient, chez les Moxes,
libres encore, ou chez les féroces Antis, qui s'abreuvaient
du sang des hommes.

CHAPITRE XII

Les Espagnols, fatigués de meurtre, et chargés des
dépouilles qu'ils avaient enlevées du camp des Indiens,
s'étaient presque tous rassemblés dans les murs de Cassamalca. Les uns, retirés en silence, honteux et consternés, se reprochaient le sang qu'ils venaient de répandre
dans un mouvement d'aveugle fureur. D'abord, pour
éviter la honte d'abandonner leurs compagnons, ils
avaient cédé à l'exemple; mais l'honneur satisfait les
avait livrés au remords. Les autres, ceux qui avaient
médité ce crime affreux et avaient donné le signal du
carnage, étouffant la voix de la conscience, ne pensaient
qu'à se défendre de la juste colère de Pizarre; ils par-
laient tout haut de méconnaître son autorité, et de se
donner un autre chef.

Ce soulèvement des esprits s'accrut encore à l'arrivée de Pizarre. Rangés sur son passage, ces rebelles ne lui marquent ni crainte ni confusion; ils le regardent d'un œil fixe, prêts à se révolter s'il lui échappe un mot de colère et d'emportement. Pizarre traverse la foule en gardant un morne silence. Il demande où est Ataliba. On le conduit à sa prison; et là, autour de ce malheureux prince, il voit un petit nombre de ses Castillans qui, les yeux fixés à la terre, ressemblent moins à des vainqueurs qu'à des criminels condamnés.

Ataliba, dans son malheur, gardait encore assez de fermeté pour n'avoir pas daigné se plaindre. Mais, lorsqu'il voit entrer Pizarre, il se renverse, et détournant les yeux avec horreur, il le repousse et se refuse à ses embrassements. « Tu me crois perfide et parjure, lui dit Pizarre; mais regarde, regarde cette main déchirée et sanglante qui t'a sauvé le coup mortel. Est-ce la main d'un ennemi? Je t'ai enlevé de ce trône où vingt glaives t'allaient percer; je t'ai pris pour te dérober à des furieux que je n'avais pu désarmer, que je n'aurais pu retenir. Demande à ces guerriers si, durant ce massacre horrible, je n'ai pas fait, pour l'arrêter, les plus incroyables efforts. Que veux-tu? que peut un seul homme? On m'a désobéi; on fera plus encore : tout me l'annonce, et je m'y attends. Mais jusque-là, sois sûr, malheureux prince, que je protégerai tes jours, même aux dépens des miens. »

·A ces mots, l'Inca le regarde avec des yeux où la colère fait place à l'attendrissement, et il laisse échapper des larmes. « En te voyant, je t'ai aimé, lui dit-il, et mon âme asservie à la tienne t'a soumis jusqu'à ma pensée et jusqu'à ma volonté. Pourquoi donc m'aurais-tu trahi?

pourquoi aurais-tu voulu voir massacrer des hommes paisibles qui te recevaient comme un dieu? Non, non, tu ne l'as pas voulu. Tu pleures! Viens, embrasse-moi. Ta pitié soulage le cœur d'un malheureux qui t'aime encore. Mais dis-moi : tout est-il détruit? en est-ce fait de mon armée? — J'en ai sauvé tout ce que j'ai pu, lui répondit le héros. — S'il est possible, reprit l'Inca, tire-moi des mains de ces traîtres : leurs cris de joie me déchirent; leur approche me fait horreur. Épargne-moi l'affreux supplice de les entendre et de les voir. Rassasiés de sang, ils sont affamés d'or; je veux bien les en assouvir. Je m'engage pour ma rançon, d'en remplir l'enceinte où nous sommes jusqu'à la hauteur où tu vois que mon bras s'étend. Qu'ils emportent ces richesses pernicieuses, et qu'ils nous laissent vivre en paix.

— Ta cause est la mienne, lui dit Pizarre, et je ferai pour toi tout ce qu'on peut attendre du zèle d'un ami. Donnons à la fureur le temps de s'apaiser, et armons-nous, toi de constance, et moi de résolution. Je te laisse. Je vais prendre soin d'Alonzo, dont l'état m'afflige et m'alarme. »

Pizarre, en sortant de la prison d'Ataliba, se sentait le cœur déchiré; mais un spectacle plus cruel encore l'attendait dans le lieu où expirait Alonzo.

Avant que ce jeune homme fût revenu de la défaillance mortelle où il était tombé, on avait pansé sa blessure. Mais la douleur l'ayant ranimé, il s'était vu au milieu d'une foule de Castillans encore fumants de carnage. Il en frémit d'horreur, et ramassant un reste de force : « Barbares, leur dit-il, osez-vous m'approcher et me rappeler à la vie? Vous me l'avez rendue affreuse. Le ciel, le juste ciel ne laissera pas sans vengeance un si exécrable attentat. Je vous connais. Je vois l'orgueil et l'avarice allumer entre vous les feux d'une haine infernale. Armés l'un contre l'autre, vous vous déchirerez comme des bêtes féroces. Retirez-vous, lâches meurtriers, laissez-moi, laissez-moi mourir. » Et à ces mots, par un mouvement qu'il regretta presque aussitôt, arrachant l'appareil de sa plaie, il la déchira de ses mains.

Pizarre le trouva baigné dans son sang; et les Castillans indignés s'éloignèrent à son approche. Alonzo lui tendit les mains, leva les yeux au ciel, pour implorer le pardon de sa violence, ét rendit le dernier soupir.

A l'instant, Gonzale Pizarre vint parler en secret au général. « Que fais-tu là! lui dit-il. On conspire, on va se révolter, et nommer un chef à ta place. Parais, dissipe ce complot, calme et ramène les esprits, ou nous sommes perdus. »

Pizarre vit les deux écueils qu'il fallait éviter dans ce pas dangereux, la violence et la faiblesse. Il se montra aux portes du palais, y fit assembler ses soldats, et portant sur le front une tristesse majestueuse, il leur dit : « Castillans, vous venez d'égorger un peuple innocent et paisible, qui se livrait à vous, qui vous comblait de biens, qui révérait en vous ses hôtes, et qui, renonçant à son culte, ne demandait qu'à s'éclairer pour embrasser le culte et la loi des chrétiens. Son roi lui avait interdit toute hostilité envers vous. Loin d'en commettre aucune, il s'est vu massacrer sans avoir tiré une flèche, et avant d'avoir répandu une goutte de votre sang. Il est couché sur la poussière, à la face du ciel, du ciel, votre juge et le sien. Le massacre de vingt mille hommes, fût-ce vingt mille criminels, serait affreux à voir; combien plus il doit l'être, quand ce sont vingt mille innocents?

Leur roi vous demande pour eux la sépulture. Accordez-leur cette marque d'humanité ; on ne la refuse pas même à ses plus cruels ennemis. »

Au lieu des plaintes, des reproches, des menaces qu'on attendait d'un chef justement irrité, ce langage si modéré fit une impression profonde. Les soldats répondirent qu'ils ne refusaient pas d'ensevelir les morts, si ce qui restait d'Indiens dans les villages d'alentour voulaient s'y employer avec eux. « Ils vous aideront, dit Pizarre : demain, dans ces plaines sanglantes, ils seront assemblés au poiut du jour. »

Dès ce moment tous les esprits, frappés de ce tableau funèbre, se sentirent glacés d'horreur. L'humanité reprit insensiblement ses droits ; et le remords se saisit du cœur des coupables.

Il ne restait dans les villages que des vieillards, des femmes, des enfants. Pizarre leur fit commander de venir, dès l'aube du jour, aider à inhumer les morts. Tous ces malheureux obéirent. Dès que la lumière naissante put éclairer les travaux de la sépulture, les Castillans virent ces femmes, ces enfants, ces vieillards, consternés et tremblants, se rendre à ce triste devoir. Leur douleur profonde et muette, leur pâleur, leur abattement, portèrent la compassion dans les âmes les plus farouches. Mais lorsque leurs yeux reconnurent, dans la foule des morts, ceux qui leur étaient chers, qu'on les vit se jeter avec des cris perçants sur ces corps sanglants et glacés, les serrer dans leurs bras, les arroser de leurs larmes, coller leurs bouches sanglotantes, tantôt sur les lèvres, livides, tantôt sur la plaie entr'ouverte d'un époux, d'un père ou d'un fils, les meurtriers ne purent soutenir ce spectacle sans jeter eux-mêmes des cris de douleur et de repentir. L'assassin du père embrassait les enfants ; des mains trempées dans le sang du fils et de l'époux retiraient l'épouse et la mère de la fosse où elles voulaient s'ensevelir avec eux.

De retour à Cassamalca, les Castillans, le front baissé, les yeux attachés à la terre, le cœur abattu et flétri, se présentent devant Pizarre. « En est-ce fait? demanda-t-il, et cette malheureuse terre a-t-elle caché dans son sein jusqu'aux traces de nos fureurs? — Oui, c'en est fait. — Eh bien, reprit le général, hommes insensés et cruels, vous l'avez donc vu ce carnage dont la nature a dû frémir? C'est vous qui l'avez fait... Mais non, s'écria-t-il, ce crime abominable, le plus noir et le plus atroce qu'ait jamais inspiré la rage des enfers, ce n'est pas vous que j'en accuse; en voilà l'exécrable auteur. C'est lui, c'est Requelme, qui, par vos mains, a versé des torrents de sang. Chargez-le donc seul des forfaits dont son orgueil impie et sanguinaire est la cause; et, comme une victime impure, qu'il aille, loin de nous, dans quelque île déserte, expier, s'il le peut, vingt mille assassinats dont le traître a souillé vos mains. »

Requelme alors voulut parler et se défendre. « Misérable! lui dit Pizarre en le saisissant avec force et en le traînant à ses pieds, je te laisse pour ton supplice une vie odieuse; mais va la traîner loin de nous, en horreur au ciel, à la terre et à toi-même, s'il te reste un cœur capable de remords. » A ces mots, prononcés du ton d'un juge inexorable, les plus hardis des amis de Requelme n'osèrent prendre sa défense. On le saisit pâle et tremblant; et l'ordre à l'instant fut donné pour s'en délivrer à jamais.

« Enfin, reprit le général, nous voilà rendus à nous-mêmes, et la raison, l'humanité, la gloire vont présider à nos conseils. Le roi demande à payer sa rançon, et vous serez épouvantés du monceau d'or qu'il offre de faire accumuler dans la prison qui le renferme. Castillans, je vous l'ai promis : vos vaisseaux s'en retourneront chargés de richesses immenses. Mais, au nom du Dieu qui nous voit et nous jugera un jour, au nom du roi que nous servons, plus de cruautés : faisons grâce au moins à des peuples soumis. »

Dès lors on ne fut occupé que des promesses d'Ataliba. Ce roi, conservant dans les fers une égalité d'âme qui tenait le milieu entre l'orgueil et la bassesse, commandait à ses peuples du fond de sa prison, et ses peuples lui obéissaient comme s'il eût été sur le trône, De toutes parts on les voyait arriver à Cassamalca, les uns courbés sous le poids de l'or dont ils avaient dépouillé les palais et les temples ; les autres, portant dans leurs mains les grains de ce métal qu'ils avaient amassés, et dont leurs femmes et leurs enfants se paraient aux jours solennels. Sur le seuil du palais où leur roi était enfermé, ils quittaient leurs sandales, ils baisaient la poussière à la porte de sa prison, et, en déposant leur fardeau, ils se prosternaient à ses pieds et ils les arrosaient de larmes. Il semblait que le malheur même le leur eût rendu plus sacré.

On avait tracé une ligne à la hauteur des murs où devait s'élever le monceau d'or qu'il avait promis ; et, quelque amas qu'on en eût fait, il s'en fallait encore que l'espace fût comblé. Le roi s'aperçut des murmures que l'avarice impatiente laissait échapper devant lui. Il représenta qu'il était impossible de faire plus de diligence ; que l'éloignement de Cusco [1] était la cause inévitable des lenteurs dont on se plaignait ; mais que cette ville avait seule de quoi acquitter sa promesse. On y envoya deux Castillans [2] pour savoir s'il en imposait ; et ce fut dans cet intervalle qu'une révolution funeste acheva de précipiter les Indiens dans le malheur, et les Castillans dans le crime.

Almagro avec de nouvelles forces venait de Panama au secours de Pizarre. En débarquant [3], il avait appris le désastre des Indiens, et tels qu'on voit les restes d'une meute affamée, au son du cor qui leur annonce que le

---

[1] Deux cent cinquante lieues.
[2] Soto, et Pierre de Varco.
[3] *A Puerto viejo.* Vieux port.

cerf est aux abois, oublier la fatigue et redoubler leur course, haletants de joie et d'ardeur ; tels, pour avoir part à la proie, Almagro et ses compagnons s'avançaient vers Cassamalca. Sur sa route il rencontre Requelme, qu'une escorte remmenait au port de Rimac. L'état où il le voyait réduit excita sa compassion, et il lui demanda quel crime avait pu causer sa disgrâce. « Trop de zèle pour la gloire et les intérêts de mon roi, » répondit le perfide avec cet air simple et tranquille qui annonce la paix du cœur. Il ajouta que, si Almagro voulait l'entendre, il le prenait pour juge, bien sûr d'être innocent et même louable à ses yeux.

Impatient d'en tirer des lumières utiles à ses intérêts, Almagro demanda, et il obtint sans peine qu'on permit à ce malheureux de lui parler un moment sans témoins ; et tandis que l'escorte et la nouvelle troupe se livraient à la joie de se trouver ensemble dans un pays dont la conquête les enrichirait à jamais, Requelme, assis auprès d'Almagro, sous l'ombrage d'un vieux cyprès, lui communiquait en ces mots le poison de la haine et de la vengeance dont lui-même était rempli.

« Fidèle et généreux ami du plus ambitieux des hommes, ses succès et sa gloire, et son élévation, et l'autorité qu'il exerce, et la faveur dont il jouit, il vous doit tout : votre fortune s'est épuisée à lui armer des flottes ; votre courage a soutenu, a relevé le sien, que lassaient les obstacles et que rebutait le malheur. Nous vous avons vu à travers les tempêtes et les écueils, passer, repasser sans relâche du port de Panama sur ces bords dangereux, où sans vous il allait périr, et, par des secours imprévus, nous rendre à tous la vie et l'espérance. Sans vous, il n'eût été célèbre que par une imprudence aveugle, ou plutôt il serait encore dans sa première obscurité. Vous allez voir quelle reconnaissance il réserve à tant de bienfaits. Il a été à la cour d'Espagne; il a obtenu de l'empereur les grâces les plus signalées, les honneurs les plus éclatants; mais pour qui? pour lui seul. Avez-vous vu ses titres? y êtes-vous seulement nommé? A-t-il pensé à demander son ami, son associé, le créateur de sa fortune, au moins pour commander sous lui? Ce n'est pas oubli : non, Pizarre ne vous a point oublié, il vous craint. Il veut régner; et un lieutenant tel que vous eût gêné son ambition et peut-être obscurci sa gloire. Apprenez ce qu'il a grand soin de dérober à tous les yeux, mais ce que j'ai su découvrir. L'étendue de sa puissance dans ces climats n'est pas sans bornes; et ses titres ne lui accordent que la moitié de cet empire, coupé en deux par l'équateur. La ville impériale, la superbe Cusco, est au delà de ses limites; et le premier qui oserait lui en disputer la conquête y aurait autant de droits que lui. Pizarre l'a prévu, et sur le vain prétexte de la rançon d'un roi son allié, qu'il feint de tenir prisonnier dans les murs de Cassamalca, il fait enlever de Cusco tous les trésors qu'elle renferme. Allez, Almagro, allez le trouver; mais surtout gardez-vous de lui rappeler ni vos bienfaits ni ses promesses; gardez-vous de prétendre au partage de l'or qu'il fait accumuler : c'est la rançon d'un Indien que, sans vous, on a fait captif : vous n'avez point droit au partage, et Pizarre l'a déclaré. »

A ces mots, l'orgueil et l'envie s'allumèrent dans le cœur d'Almagro. Mais il feignit de douter encore que son ami pût être ingrat. « Comment ne trahirait-il pas l'amitié, la reconnaissance? reprit le fourbe; il trahit bien son roi, sa patrie ! » Alors il répéta toutes les calomnies dont il avait chargé le héros castillan. « Et savez-vous, ajouta-t-il, quel est ce roi, l'ami, l'allié de Pizarre? Un usurpateur, un perfide qui a fait égorger sans pitié toute la race des Incas, qui s'est baigné dans le sang des peuples de Cusco, a chassé son frère du trône, l'a fait charger de chaînes, et le tient enfermé dans la plus étroite prison. C'est là ce que nous ont appris les Indiens de ces vallées, qui, sous le joug d'Ataliba, pleurent le malheur de leur roi. — Et où est la prison de ce roi? lui demanda l'ambitieux Almagro. — Elle est, répond Requelme, dans le fort de Cannare, ville située sur la route de Quito à Cassamalca. — Allez, c'est assez, dit Almagro : rendez-vous au port de Rimac. Vous n'en partirez point sans y avoir reçu des marques de reconnaissance d'un homme qui hait les ingrats, et qui ne le sera jamais. »

Almagro, qui, dès ce moment, devint le plus mortel ennemi de Pizarre, vit que la délivrance de l'Inca de Cusco était pour lui un moyen sûr et prompt de se faire un parti puissant, et d'enlever à son rival la plus belle · moitié de sa conquête. Il prit sa route vers Cannare, où la nouvelle du massacre des Indiens avait répandu la terreur. Il voit les peuples, à son approche, s'enfuir épouvantés; il attaque le fort, et menace de ravager, d'exterminer tout sans pitié, si l'on refuse, à l'instant même de lui livrer l'Inca, roi de Cusco, qu'il prend, dit-il, sous sa défense.

Quoique réduit au désespoir, l'intrépide Corambé répond avec fierté qu'Ataliba respire encore, et qu'il n'obéira qu'à lui.

Alors on fit tonner l'artillerie, et les portes de la citadelle commencèrent à s'ébranler. A ce bruit, à l'effroi qu'il répand dans les murs, le farouche Huascar s'écrie, transporté de joie et de rage : « Les voilà, mes vengeurs! Qu'il meure; au prix de ma couronne, qu'il meure, le perfide, le sanguinaire Ataliba! » Corambé l'entendit, et rendu furieux par l'excès du malheur : « Toi, qui préfères, lui dit-il, l'oppression de ces brigands à l'amitié de ton frère, et la ruine de ton pays à la paix qui l'aurait sauvé, cruel, tu ne jouiras point de ton implacable vengeance. » A ces mots, de la hache dont il était armé, il lui porta le coup mortel.

A peine il eut frappé, que, voyant Huascar se débattre à ses pieds et se rouler dans une sanglante poussière, il s'effraya du crime qu'il venait de commettre. Éperdu, égaré, il s'éloigne, il commande à ses Indiens de le suivre, et se jette en désespéré dans le bataillon ennemi. Il fut bientôt percé de coups; mais, en cherchant la mort, il s'ouvrit un passage; et le plus grand nombre des siens put s'échapper. Quelques-uns furent pris vivants.

Almagro, impatient d'enlever Huascar, se jeta dans le fort; il y trouva ce roi massacré, baigné dans son sang, luttant contre une mort cruelle, et qui, par des rugissements de douleur et de rage, lui demandait vengeance. Il le vit expirer; il en fut outré de douleur; et perdant l'espérance de diviser l'empire, il résolut, dès ce moment, d'ôter à son rival l'appui d'Ataliba, l'appui d'un roi qui, dans les fers, commandait encore à ses peuples. Il fit donc enlever et porter à sa suite le corps de l'Inca de Cusco, et se rendit à Cassamalca.

Pizarre le reçut avec l'empressement de l'amitié reconnaissante. Mais à ce mouvement de joie succède un mouvement d'horreur, lorsqu'au milieu des Castillans,

aux yeux d'Ataliba lui-même, Almagro fait lever le voile
qui couvre le corps d'Huascar. « Le reconnais-tu ? » lui
dit-il du ton d'un juge menaçant. Ataliba regarde ; il
frémit, il recule épouvanté, et jetant un cri de douleur :
« O mon frère ! dit-il, le glaive impitoyable n'a donc rien
épargné ! ils massacrent les rois ! » A ces mots, soit tendresse, soit retour sur lui-même et pressentiment de son
sort, il ne put retenir ses larmes ; les sanglots lui étouf-
fent la voix. « Tu le pleures, lui dit Almagro, après
l'avoir assassiné ! — Moi ! — Toi-même, perfide, et par
la main d'un traître, qui, poursuivi par les remords, est
venu tomber sous nos coups. Pizarre, ajouta-t-il, vous
l'avez oublié, ce roi, dont les sujets fidèles étaient venus
jusqu'à Tumbès vous implorer ; et cependant son ennemi, le meurtrier de sa famille et de ses peuples, du
fond de sa prison, l'a fait assassiner. J'ai vu le danger
qu'il courait, et j'ai volé à sa défense. Je n'ai fait que
hâter sa perte ; et le barbare Ataliba n'a été que trop
bien servi.

— O céleste justice ! s'écrie Ataliba, révolté de se voir
chargé d'un fratricide. Moi ! l'assassin d'un frère ! Ah !
cruels ! Il ne vous manquait plus que ce dernier trait de
noirceur. Vous m'avez lâchement trompé ; vous m'avez
attiré dans un piége affreux ; vous avez violé la bonne foi,
la paix, l'hospitalité, l'amitié, tout ce qu'il y a de plus
saint, même parmi les plus cruels des hommes ; vous
avez égorgé mes peuples ; vous m'avez chargé de liens ;
vous avez mis à prix ma liberté, mes jours : n'en est-ce
point assez ? Ni les pleurs, ni le sang, ni l'or, rien n'as-
souvit donc votre rage ! Pour me porter un coup plus
cruel que la mort, vous m'accusez d'un fratricide ! Eh !
grand Dieu ! que vous ai-je fait, que du bien, dans le

moment même que vous nous accabliez de maux? Que me demandez-vous encore? Est-ce mon sang que vous voulez? Il est à vous. Trempez-y vos mains, j'y consens; mais qu'avez-vous besoin de me trouver coupable? Je suis faible, je suis enchaîné, sans défense, abandonné du monde entier; je n'ai que le ciel pour juge, et le ciel me laisse accabler. Frappez. Vous n'avez ni témoins ni vengeurs à craindre. Frappez. Terminez mes malheurs; mais épargnez mon innocence. Percez ce cœur sans l'outrager. »

Ces mots, entrecoupés de larmes, avaient ému les Castillans, lorsque Almagro fit avancer les Indiens qu'on avait pris, et qui attestaient le fratricide. Ces malheureux tremblaient; ils gardaient le silence; ils ne savaient s'ils devaient dire ou taire ce qu'ils avaient vu : mais, forcés par le roi lui-même de parler sans déguisement, ils avouèrent que leur chef, le lieutenant d'Ataliba et le gardien d'Huascar, se voyant pressé de le rendre, l'avait tué de sa main. Il n'en fallut pas davantage; et la calomnie, appuyée des apparences d'un complot, fit croire ce qu'elle voulut. Intimidés par les menaces, ces mêmes Indiens laissèrent échapper quelques mots que l'on expliqua dans le sens le plus odieux; et d'un soupçon d'intelligence entre les Indiens de Cannare et leur roi, on fit une preuve formelle de la plus noire trahison. Ataliba fut convaincu, dans l'esprit de la multitude, d'avoir conspiré sourdement contre les Castillans eux-mêmes; et cent voix s'élevèrent pour demander sa mort.

Pizarre, qui voyait à travers ces nuages l'innocence d'Ataliba, eut encore, avec ses amis, le courage de le défendre; mais la haine et l'envie en prirent avantage pour réveiller dans les esprits les soupçons que Requelme avait déjà fait naître ; et, dans ce zèle généreux, on crut voir l'intérêt se déceler lui-même, et l'ambition se trahir.

Cependant le trouble, en croissant, allait allumer la discorde. Ataliba lui-même en excitait les feux par la fierté de sa défense et l'amertume des reproches dont il accablait les Castillans. Cruellement blessé, son cœur avait repris le ressort que donne au courage l'injure portée à l'excès. Il n'écoutait plus ses amis, qui l'exhortaient à la patience. « Ah ! j'ai trop souffert, disait-il ; et pourquoi dissimulerais-je ? Si la douceur pouvait toucher ces cœurs farouches, ne seraient-ils pas amollis ? Pizarre, ils veulent que je meure, ils veulent perdre ton ami : je le vois. Mais il est indigne de la vertu calomniée de baisser un front suppliant. »

Trop faible, au milieu d'une troupe de factieux déterminés, pour imposer par la menace, Pizarre se faisait violence à lui-même ; et semblable au pilote surpris par la tempête dans un détroit semé d'écueils, tantôt cédant, tantôt résistant à l'orage, il évitait de se briser. La hauteur ferme et courageuse d'Ataliba, et plus encore l'imprudente chaleur dont le jeune Fernand embrassait la défense de ce malheureux prince, ne faisaient qu'aigrir les esprits. Pizarre commença par éloigner Fernand. Ce fut lui qu'il choisit pour aller en Espagne porter la rançon de l'Inca. Le partage en fut annoncé ; et il fallut savoir si la troupe d'Almagro serait admise à ce partage. Pizarre le propose. Une rumeur s'élève ; et on déclare hautement que, n'ayant pas contribué à la conquête, il n'est pas juste qu'elle en vienne usurper les fruits.

Almagro vit qu'il allait perdre ses nouveaux partisans s'il disputait la proie. « Dissimulons, dit-il aux siens ; car c'est un piège qu'on nous tend. » Aussitôt il prit la parole, et dit qu'ils venaient partager des travaux, non pas des dépouilles, et que, dans un pays immense où germait l'or, l'or ne méritait pas de diviser des hommes que l'estime, l'honneur et le devoir unissaient. Le perfide avec ce langage eut l'art de tout pacifier. Il s'attacha de plus en plus, par sa modération feinte, un parti nombreux et puissant; et Pizarre, perdant l'espoir de l'affaiblir, chercha, mais inutilement, à le gagner par des largesses[1]. Il fit peser l'or et l'argent qu'on avait entassés, il les distribua; son armée en fut enrichie. La part[2] qu'il avait réservée à l'empereur fut envoyée au port où Fernand devait s'embarquer; et Fernand, pressé de s'y rendre, vint, la tristesse dans l'âme, prendre congé d'Ataliba.

Il avait conçu pour l'Inca cette amitié noble et tendre que la vertu dans le malheur inspire aux âmes généreuses : doux appui que le ciel ménage quelquefois à l'homme juste qu'on opprime pour l'aider à porter le poids de l'accablante adversité. « Je viens te dire adieu; on m'envoie en Espagne : mon devoir m'éloigne de toi, lui dit-il; mais j'emporte avec moi l'espérance de te servir, de te revoir, libre, justifié, rétabli sur le trône, et d'y embrasser un héros que j'ai respecté dans les fers. — Ah! généreux ami! lui dit Ataliba en l'enveloppant dans ses chaînes et en le serrant dans ses bras, vous me quittez! je suis perdu. — Eh quoi! lui dit Fernand, mes

---

[1] Zarate assure que Pizarre fit donner à chacun des Espagnols qui accompagnaient Almagro, mille *pesos* d'or, ou vingt marcs. Benzoni dit *cinq cents ducats aux uns, et à d'autres mille.* « A tal cinque cento, e a tal mille ducati. »

[2] Le quint.

frères, nos amis! — Ils n'auront pas votre courage.
Voyez, ajouta-t-il, cet homme qui d'un œil morne nous
observe (c'était Almagro); il n'attend que votre absence
pour me faire périr. Nous ne nous verrons plus. Adieu,
pour la dernière fois. »

Après de si tristes adieux, Fernand se rendit à Rimac.
Il y trouva l'implacable Requelme, qui sous les dehors
d'une humilité volontaire déguisait sa honte et sa rage.
« Un zèle trop ardent, dit-il à Fernand, a pu m'égarer,
et je dois expier tous les maux dont je suis la cause.
Quand vous m'auriez, dans une île déserte, abandonné
à la dent meurtrière des animaux féroces, je ne serais
pas encore trop puni. Mourir, sans laisser échapper une
plainte, mourir en vous bénissant encore, c'est un devoir, et je l'accomplirais avec bonheur. Mais ma mort
ne réparera pas le mal que j'ai fait aux Indiens, et ne
m'acquittera pas envers eux. Laissez-moi plutôt me rendre et vivre au milieu d'eux. Qu'avez-vous à craindre
de moi? Proscrit, abandonné, j'ai perdu le pouvoir de
nuire. J'apprendrais à ces bons insulaires nos lois et nos
actes : je leur apprendrai à bénir les mains de leur vainqueur, et du magnanime souverain qui leur offre son
auguste alliance. »

Le jeune homme, simple et crédule, comme tous les
cœurs généreux, se laissa toucher et séduire. Il lui rendit la liberté; et le tigre, en rompant sa chaîne, frémit
de joie et de fureur.

Les richesses prodigieuses que l'on venait de partager
n'étaient qu'une faible partie de la rançon d'Ataliba[1].
Pour remplir sa promesse, on allait enlever cet amas in-

---

[1] La cinquième partie.

croyable d'or que la florissante Cusco avait vu, pendant onze règnes, s'accumuler dans le palais des rois et dans le temple du soleil. Almagro en frémissait de rage. Cette ville superbe, sur laquelle est fondée son espérance ambitieuse, sera ruinée à jamais; et quand la rançon de l'Inca n'épuiserait pas ces richesses, Pizarre en disposerait seul tant que ce roi serait vivant. Ce fut là le grand intérêt qui le fit solliciter sa perte, et la presser avec ardeur.

D'abord, par de feintes promesses d'user d'indulgence envers lui, on voulut l'engager à faire l'aveu de son crime pour en obtenir le pardon. Mais ce malheureux prince, conservant dans les fers la noble fierté de son sang : « C'est au criminel qu'on pardonne, dit-il, et je suis innocent. » On lui parla de la clémence du prince au nom duquel on allait le juger. « Il en aura besoin, dit-il, pour pardonner ma mort à mes accusateurs; mais envers un roi son égal, qui ne l'a jamais offensé, sa clémence lui est inutile. Qu'il soit juste, et je ne crains rien. »

A des esprits frappés de la persuasion que son crime était manifeste, cet orgueil parut révoltant. On s'écria qu'il fût jugé, puisqu'il avait l'audace de demander à l'être; et ce fut alors que Pizarre fit les plus généreux efforts pour le sauver. Il exposa que le conseil établi dans son camp n'était pas fait pour juger les rois; qu'un lieutenant d'Ataliba avait pu croire le servir en se chargeant pour lui d'un fratricide, sans que ce prince en fût instruit, sans qu'il y eût donné son aveu; qu'on avait pu de même, à son insu, vouloir tenter sa délivrance, et que, loin d'être criminel, ce zèle était juste et louable; que la conduite de l'Inca, pleine de dignité, de candeur, de droiture, ne laissait aucune apparence aux soupçons

qui l'avaient noirci; mais que, fût-il coupable, c'était à
l'empereur qu'il était réservé de lui donner des juges, et
qu'il réclamait en son nom ce privilége auguste et saint.
Il ajouta que, dans ses lettres à l'empereur, il l'informait
de tout ce qui s'était passé; qu'il lui déférait cette cause;
qu'il attendrait sa volonté, et que tout serait suspendu
jusqu'au retour de Fernand.

Alphonse alors prit la parole. « Vous allez informer
l'empereur, lui dit-il; et de quoi? de votre opinion sans
doute, et de celle d'un petit nombre de vos amis, qui,
comme vous, ont pu se laisser abuser? Est-ce donc ainsi,
Pizarre, que doit s'instruire une si grande cause? Et moi
je demande que le conseil entende et juge Ataliba, et que
le procès, revêtu de l'authenticité des lois, soit déféré au
tribunal suprême, où sera décidé le sort de cet usurpateur que vous appelez roi. »

Cet avis parut sage et modéré au plus grand nombre;
et Pizarre, voyant que ses amis eux-mêmes penchaient
à le suivre, y céda. Mais comme il avait éprouvé que la
nature avait encore des droits sur les cœurs qu'il voulait
fléchir, il pensa qu'il fallait d'abord les émouvoir; et sous
un prétexte apparent de prudence et de sûreté, il fit venir
de Riobamba la famille du roi captif, pour les rassembler
tous dans la même prison.

Ce fut un spectacle en effet bien digne de compassion,
que de voir ces enfants, ces femmes arriver, chargés de
liens, au palais de Cassamalca. L'innocence dans le malheur est toujours si intéressante! Mais lorsque, sur le
front des malheureux, il reste quelque trace de gloire,
et qu'on voit dans l'abaissement les objets de l'hommage
et de la vénération des mortels, le malheur paraît plus
injuste, parce qu'il est plus accablant. Aussi la première

impression de la pitié à cette vue fut-elle sensible et profonde dans l'esprit de la multitude.

On les voyait, ces illustres captifs, tristes, abattus, gémissants, les yeux baissés et pleins de larmes; on les voyait s'avancer à pas lents dans ces campagnes désolées et toutes fumantes encore du sang qu'on y avait répandu.

La constance d'Ataliba avait jusque-là dédaigné d'adoucir ces persécuteurs; mais cette âme, que l'infortune avait élevée, affermie, et dont la tranquille fierté défiait les revers, s'abattit tout à coup, lorsque, dans sa prison, il vit sa femme, ses enfants, chargés de chaînes comme lui, se jeter dans ses bras, tomber en foule à ses genoux. Il se trouble, ses yeux se remplissent de larmes; il reçoit dans son sein, avec une douleur profonde, son épouse et ses enfants; il mêle ses soupirs à leur plainte; il oublie que sa faiblesse a pour témoins ses ennemis, ou plutôt il ne rougit point de se montrer époux et père.

Pizarre, observant dans les yeux de ses compagnons attendris la même compassion qu'il éprouvait lui-même, s'en applaudit, et d'autant plus qu'il voyait aussi tomber l'orgueil d'Ataliba; mais, pour donner à son courage le temps de s'amollir encore, il ordonna qu'on le laissât seul avec ses femmes et ses enfants.

Ce fut alors que la nature abandonnée à elle-même donna un libre cours à tous les mouvements de la douleur et de la tendresse. Baigné d'un déluge de larmes, Ataliba voit ses enfants l'environner, briser ses chaînes, demander quel mal ils ont fait, quel est le crime de leur mère, et si c'est pour vivre ensemble qu'on les a réunis? tendre époux et bon père, il jette un regard languissant sur sa famille désolée; et son cœur oppressé

17.

de douleur, de pitié, de crainte, ne répond que par des sanglots.

Le jour fatal arrive, et le conseil est assemblé. Il était formé des plus anciens et des plus élevés en grade parmi les guerriers castillans. Pizarre y présidait, mais Almagro et Alphonse étaient assis à ses côtés. Un silence terrible régnait dans l'assemblée. On fait paraître Ataliba, on l'interroge; et il répond avec cette noble candeur qui accompagne l'innocence. On lui rappelle le massacre de la famille des Incas; on lui oppose les témoins du meurtre du roi de Cusco, et du projet formé pour l'enlever lui-même du palais de Cassamalca. La vérité fait sa défense. Il leur expose en peu de mots la cause et les malheurs de la guerre civile, ce qu'il a fait pour désarmer l'inflexible orgueil de son frère; ce qu'il a fait pour l'apaiser, même depuis qu'il l'a vaincu. « Si j'avais pu vouloir sa mort, dit-il, c'est lorsqu'il soulevait ses peuples contre moi, et que du fond de sa prison il rallumait les feux d'une guerre impie et funeste; c'est alors que ce crime, utile à ma grandeur et au repos de cet empire aurait dû me tenter. Je n'ai point méconnu mon sang, je n'ai point voulu le répandre, et si, dans les combats, sans moi, loin de moi, malgré moi, l'aveugle ardeur de mes soldats n'a rien épargné; c'est le crime de celui qui, pour ma défense, m'a forcé de leur mettre les armes à la main. Castillans, ma victoire m'a coûté plus de larmes que tous les malheurs que j'éprouve ne m'en feront jamais verser. Voyez, poursuivit-il, si j'ai rendu mon règne odieux à mes peuples. Je suis tombé du trône; mon sceptre est brisé; tous mes amis sont morts; je suis seul dans les chaînes, avec des femmes et des enfants; on n'a plus rien à craindre, à espérer de

moi. C'est là, c'est dans l'extrémité du malheur et de
la faiblesse. qu'on peut discerner un bon roi d'avec un
tyran; c'est alors qu'éclate la haine publique, ou que se
signale l'amour. Voyez donc ce que j'ai laissé dans les
cœurs, et si c'est ainsi qu'on traite un méchant, un coupable. Ce respect si tendre et si pur, cette fidélité constante, cette obéissance à la fois si profonde et si volontaire, enfin cet amour de mes peuples envers un
malheureux captif, voilà mes témoignages contre la calomnie; et je vous demande à vous-mêmes si ce triomphe
est réservé pour le crime ou pour la vertu? Ce moment
juge de ma vie, est sous vos yeux; et j'en appelle à lui.
Non, quoi que l'on dise, vous ne croirez jamais que
celui qui de sa prison, dans l'indigne état où je suis, fait
encore honorer sa volonté sans force, et voit ses peuples
prosternés venir, en lui obéissant, arroser ses chaînes
de larmes, ait été, sur le trône, injuste et sanguinaire.
Vous m'avez connu dans les fers tel que l'on m'a vu sur
le trône, simple et vrai, sensible à l'injure, mais plus
sensible à l'amitié. On m'accuse d'avoir tenté ma délivrance et voulu soulever mes peuples contre vous! Je
n'en ai pas eu la pensée; mais si je l'avais eue, m'en
feriez-vous un crime? Regardez ces plaines sanglantes;
voyez les chaînes dont vous avez flétri les mains inno-
centes d'un roi; et jugez si, pour me sauver, tout n'eût
pas été légitime. Cependant j'atteste le ciel que Pizarre
m'ayant donné sa parole et la vôtre de m'accorder la vie,
de me rendre la liberté, de faire épargner ma famille, et
de laisser en paix le reste de mes peuples infortunés, j'ai
mis en lui mon espérance, et ne me suis plus occupé qu'à
faire amasser l'or promis pour ma rançon. Dieu lit dans
mon cœur, et m'est témoin que je vous dis la vérité.

Mais si c'est peu de l'innocence pour vous toucher, voyez mes malheurs. Je suis père, je suis époux et je suis roi. Jugez des peines de mon cœur. Vous m'avez voulu voir suppliant ; je le suis, et j'apporte à vos pieds les larmes de mes peuples, de mes faibles enfants, de leur sensible mère. Ceux-là du moins sont innocents. »

Ce langage simple et touchant attendrit quelques-uns des juges ; et Pizarre ne douta point qu'il ne les eût persuadés. On fit sortir Ataliba ; et les juges s'étant levés, on recueillit les voix... Quelle fut la surprise de Pizarre et de ses amis, en entendant que le plus grand nombre opinait à la mort ! Aussitôt ils réclament contre cette sentence inique, et ils rappellent au conseil la parole qu'il a donnée de renvoyer la cause, après l'avoir instruite, au tribunal de l'empereur. Alphonse l'avait proposé ; tout le conseil y avait souscrit ; aucun n'osait désavouer ce consentement unanime ; et Ataliba condamné avait du moins l'espérance de passer en Espagne, et d'y être entendu et jugé par un roi. Mais la noire furie qui poursuivait ses jours n'eut garde de lâcher sa proie.

Requelme, échappé de sa chaîne et mis en liberté, revient, la rage au fond du cœur, se déguise, et entre inconnu au milieu d'une nuit obscure, dans les murs de Cassamalca. C'était l'heure où Almagro avec ses partisans formait ses complots ténébreux. Le fourbe paraît à leur vue.

« Nobles et invincibles guerriers, s'écria-t-il, que faites-vous ? Vous consentez que Pizarre envoie en Espagne un tyran, son ami, votre accusateur, celui qui peut par ses richesses gagner la cour et le conseil, celui qui, s'il est écouté, vous dénoncera tous comme de vils brigands, comme de lâches assassins, faits pour le meurtre et la rapine, sans foi, sans pudeur, sans pitié, indignes du nom d'hommes et du nom de chrétiens! Y pensez-vous? Et de quel droit dérober le crime au supplice? Cet usurpateur, ce tyran, ce parricide est convaincu; il est jugé; pourquoi ne pas exécuter la sentence qui le condamne? Qu'il meure, et tout est consommé. »

L'atrocité de ce conseil étonna les plus intrépides. Mais Requelme, sans leur donner le temps de balancer : « Il y va, leur dit-il, et de la vie et de l'honneur. Il n'y a pas un moment à perdre. Pizarre dort, tout est tranquille ; et Alphonse, par qui le procès est instruit, a droit de voir Ataliba, de l'interroger à toute heure ; qu'il me fasse ouvrir la prison ; je ne veux, avec lui et moi que deux hommes déterminés. »

L'importance du crime en fit presque disparaître l'horreur ; et par un silence coupable on consentit, en frémissant, à ce qu'on n'osait approuver.

La famille d'Ataliba, les yeux épuisés de larmes et le cœur lassé de sanglots, dormait alors autour de lui. Mais ce prince, agité de funestes pressentiments, n'avait pu fermer la paupière. Il entend ouvrir sa prison. Il voit entrer Alphonse, et avec lui trois hommes enveloppés de longs manteaux, qui ne laissent voir que leurs yeux dont le regard lui semble atroce. Un mouvement d'effroi le saisit ; il se lève, et, surmontant cette faiblesse, il vient au-devant d'eux. « Inca, lui dit Alphonse, éloignons-nous : n'éveillons point ces femmes et ces enfants. Il est bien juste que l'innocence repose en paix. »

A l'instant le perfide Requelme fait signe à ses deux satellites, et le lien fatal étouffe les derniers soupirs de l'Inca.

Ce fut par les cris lamentables de ses enfants et de

leur mère que la nouvelle de sa mort se répandit au lever du jour. La plupart des guerriers espagnols en frémirent; mais la vile soldatesque applaudit à l'audace des assassins, et l'on crut faire assez que de laisser la vie aux enfants et à la femme de ce malheureux prince, abandonnés dès ce moment à la pitié des Indiens.

Pizarre, indigné, rebuté, las de lutter contre le crime, après avoir chargé de malédictions ces exécrables assassins et leurs partisans, se retira dans la ville des rois [1], qui commençait à s'élever. Après son départ, la licence, que sa grande âme avait retenue, fut sans frein; l'on ne vit plus sur la surface de ce continent que des peuplades d'Indiens, fuyant à l'approche des Espagnols. Dans toute l'étendue de cet empire immense, tout fut ravagé, dévasté. Une multitude innombrable d'Indiens périt misérablement; presque tout le reste fut enfermé, pour en extraire l'or, dans les creux des mines, et envia mille fois le sort de ceux qui étaient morts en combattant.

Enfin, quand les vainqueurs furent rassassiés de combats et surchargés d'or, leur fureur se tourna contre eux-mêmes. Le cri du sang d'Ataliba s'était élevé jusqu'au ciel. Presque tous ceux qui avaient contribué au crime de sa mort en portèrent la peine; et tandis que les uns, pris par les Indiens, dans des lieux écartés, expiraient sous le nœud fatal, les autres s'égorgèrent entre eux. Requelme, en menant quelques guerriers à la poursuite des Indiens qui s'étaient sauvés dans les bois, tomba entre les mains des anthropophages et fut brûlé, déchiré

____

[1] Lima.

vivant, dévoré par lambeaux, avant que d'expirer; heureux, si avant de mourir il pensa à implorer la clémence de son Dieu! Traître envers Pizarre, Almagro fut puni du plus honteux supplice; et sa lâcheté mit le comble au juste opprobre de sa mort. Pizarre, dont l'ambition avait, sans le vouloir, ouvert la barrière à tant de forfaits, qu'il n'eut pas la puissance de prévenir ou de venger, Pizarre, trahi par les siens, mourut assassiné. Accablé sous le nombre, il succomba, mais en grand homme qui dédaignait la vie et qui bravait la mort. La guerre, après lui, s'alluma, entre ses rivaux et ses frères. Cusco, saccagée et déserte, vit ses plaines jonchées des corps de ses tyrans. Les flots de l'Amazone furent rougis du sang de ceux qu'elle avait vus désoler ses rivages; et les vainqueurs, entourés des cadavres sanglants de leurs frères, promenant au loin leurs regards sur de vastes ruines, purent, s'ils en eurent le triste courage, s'applaudir d'avoir couronné leurs aventureux travaux.

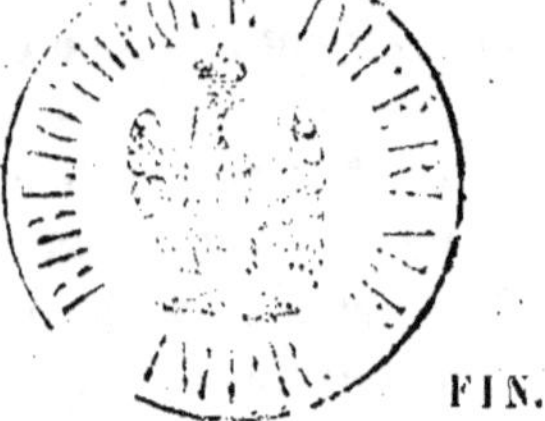

FIN.